REUSSIR VOS REUNIONS

3M MEETING MANAGEMENT TEAM

REUSSIR VOS REUNIONS

Traduction française
Romain Jacoud

McGRAW-HILL

Paris — Auckland — Bogota — Caracas — Hambourg — Jakarta — Lisbonne — Londres — Madrid — Mexico — Milan — Montréal — New Delhi — New York — Panama — San Juan — São Paulo — Singapour — Sydney — Tokyo — Toronto

Réussir vos réunions est traduit de
How to run better business meetings

Maquette de couverture : Françoise Rojare

ISBN : 2-7042-1175-2

McGraw-Hill — 28, rue Beaunier — 75014 Paris

Table des matières

Préface

Diversité des fonctions et multiplicité des problèmes dans l'entreprise moderne font qu'aujourd'hui une part croissante du temps de travail est consacré à des réunions. Pour autant la journée de travail ne peut voir ses limites naturelles s'élargir. Et pour cause, au-delà des 24 heures quotidiennes, point de solution... !

La solution réside dans l'amélioration de l'efficacité du travail. C'est pourquoi les managers modernes se doivent d'intégrer à leur compétence technique l'art de communiquer et de réussir leurs réunions.

La condition première de leur réussite est de s'interroger sur le caractère nécessaire, ou non, de la réunion envisagée, ce qui conduit alors à en préciser l'objectif, les participants et l'ordre du jour.

Vient ensuite la recherche de l'opportunité de temps et de lieu, afin toujours de lui donner sa pleine efficacité.

Mais parler d'efficacité suppose une gestion optimale du temps. C'est pourquoi toutes les techniques modernes de communication (transparents, diapositives, documents visuels) permettent de faciliter la communication d'ensemble et la participation de chacun. Chacun sait par expérience que les meilleures réunions ne sont pas nécessairement les plus longues... c'est plutôt l'inverse.

Enfin, comment nier que le succès dépend aussi de la capacité des orateurs à communiquer.

B.Y. Auger s'était efforcé d'apporter des éléments de réponse en reprenant les travaux de l'équipe des responsables des réunions de travail de 3M. Son livre, publié en 1964 sous le titre « Comment diriger de meilleures réunions » avait connu déjà un grand succès (plusieurs rééditions, traduites en différentes langues étrangères).

Aujourd'hui, avec « Réussir vos réunions », les responsables de l'organisation des réunions de travail de 3M ont mis à profit des dizaines d'années d'expérience concrète des réunions et des recherches approfondies.

En intégrant les conséquences du progrès du matériel de communication et de l'évolution des techniques, ils apportent un éclairage nouveau et très pratique à l'organisation des réunions.

La qualité des auteurs et leur expérience professionnelle permettent à ce livre d'apporter de nombreux conseils pratiques à tous ceux qui ont en charge d'organiser des réunions.

Leur succès aux Etats-Unis est important et les Editions McGraw-Hill ont voulu permettre aux différents publics francophones de profiter de ces conseils à travers la version française de « How to run better business meetings » ; souhaitons qu'elle contribue à améliorer l'efficacité de nos entreprises.

Jean-Loup ARDOIN
Directeur du CFC
Professeur au centre HEC-ISA

Avant-propos

A propos de l'équipe responsable des réunions de travail de 3M et de cet ouvrage.

La réunion de travail est aujourd'hui un des outils de management les plus appropriés pour obtenir de bons résultats.

La réunion a vu son importance s'accroître sous l'influence de la quantité sans cesse croissante d'informations déversées par les systèmes informatisés. A présent, plus que jamais, la réunion est devenue le lieu où les données sont triées, analysées, regroupées et distribuées. A mesure que la vitesse de distribution de l'information s'accélère, la capacité de sa gestion est devenue de plus en plus vitale. Il est sans intérêt d'augmenter le flot d'information si le résultat obtenu est un amas ingérable. Aussi le besoin d'augmenter l'efficacité des réunions est devenu encore plus essentiel aujourd'hui et ne manquera pas de se renforcer dans les prochaines années.

Ce besoin accru est la raison d'être de cet ouvrage. Son seul objectif est de rendre plus efficaces les réunions de travail, qu'elles soient de simples réunions de routine ou des réunions au sommet où les dirigeants se retrouvent pour prendre des décisions stratégiques.

Ce livre a été écrit par l'équipe des responsables de l'organisation des réunions de travail de la Compagnie 3M. Cinq d'entre eux sont des professionnels qui appartiennent à la Division des services audio-visuels de la Compagnie. Quotidiennement, cette équipe analyse, planifie, critique et examine chaque aspect des réunions. En 30 ans d'exercice, les membres de l'équipe ont eu amplement l'occasion d'apprendre pourquoi et comment certaines réunions sont des succès et d'autres, des échecs. Ils ont pu étudier les aspects matériels tels que la forme des réunions, les techniques visuelles, l'organisation des salles, etc. Ils ont également eu l'occasion de dépasser ces aspects matériels pour s'intéresser à la fonction essentielle de la réunion : réaliser une communication performante qui conduit à des décisions efficaces. L'expérience acquise par l'ensemble du groupe se reflète dans les pages qui suivent.

Cette équipe a travaillé dans une atmosphère créée par une philosophie très performante du management —image de marque de la Compagnie 3M— qui est en fait le pilotage des énergies des individus créatifs. De ces interactions sont issus les objectifs de la direction, la planification des stratégies du groupe, les produits, leur marketing, etc. Il est donc évident que la réunion est une composante essentielle du processus de management.

Ce livre a été conçu de manière à constituer un ouvrage de référence sur tous les aspects de la réunion de travail, depuis sa préparation, son organisation, sa présidence jusqu'à la manière de réaliser les aides audio-visuelles. Tous les sujets traités sont répertoriés dans un index. Un coup d'œil rapide sur les entrées permet d'atteindre rapidement l'information pertinente sur quelque aspect que ce soit de la réunion sans être obligé de feuilleter le livre. Sachant qu'aucun dirigeant ou responsable n'a de temps à perdre au moment où il a besoin d'informations, ce manuel a été organisé pour que l'aide recherchée soit instantanée.

Cet ouvrage peut également servir de guide à des nouveaux responsables peu familiers des réunions de travail. Il apporte des informations sur le nombre de lignes que doit comprendre une aide visuelle ou sur les aspects psychologiques du déroulement d'une réunion. Une idée particulière émerge : le coût actuel des réunions de travail peut excéder le montant des bénéfices qu'on en tire. Les dirigeants et les managers ne sont pas très différents des ouvriers dès lors qu'il s'agit d'outils. Un bon ouvrier sait quel est l'outil approprié à chaque tâche, il sait l'utiliser au mieux et maintient chacun de ses outils en bon état. Le mauvais ouvrier se débat avec des outils de mauvaise qualité, utilise le premier venu même si ce n'est pas celui qui convient à l'opération en cours. Il est probable que les deux iront au bout de leur travail; mais le bon ouvrier ira plus vite et fera mieux, et la tâche achevée traduira le temps de préparation en termes de coût moins élevé et de meilleure qualité.

A 3M, l'intérêt que nous portons aux réunions de travail a une double origine. La première vient de notre calendrier interne de réunions. 3M comporte 87 000 employés et nous organisons plusieurs dizaines de réunions tous les ans pour prendre des décisions, formuler des projets, analyser des programmes et transmettre des informations. Il y a de nombreuses années, nous avons réalisé que les réunions coûtaient de l'argent et qu'une des manières d'accroître l'efficacité des managers, de diminuer les coûts et d'augmenter les profits était de rendre nos réunions plus productives. A chaque heure économisée grâce à l'efficacité accrue des réunions correspondait de l'argent en plus pour l'entreprise.

La seconde raison de notre intérêt est que depuis trente ans environ, 3M vend des outils adaptés aux réunions tels que projecteurs et dispositifs de réalisation de transparents. Notre force de vente a vite compris qu'il est impossible de vendre des outils de réunion si l'on n'est pas capable de montrer au client pourquoi ils sont nécessaires et comment les utiliser. Il lui fallut, donc, pénétrer profondément les méthodes et les techniques relatives à la tenue des réunions. Tout cela conduisit à des études intensives internes à la compagnie et à des recherches de la Wharton School de l'université de Pennsylvanie et à l'université du Minnesota.

C'est à partir de là que s'est créée l'équipe responsable des réunions de travail de 3M. Les membres de l'équipe ont développé et animé, et animent toujours, des séminaires et des ateliers consacrés à l'organisation, à la gestion des réunions, à la conception et à la réalisation des aides visuelles.

En 1964, nous avons publié la première édition de B. Y. Auger. Ce livre était une tentative de rendre disponible sous une forme condensée tout ce que nous avions appris sur l'art de tenir de bonnes réunions. Au cours des vingt années suivantes, ce livre a connu huit éditions revues et corrigées dont quatre en langues étrangères. Plus de 100 000 exemplaires sont encore en usage.

Aujourd'hui, cependant, la vitesse à laquelle évolue la technologie est si grande et la communication si essentielle, qu'il a fallu abandonner le texte ancien pour écrire un livre entièrement nouveau. Il reflète non seulement les progrès du matériel —l'ordinateur et ses périphériques— mais également l'évolution du langage et des modèles d'acquisition des connaissances.

Bien évidemment, 3M n'est pas la seule entreprise à avoir compris l'importance des réunions de travail mais nous avons étudié intensivement les réunions, bien plus que la plupart des autres entreprises.

Les nouvelles techniques d'acquisition des connaissances

Depuis l'apparition de la télévision, que nous en soyons ou pas conscients, nous absorbons aujourd'hui les informations d'une manière différente. Avant 1950, nous étions formés dès le début de notre scolarité à apprendre sur la page imprimée. Lors de l'introduction du matériel audio-visuel, les méthodes n'ont pas évolué tout de suite parce que les aides visuelles étaient utilisées seulement comme illustrations de texte. Notre apprentissage était toujours lié à la page imprimée.

La télévision apparut, au début statique elle aussi. A ces débuts, la caméra se fixait sur le même acteur ou présentateur pendant une demi-minute ou plus. Puis elle passait à l'intervenant suivant et demeurait fixe. Après, les metteurs en scène de la télévision découvrirent le mouvement. Au lieu d'une image fixe pendant trente secondes, nous avons commencé à observer des « vues » multiples de l'orateur prises par des caméras différentes.

Sur l'écran apparaissaient une demi-douzaine de vues de cinq secondes pendant ces mêmes 30 secondes : gros plans, vues de loin, d'autres visages. Action, mouvement et modification devinrent les maîtres-mots des réalisateurs. Le mouvement, autrefois contrôlé par la trame de l'histoire était devenu une fonction visuelle.

Les spectateurs acquirent ainsi un sens aigu du mouvement, de l'évolution et de l'anticipation qui a débordé sur la manière dont nous apprenons et dont nous participons à des réunions. Nous avons acquis un nouveau sens du mouvement et une nouvelle appréciation de la valeur de l'image.

A une époque, un enseignant écrivait ses leçons au tableau, exposait ce qui était écrit, effaçait son tableau et recommençait. Aujourd'hui, le professeur manipule son rétroprojecteur, son projecteur de diapositives ou son magnétoscope. Le matériel projeté est rapide, coloré et dynamique. Le mouvement est devenu un élément important du processus d'apprentissage.

A cause de la télévision, nous apprenons en suivant ce rythme accéléré. Nous absorbons plus les images que le texte et nous nous ennuyons dès que nous observons une image trop longtemps. Cette modification a affecté la dynamique des réunions de travail et des présentations. La réunion d'aujourd'hui ne peut être animée selon le rythme trop lent d'autrefois. Le matériel présenté et les méthodes de présentation doivent être adaptés aux nouveaux participants. Notre équipe responsable des réunions à 3M a vécu ces bouleversements et cet ouvrage reflète ce qu'elle a appris.

La réunion est l'outil de communication le plus important dont dispose le management. Comme un scalpel dans la main d'un chirurgien, il doit être utilisé avec adresse. Quand c'est le cas, les résultats sont mesurables : moins d'heures perdues, des décisions plus rapides et meilleures, une communication plus efficace et, en fin de compte, un coût inférieur pour un meilleur management.

Cet ouvrage est destiné aux responsables de tous niveaux d'expérience. En maîtrisant l'art de la conduite des réunions, vous deviendrez plus performant dans votre entreprise et, par conséquent, vous vous ouvrirez des possibilités d'évoluer plus rapidement dans votre carrière.

▲ △ ▲

La vie professionnelle du cadre, quelle que soit l'entreprise qu'il fréquente, se place dans un rôle de communication.

A 3M France, la diversification de l'entreprise en terme de produits et ses méthodes de gestion décentralisées, placent la réunion de travail au carrefour du management global de l'entreprise.

Lieu privilégié de rencontre de toutes les fonctions : finances, fabrication, marketing, administration, la réunion de travail à 3M France, en dehors de son aspect humain et convivial, se doit d'être un gisement d'enthousiasme, de créativité, de productivité pour l'entreprise. Nous attachons une importance particulière à sa préparation et à l'utilisation des moyens audiovisuels qui permettent de mieux partager l'information, c'est-à-dire de la mieux comprendre et de la mémoriser plus facilement.

Le « Meeting Management » qui réunit, selon nous, l'ensemble des méthodes et moyens au service de la réunion et de ses animateurs, est tout à la fois un état d'esprit, une méthode et une pratique que l'entreprise encourage dans la totalité de sa structure. La réunion, lieu de décisions privilégiées, est aussi un outil de formation important.

La réunion de travail se doit dans une entreprise moderne d'être gérée et animée avec une attention particulière. Son coût réel et l'importance des décisions stratégiques dont elle est le cœur, impose aux cadres pour leur propre image et leur carrière d'y accorder une importance nouvelle.

Gérard VESPIERRE
Directeur du Département Produits
pour la communication audiovisuelle
3M France

Chapitre 1

La réunion examinée au microscope

La réunion de travail idéale est un joyau organisé. Elle se déroule sans perte de temps du début à la fin. Elle est parfaitement planifiée, possède un objectif précisément défini, obéit strictement à un ordre du jour prédéfini et se déroule sans accroc, chaque point de l'ordre du jour étant examiné. Quand elle est achevée, chaque participant peut quitter la salle en sachant que quelque chose a été accompli.

De bonnes réunions exaltent le meilleur chez les participants —les meilleures idées, les meilleures décisions et les meilleures réactions de suivi. Toutes les réunions ne sont pas de bonnes réunions mais *il peut arriver* que des réunions soient bonnes. Quand c'est le cas, l'entreprise et les participants en recueillent les bénéfices.

Il existe comme une magie lorsque des participants se regroupent pour une réunion. Cette magie émane de l'interaction des idées et des personnes qui se produit dans la salle de réunion. Quand l'interaction est achevée, des informations auront été échangées, de vieux concepts et des idées auront été testés et se seront mélangés, de nouveaux concepts auront émergé. Un des aspects magiques d'une réunion est qu'elle peut et devrait être tant de choses à la fois : un moyen de communication, un chaudron de créativité où naissent les idées nouvelles et une enclume sur laquelle sont forgés des projets solides.

Mais cela peut être aussi la meilleure manière de perdre du temps.

Définition d'une réunion

Une réunion est un rassemblement de personnes dans le but d'effectuer un travail pour l'entreprise. Dans ce livre, nous traiterons principalement de réunions formelles de quatre personnes et plus, c'est-à-dire la réunion de travail typique pour communiquer, prévoir, déterminer des politiques, prendre des décisions ou motiver les forces de vente. Pour qu'elles soient efficaces, ces réunions doivent être bien préparées et se dérouler convenablement.

Le Dr. Peter Drucker, dans son livre *Le dirigeant efficace*, écrit : « Nous nous réunissons parce que des gens occupant des fonctions différentes doivent coopérer afin qu'une tâche donnée soit exécutée. Nous nous réunissons parce que le savoir et l'expérience nécessaires dans une situation particulière ne sont pas contenus dans un cerveau unique mais doivent être synthétisés à partir du savoir et de l'expérience de plusieurs individus. »

Les réunions et la chaîne de communication

Les dirigeants et les gestionnaires d'aujourd'hui doivent être aussi bien des professionnels de la communication que des preneurs de décisions avisés. Il n'est plus de dirigeant isolé. Chacun d'entre eux est lié à d'autres dirigeants dans l'entreprise ainsi qu'au reste du monde par un réseau de communications étonnamment rapide. La technologie a accéléré le flot d'informations et la quantité de données disponibles a augmenté. Aujourd'hui, les dirigeants et les cadres ont plus d'informations au bout de leurs doigts qu'ils n'en ont jamais eu et beaucoup plus rapidement.

Bien que ce vaste apport d'information puisse améliorer leur capacité de prise de décision, il les place également en première ligne. Ils doivent analyser et évaluer toutes ces informations avec rapidité, puis les communiquer clairement à d'autres, un peu comme le demi d'ouverture d'une équipe de rugby sert ses trois quarts en sortie de mêlée. S'ils ne sont pas en mesure d'assurer leur fonction, ils deviennent des chaînons faibles de la chaîne de communication. En conséquence, ils ont absolument besoin d'être des professionnels de la communication.

La réunion est le principal outil de communication du dirigeant, aussi à mesure que l'explosion de l'information se poursuit, l'importance de la réunion devient de plus en plus grande. Plus les données arrivent vite, plus l'entreprise a besoin de réunions.

Le rôle de la réunion dans la communication professionnelle

La fonction véritable de la réunion comme outil de communication peut se perdre dans l'interminable série de réunions auxquelles les dirigeants et responsables doivent assister. Les réunions deviennent alors souvent « juste une réunion de plus » et plus rarement « une grande réunion ». Chaque réunion est consacrée à son propre ensemble de problèmes ou de décisions, certaines tout à fait petites. L'idée que chaque réunion est une partie d'un ensemble plus grand —le fonctionnement rentable de l'entreprise— s'évanouit. « Ma vie » nous a dit un dirigeant, « est une longue suite de réunions séparées par des pauses café et des déjeuners. » Interrogé sur l'intérêt de ces réunions, il répondit immédiatement « importantes, évidemment » tout en ajoutant pensivement « mais il est quelquefois difficile de s'en souvenir ».

Il est utile de donner un aperçu du rôle de la réunion. Considérez par exemple, un responsable du marketing d'une entreprise. Il reçoit chaque jour de l'information en provenance des divers points de vente répartis sur le territoire national par l'intermédiaire d'un système de communication ultra-rapide. Il est alors en possession des ultimes tendances en matière de ventes et de marketing, toutes données fondamentales en ce qui concerne les décisions relatives au mois, au trimestre et à l'année prochains. Les décisions issues de ces informations n'affectent pas que les ventes et le marketing mais également la production, les finances, la prévision, bref, tous les aspects de la vie de l'entreprise.

Ces informations sont assimilées puis transmises aux responsables concernés. Il doit s'en suivre des décisions et des projets. Peut-être faudra-t-il créer de nouveaux produits ou en modifier d'anciens, déplacer quelques points de vente ou en ouvrir de nouveaux, ou encore devra-t-on reformuler la politique de l'entreprise. En résumé, le flot rapide des informations peut exiger une série de réunions essentielles et efficaces. Ces réunions doivent être tenues très rapidement afin de tirer tous les avantages du contenu des informations.

La fonction de la réunion comme interface dans le système d'information est évidente. Au moyen de réunions bien tenues, l'entreprise peut réagir en temps opportun par une stratégie adaptée à un marché en évolution et tirer profit de la technologie qui a permis un accès aussi rapide à l'information. Si les réunions s'enlisent et s'il faut des mois pour développer la bonne stratégie, les occasions qui se présentent au marketing seront probablement perdues. L'information initiale aurait pu aussi bien être distribuée par des courriers à cheval pour tout le profit qu'il en a été tiré. Pour une entreprise de ce type, l'explosion informationnelle n'est qu'un pétard mouillé.

L'une des clés fondamentales de l'utilisation conquérante du flux de communication ultra-rapide actuel est la réunion réussie, objet de ce livre.

Réunions de travail

Bien entendu, toutes les réunions n'affectent pas aussi profondément les forces vives de l'entreprise. La plupart d'entre elles sont des réunions de travail, événements apparemment sans importance et parfois routiniers, où sont prises des décisions mineures et qui conduisent à des petits pas en avant. Elles ne produisent rien de bien excitant et si elles traînent ou ne mènent pas à grand chose, quelle importance ?

Grande. Toute réunion, aussi insignifiante qu'elle puisse paraître, qui dure deux heures alors qu'elle aurait pu n'en durer qu'une, ou dont l'ordre du jour n'a pas été épuisé, affecte, tôt ou tard, le profit réalisé par l'entreprise.

Notre équipe a travaillé pendant plus de trente ans avec des entreprises de toutes tailles, artisanales ou multinationales brassant des milliards de dollars. Nous avons observé la différence introduite par de bonnes réunions. Des observations de première main montrent qu'il existe une corrélation entre le développement d'une entreprise et l'efficacité de son système interne de communication. Une mauvaise communication entraîne la confusion, des décisions lentes, une mauvaise utilisation du personnel de gestion, une compétitivité déphasée et des pertes d'argent. Un système de communication efficace contribue au développement et à la rentabilité.

En résumé, les mauvaises réunions coûtent de l'argent, les bonnes en rapportent.

Pourquoi les professionnels n'aiment-ils pas les réunions ?

Si les réunions sont si importantes, comment se fait-il que les professionnels semblent ne pas les aimer ? Dirigeants et responsables se plaignent constamment qu'ils souffrent de « réunionite ». Quand ils écrivent des articles qui traitent du sujet dans des revues professionnelles, ils commencent presque toujours en disant que les réunions sont ennuyeuses, qu'elles sont un gâchis, voire une nuisance. Le cynisme à cet égard est effréné. John Kenneth Galbraith a dit : « Les réunions sont indispensables quand vous ne voulez rien faire. » A propos des réunions sans intérêt, William A. Nail, Directeur des relations publiques à la Zenith Electronics Corporation, a paraphrasé Karl Marx en observant que : « Les réunions sont l'opium des dirigeants. »

Le Dr. Peter Drucker dans son ouvrage *Le dirigeant efficace* reflète l'attitude d'un grand nombre de dirigeants et de gestionnaires quand il affirme tout de go : « Ou l'on se réunit ou l'on travaille. On ne peut pas faire les deux à la fois. »

Il est clair que les réunions constituent l'outil de communication le meilleur et le plus utilisé. La croissance et la rentabilité dépendent de la tenue de bonnes réunions. L'avancement d'un employé dans une entreprise est souvent lié à la manière dont il se comporte en réunion. Et malgré cela, les professionnels en ont une piètre opinion et les considèrent comme des pertes de temps. Pourquoi cette dichotomie ?

Après des années d'observation, nous sommes arrivés à la conclusion que les réunions sont détestées —et qu'elles doivent être détestées— parce que trop d'entre elles sont mal tenues. Si la majorité des réunions étaient efficaces, la critique pourrait disparaître. Les dirigeants et les gestionnaires apprécient parfaitement les réunions où les choses se font. Simplement, ils n'en voient pas assez.

En ce qui concerne le travail accompli dans une réunion efficace, le meneur *travaille*, les participants *travaillent* et la réunion elle-même est un *outil de travail*. Quand elle est terminée, un progrès a été accompli et ce qui devait être fait a été fait.

Pour répondre de manière efficace aux besoins de l'entreprise, les réunions de travail devraient être des outils puissants et adroitement manipulés par des dirigeants et des gestionnaires compétents et bien formés.

Les défauts

La critique la plus courante est que les réunions sont trop nombreuses mais ce n'est pas là le seul mal dont elles souffrent. En voici quelques autres que reconnaîtra quiconque ayant participé à des réunions pendant plus de quelques mois.

- La réunion est trop longue.
- L'ordre du jour est trop chargé.
- La réunion est en concurrence avec d'autres réunions importantes.
- Les participants sont trop nombreux.
- Certains participants qui auraient dû être là étaient absents.
- Certains participants n'avaient pas besoin d'être là et ont gêné le travail.
- La réunion a été mal préparée.
- La réunion a été convoquée pour des motifs insuffisants.
- La réunion a été trop longue parce que mal présidée.
- La réunion a été levée sans que le travail en cours ait été achevé.
- Les participants n'étaient pas préparés à intervenir.

L'origine des mauvaises réunions

Pourquoi y a-t-il autant de mauvaises réunions ? L'une des raisons en est que trop peu de dirigeants et de responsables ont eu l'occasion d'apprendre les techniques d'organisation et de tenue d'une bonne réunion. D'une manière générale, les écoles commerciales n'enseignent pas aux futurs jeunes responsables comment diriger une réunion, alors qu'après leur diplôme, ils vont passer une partie considérable des quarante ans à venir en réunion.

La manière courante est l'apprentissage sur le tas. Les entreprises commerciales supposent que les jeunes gestionnaires apprendront ce qu'il faut simplement en participant à des réunions. Comme le dit Nail de Zenith : « Le jeune cadre est supposé apprendre la technique de réunion en participant à de mauvaises réunions. Nous participons à beaucoup trop de réunions sans avoir jamais observé la structure d'une réunion » dit-il encore, « trop souvent, aucune attention n'est accordée à la méthodologie et à la forme des réunions. Simplement, nous nous réunissons. »

Les réunions qui ne mènent à rien ne sont pas un phénomène nouveau ou récent. La comédie musicale, *1776*, y fait allusion quand John Adams chante le couplet suivant relatif à l'inefficacité du Congrès réuni à Philadelphie pour rédiger la Déclaration d'Indépendance :

« Nous causons, nous discutons, nous rédigeons des résolutions !

« Mais nous n'avons pas réglé un seul problème !

« Causons, discutons, rédigeons ! »

Chaque dirigeant et responsable aurait probablement aimé chanter ce refrain à un moment ou à un autre.

De nombreuses entreprises, comme 3M, reconnaissent le prix des réunions bien menées. Ces entreprises forment leurs responsables aux techniques de réunion, et elle possèdent des spécialistes de la réunion au sein de leurs directions pour assurer des réunions efficaces et constamment surveiller les réunions afin de trouver des moyens de les améliorer. Mais pour chacune de ces entreprises, dix autres se contentent de convoquer des réunions.

Dans une ancienne édition de cet ouvrage, Bert Auger, aujourd'hui à la retraite et qui a appartenu pendant de nombreuses années à la division Audio-visuelle de 3M, disait avec humour : « J'ai appartenu au monde de la réunion pendant bien longtemps. J'ai observé à l'intérieur de notre entreprise de grandes améliorations mais je dois constater, aujourd'hui que je voyage dans le monde entier, que j'observe toujours la même proportion de bonnes et de mauvaises réunions... Les entreprises où les réunions sont mal tenues ne réalisent toujours pas qu'elles ont un problème. »

Les choses n'ont pas beaucoup évolué depuis qu'Auger a écrit ces mots, à cela près que la vitesse à laquelle les affaires se traitent a encore augmenté et que le besoin de réunions bonnes et efficaces est plus pressant que jamais.

Bonnes, mauvaises et inutiles réunions

Il existe, semble-t-il trois types de réunions : les bonnes, les mauvaises et les inutiles.

Dans cet ouvrage, nous allons montrer comment analyser les situations de réunion de manière à éliminer tous les rassemblements qui ne sont pas réellement nécessaires. Ensuite, nous examinerons comment tranformer de mauvaises réunions en bonnes.

Chaque bonne réunion présente certaines caractéristiques :

1. Elle possède un objectif que tous les participants connaissent et comprennent.
2. Elle présente un ordre du jour qui a été conçu pour parvenir à cet objectif.
3. La présence de tous les assistants est nécessaire, qu'ils soient là pour contribuer ou pour apprendre.
4. La réunion est présidée de manière stricte, l'ordre du jour est suivi et l'objectif de travail est atteint sans perte de temps ou de mouvement.
5. Chaque fois qu'il est possible, il est fait appel à des présentations visuelles. Celles-ci sont claires, précises et colorées.
6. Les participants ont compris leur rôle, ils sont préparés et participent.
7. La présidence résume le travail accompli.
8. Un suivi de la réunion est organisé.

Quand manquent un ou plusieurs de ces éléments fondamentaux, les conditions d'une mauvaise réunion sont présentes.

Cette réunion est-elle nécessaire ?

C'est la première question que tous les responsables devraient se poser quand le désir les saisit de convoquer une réunion. De nombreuses réunions inutiles ou qui pourraient se révéler sans intérêt peuvent être éliminées si l'on répond honnêtement à cette question. Pour se faire une idée plus complète il faut également répondre à quelques questions supplémentaires.

1. *Quel est le motif de cette réunion ?*

Identifiez un objectif clair dès le départ. Adoptez une attitude du type : pas de motif, pas de réunion. De nombreux dirigeants qui adoptent ce comportement sont surpris du nombre de réunions qu'ils décident de ne pas convoquer parce qu'ils ne peuvent leur attribuer un objectif clair. Une bonne règle à suivre : si vous ne pouvez pas énoncer un objectif précis et limité à assigner à une réunion en une simple phrase, ne la convoquez pas.

2. *Est-ce que c'est le bon moment ?*

Est-ce que le moment et les circonstances sont convenables ? Est-ce que la situation est mûre pour une discussion ? Si la chose est prématurée, vous pouvez être forcé de lever la réunion en cours et d'en convoquer une autre au moment où l'information sera devenue disponible. Les réunions avortées sont autant de pertes.

3. *Que se passera-t-il si je* ne convoque pas *de réunion ?*

C'est une question critique. Si la réponse est : « rien », il n'y a, alors, aucune raison de convoquer une réunion. La réunion ne se déroulerait que pour justifier sa convocation. Mais s'il apparaît que sans cette réunion une décision serait retardée ou qu'une information très importante ne serait pas transmise à ceux à qui elle est nécessaire, il existe, alors, un bon motif pour qu'elle se tienne.

4. *Quelles autres solutions s'offrent à moi ?*

Parfois une réunion est la meilleure solution. Il arrive, souvent, pourtant qu'une série de coups de téléphone ou une note puissent rendre le même service à un coût nettement plus réduit.

5. *Combien coûtera cette réunion ?*

Est-ce que les résultats espérés correspondent aux investissements nécessaires ? C'est la question classique que doivent se poser tous les responsables relativement à tout projet envisagé. En fait, le coût est la question non résolue de la plupart des réunions. Il est facile de convoquer une réunion et son coût est difficile à déterminer dans la mesure où il n'y a aucun échange d'argent ou aucune imputation budgétaire dans les services financiers du service. Mais chaque réunion coûte de l'argent et c'est la responsabilité du gestionnaire de faire en sorte que l'entreprise tire son bénéfice des sommes dépensées en réunions comme de tous les autres éléments du budget.

Les raisons pour convoquer une réunion

Il y a autant de bonnes raisons de convoquer une réunion qu'il en existe de ne pas le faire. La plupart des raisons valables ainsi que quelques considérations logiques correspondantes sont présentées ci-dessous.

1. *Pour analyser des rapports présentés par les participants.* Clarifier des rapports au moyen de présentations graphiques de manière à les rendre vivants et mémorisables, induire une discussion stimulante qui peut conduire à des suivis, constituent deux bonnes raisons de tenir une réunion d'étude.

Cependant de longs rapports peuvent conduire à des réunions longues et ennuyeuses. Quand un rapport menace de trop peser sur le déroulement d'une réunion, distribuez-en des copies aux participants plusieurs jours avant la réunion pour qu'ils puissent en prendre connaissance à loisir. La réunion peut alors être consacrée à une présentation visuelle ou à un résumé des points principaux suivi d'une discussion.

Chaque fois qu'il est possible, remplacez une longue et ennuyeuse lecture par une présentation bien construite appuyée sur des aides visuelles qui vont au cœur du problème. Mais dégagez du temps pour préparer cette présentation. Une mauvaise présentation peut détruire un rapport pourtant excellent.

2. *Conduire à un jugement ou une décision collective* . Ce type de réunion donne à chaque participant l'occasion d'exprimer des opinions ou des sentiments de nature à influer sur la décision finale. Ces échanges conduisent à un accord. Il est important que ce type de réunion conduise à un accord « voté ». Souvent, les animateurs de la réunion se contentent de prendre le pouls des participants et lèvent la séance sans qu'une conclusion exprime les résultats. Le bon meneur de réunion permet à chaque participant de se déterminer, construit une majorité et résume la réunion en disant : « Le groupe est d'accord sur ... »

Les participants doivent savoir dès le début de la réunion qu'ils doivent arriver à une décision. Le sens de la responsabilité est un aspect important d'une réunion de prise de décision.

Les dirigeants et les responsables devraient éviter de convoquer une réunion de prise de décision s'ils ont déjà pris la leur. Les participants réalisent vite qu'ils ont été convoqués pour une raison inavouable. Quand on désire seulement un examen ou une approbation d'une décision déjà prise, le groupe doit être averti que la réunion a pour objet « l'examen et l'approbation ».

3. *Analyser ou résoudre un problème.* Quand un problème a été identifié, une discussion de groupe apporte des idées et permet l'échange d'expérience. Une solution ou une proposition d'action acceptable devrait émerger de la discussion. Pour être efficace, ce type de réunion doit comporter un équilibre entre les idées, les faits, les expériences, les contradictions et les intuitions. Le meneur doit agir en modérateur de la discussion sans chercher à influencer le groupe ou à imposer des opinions. Les meilleurs résultats sont obtenus par interaction.

Dans certains cas, ces réunions peuvent mettre un problème en évidence alors que, jusque là, seuls des symptômes avaient été remarqués. Si, par exemple, les ventes ont chuté sur la côte Ouest, l'objet de la réunion peut être de partir des symptômes pour en arriver au problème lui-même et tenter ensuite de le résoudre.

4. *Pour faire accepter une idée, un programme ou une décision.* Tout demande à être vendu à un moment donné à quelqu'un. Les idées nouvelles, les nouveaux programmes et même les décisions ne constituent pas des exceptions. La manière dont elles sont reçues au cours d'une réunion constitue un excellent test pour des idées nouvelles. Si elles ne déclenchent pas l'enthousiasme, il est bien possible qu'elles ne le méritent pas.

En plus de la vente de l'idée, le responsable de la réunion désire généralement obtenir un soutien actif pour une proposition ou une décision. Une proposition qui ne soulève pas l'enthousiasme risque fort d'entraîner des suites désagréables.

C'est une évidence de constater que ceux qui contribuent à une prise de décision sont ceux qui participent le plus à sa mise en œuvre. Lors de toute réunion convoquée pour faire accepter une proposition, le groupe devrait sentir que la proposition peut être modifiée et que sa contribution constructive est souhaitée. L'accord et l'aide des participants se gagnent plus facilement lorsqu'ils ne sont pas gavés de propositions.

5. *Jouer un rôle pédagogique.* Chaque réunion est un terrain d'apprentissage pour ses participants. Au cours des réunions, les jeunes cadres peuvent observer les méthodes appliquées par les cadres confirmés de l'entreprise pour parvenir aux décisions, résoudre des problèmes et transmettre l'information. Bien que l'assistance aux réunions doive être réduite au miminum possible, il est indispensable de penser à la formation des futurs dirigeants.

6. *Concilier des points de vue antagonistes.* Les différences aigües de points de vue sont utiles dans le commerce. L'interaction des opinions constitue une force créatrice et dynamique. Mais si on laisse se développer des opinions antagonistes sans les concilier, ces différences peuvent se transformer en guerre interne. Des réunions où les différentes opinions peuvent être exprimées permettent de faire évoluer les questions. Une fois que des positions tranchées ont été prises, il peut être difficile d'en changer. Parfois, il est nécessaire de trouver un biais astucieux qui puisse sauver la face et permettre une retraite en bon ordre. Cet objectif peut être atteint dans une réunion à laquelle participent les deux parties ainsi que d'autres qui n'épousent aucune des opinions des factions rivales. Si la réunion est organisée avec adresse et présidée avec délicatesse, les opposants peuvent trouver un terrain de discussion.

7. *Transmettre des informations essentielles aux participants* . Une des réunions les plus indispensables. Son efficacité repose souvent sur l'utilisation de bonnes aides visuelles et sur la présence d'un homme de communication capable d'insuffler de la vie dans un amas de statistiques ennuyeuses, de les rendre compréhensibles et d'analyser les nuances qu'elles expriment. Toute information sujette à interprétation ou malentendu devrait être présentée en réunion plutôt que sous forme de note. Le présentateur peut, alors, répondre à toute question et éviter au groupe des interprétations fausses. L'utilisation de méthodes modernes de présentation, transparents et diapositives, permettent de rendre l'information plus claire et plus significative.

8. *Diminuer la tension ou l'inquiétude en apportant de l'information et en faisant connaître les opinions de la direction.* Les réunions peuvent être des antidotes très efficaces contre les ru-

meurs. Elles constituent le meilleur instrument pour expliquer et interpréter des mauvaises nouvelles qui, autrement, pourraient dégénérer. Une réunion consacrée à cet objectif permet aux participants d'être informés par une source compétente, autorisée et de confiance et leur donne le sentiment d'appartenance. C'est nettement mieux que d'apprendre les nouvelles par des bruits de couloir où l'on est sûr qu'elles seront déformées, exagérées et mal interprétées.

9. *S'assurer que tout le monde a la même compréhension de l'information.* L'art de la communication est, au mieux, imparfait. Vingt personnes peuvent lire la même note et chacune peut avoir une compréhension particulière de son contenu. Les réunions minimisent les risques d'incompréhension qui ne manquent pas d'exister lorsque l'information à traiter est complexe. Les participants peuvent poser autant de questions qu'il faut jusqu'à ce que la compréhension soit suffisante.

10. *Obtenir des réactions rapides.* Comment les personnels vont-ils réagir à une décision donnée ? A un nouveau programme ? A une nouvelle politique ? A quel point un problème est-il vécu comme grave ? Que vaut une solution ? Les dirigeants et cadres qui formulent des décisions, des programmes et des politiques s'inquiètent parfois du risque que cela soit mal reçu. Une petite réunion peut être le moyen de prendre la température. L'ordre du jour doit alors faire apparaître qu'il s'agit d'écouter des réactions individuelles.

Le problème, avec des réunions de ce genre, c'est que des dirigeants et cadres indécis les utilisent comme béquilles. Etant hésitants, ils convoquent une réunion qui leur sert d'assurance pour chaque décision qu'ils ont à prendre. C'est là une des sources de réunions inutiles et qui sont vite reconnues comme telles par les participants.

Utilisez ces réunions avec prudence. Soyez positifs dans la manière de présenter les questions, demandez spécifiquement des réactions, pas des approbations. Soyez attentifs à ces réactions et faites les ajustements qui paraissent nécessaires.

11. *Réactiver un projet en panne*. Les encombrements dûs à des problèmes administratifs sont un problème courant. Ils proviennent généralement d'une absence de décision individuelle quelque part dans le circuit. Une manière de forcer la décision est de

convoquer une réunion où le sujet est mis à l'ordre du jour. Souvent obscurci par des implications politiques, ce type de réunion est très difficile à animer et doit être utilisé avec circonspection.

12. *Introduire un produit ou un système* . La réunion de « présentation et explications » pour annoncer de nouveaux produits ou systèmes peut être un événement important ou mineur selon la nécessité. Interne, elle peut servir à familiariser le personnel de l'entreprise avec de nouveaux produits, à générer un sentiment du style « nous sommes tous dans le coup » et à annoncer et expliquer des politiques nouvelles ou des programmes de participation. Externe, c'est la meilleure manière de présenter des produits nouveaux à des vendeurs, à des distributeurs, à la presse et au public. Ces réunions coûtent beaucoup d'argent mais elles rapportent. Elles nécessitent une préparation longue et approfondie.

13. *Générer des idées ou des concepts nouveaux.* Quand des idées nouvelles ou des concepts neufs sont nécessaires, convoquez une réunion de créativité. Ces réunions sont très différentes des réunions de travail habituelles. Elles constituent, en effet, des rencontres non structurées où tout le monde est libre d'intervenir. Il est demandé aux participants de s'intéresser à un problème et de se laisser aller à leurs idées, et d'apporter tout ce qui leur passe par la tête. La « Foire aux idées » est une technique couramment utilisée par les agences de publicité, de relations publiques et les départements de promotion des ventes, moins fréquemment par les ingénieurs, les développeurs de produits et les chercheurs. Les réunions de créativité sont souvent utilisées pour baptiser des produits nouveaux, développer des concepts publicitaires ou organiser des campagnes promotionnelles.

Ces réunions n'obéissent qu'à une seule règle fondamentale : pas une idée, aussi étrange puisse-t-elle sembler, ne doit être critiquée, rejetée ou faire l'objet de plaisanteries. Une fois que les participants ont rejeté leurs inhibitions habituelles, une réunion de créativité est une partie de plaisir où les idées fleurissent comme les marguerites au printemps. La liste de toutes les idées est tenue et, à mesure que la réunion s'avance, celles qui paraissent les plus fructueuses ressortent et sont explorées. Le processus de sélection se poursuit jusqu'à ce qu'il ne reste plus que quelques idées complètement développées à soumettre à l'appréciation finale.

Il existe d'autres raisons de convoquer des réunions mais cette liste couvre la plupart des plus courantes. Le dénominateur commun important de cette liste est que chacune des situations envisagées *nécessite* l'action ou la participation d'un groupe. Si ce dénominateur commun ne peut pas être mis en évidence, alors la réunion ne doit probablement pas être convoquée et il faudra rechercher d'autres moyens de communication.

Les réunions d'état-major et les réunions d'entreprise d'un niveau inférieur à celui de l'encadrement, les cercles de qualité par exemple, seront traitées dans les derniers chapitres.

Les réunions coûtent de l'argent

Quand une réunion annuelle de la force de vente ou un événement spectaculaire comme l'annonce d'une nouvelle ligne de produits sont envisagés, leur coût est connu et introduit dans le budget. Le prix des déplacements, de l'hébergement, des salles de réunion, des banquets et des événements sociaux est évalué à l'avance et justifié. Les directions analysent ces coûts et en concluent que compte-tenu des objectifs, ces réunions présentent un rapport coût/efficacité acceptable.

Mais pour chacun de ces événements spectaculaires, il existe dans l'entreprise des centaines de réunions dont le rapport coût/efficacité n'est jamais évalué. Et pourtant, chaque réunion doit se payer elle-même. Elle doit avoir un motif, clairement exposé avant qu'elle ne se tienne, de manière à ce que son rapport coût/efficacité puisse être déterminé. Tout investissement doit être profitable.

Souvent les réunions accomplissent moins que ce qu'elles devraient, durent plus longtemps que prévu, mobilisent plus de participants qu'il serait nécessaire. Il en résulte qu'elles coûtent plus qu'elles ne rapportent. S'il faut plusieurs réunions de deux heures pour accomplir ce qui aurait pu être traité en une réunion unique d'une demi-heure, c'est que l'entreprise paye trop cher pour les bénéfices qu'elle peut tirer des réunions qu'elle tient.

Selon de nombreuses études, les cadres passent 40 % de leur temps en réunions et, d'après leur propre opinion, ils considérent que la plus grande partie de leur temps est perdue. Est-ce que ce gâchis peut être transformé en espèces sonnantes ? Si c'est possible, le dirigeant et le cadre ont entre leurs mains un guide utile qui les aidera à déterminer s'il est nécessaire de convoquer une réunion.

Comment évaluer le coût d'une réunion

La plupart des responsables sont choqués quand ils découvrent le coût réel des réunions. Nous avons mis au point une régle simple qui permet de déterminer « à vue de nez » le coût horaire d'une réunion :

Doublez le montant de la rémunération de base de chaque participant.

Si cinq personnes se réunissent pendant une heure et que chacune d'entre elles gagne 240 000F par an, leur salaire horaire total au cours de cette heure est d'environ 576F. Le salaire, cependant, ne constitue qu'une partie de l'évaluation. Il faut y ajouter les charges sur salaires, les avantages accessoires et les impondérables. Il faut également tenir compte du travail de secrétariat et du temps de préparation. En doublant le salaire de base de chaque participant, on tient à peu près compte de toutes ces dépenses supplémentaires.

Dans le cas de la réunion des cinq personnes précédentes gagnant chacune 240 000F par an, ce raisonnement conduit à un coût horaire de réunion de 1152F. Auquel il faut ajouter toutes les dépenses de préparation particulières, photocopies, diapositives ou transparents ainsi que le coût des impressions.

Le tableau 1.1 peut servir de table de calcul rapide pour établir le coût des réunions. Les montants des salaires sont déjà doublés. Pour utiliser le tableau, il vous suffit d'additionner les montants des salaires de tous les participants. Le total représentera le coût horaire de la réunion.

Si quatre personnes dont le salaire de base est de l'ordre de 180 000F par an se réunissent pendant 1 heure, l'entreprise dépensera 690F. Si la réunion se prolonge à deux heures, le coût en sera 1 380F. Si une entreprise est siège de 10 réunions hebdomadaires de 2 heures de ce type, le coût réel de ces opérations représente une somme annuelle de 714 000F —un montant qui n'apparaît dans aucun budget. Si, grâce à un bon management, le nombre de réunions peut tomber à la moitié, l'entreprise économisera presque 360 000F par an.

Bien sûr, ces économies n'apparaîtront pas en dernière ligne du bilan. Elles témoigneront d'une meilleure productivité —plus de travail et du meilleur au même prix. Elles apparaîtront égalesous la forme d'une plus grande capacité de travail des participants. En contrôlant le coût des réunions, une entreprise peut découvrir qu'elle se développe fortement sans pour autant augmenter le nombre de ses cadres et responsables car les cadres actuels seront en mesure d'assumer davantage de responsabilités.

Tableau 1.1 Coût des réunions à l'heure

Salaire annuel	Nombre de participants									
	10	9	8	7	6	5	4	3	2	1
300 000 F	2 886 F	2 598 F	2 310 F	2 022 F	1 728 F	1 440 F	1 152 F	864 F	576 F	288 F
240 000 F	2 310 F	2 076 F	1 848 F	1 614 F	1 386 F	1 152 F	924 F	690 F	462 F	228 F
180 000 F	1 728 F	1 560 F	1 386 F	1 212 F	1 038 F	864 F	690 F	522 F	342 F	168 F
150 000 F	1 440 F	1 296 F	1 152 F	1 008 F	864 F	720 F	576 F	432 F	288 F	144 F
120 000 F	1 152 F	1 038 F	924 F	810 F	690 F	576 F	462 F	348 F	228 F	114 F

Un budget pour les réunions

Périodiquement, nous avons envisagé de créer une ligne budgétaire intitulée « Réunions ». Chaque responsable serait obligé de prévoir dans son budget le nombre de réunions annuelles de quatre personnes et plus à tenir dans son département. Tout au long de l'année, le coût de chaque réunion serait pris en compte sous la forme d'un élément de dépense. Une budgétisation de ce type conduirait à plusieurs résultats. Premièrement, les responsables considéreraient avec attention chaque réunion. Le facteur comptable entrerait en jeu et, pour la première fois, le coût de réunion deviendrait un élément d'importance. Deuxièmement, l'encadrement se verrait confronté à deux grandeurs qu'il ne considère que fort rarement : (1) le nombre effectif de réunions tenues chaque année par l'entreprise et (2), leur coût annuel effectif.

Le système démontrerait qu'il n'existe pas de réunion gratuite. Dans ces conditions, un bon management pourrait appliquer aux réunions les mêmes techniques de réduction des coûts que celles qu'il applique à toutes les autres dépenses. Le résultat en serait, en fin de compte, un management de style plus sobre, plus efficace et moins onéreux.

Autres moyens

Un marteau est un outil efficace mais s'il est nécessaire de découper une plaque de 2 x 4 cm, il ne servira pas à grand chose. Il existe des circonstances où une réunion est l'outil parfaitement approprié pour qu'une tâche de direction soit exécutée. Il existe aussi d'autres circonstances où la réunion est un outil inapproprié. Elle peut être trop coûteuse et inadaptée. Ou, peut-être, le temps manque pour qu'elle puisse être convenablement préparée. Un autre outil est alors nécessaire.

Quatre autres démarches sont facilement accessibles.

1. Un acte de direction individuel.
2. Une communication écrite — généralement une note.
3. Des conversations téléphoniques de personne à personne.
4. Des conférences téléphoniques.

Un acte de direction individuel

La méthode la plus rapide et la plus efficace pour prendre les décisions de routine est celle de l'acte de direction individuel, appuyé, peut-être, sur un ou deux échanges, soit par téléphone, soit en face-à-face. Si la décision concerne une nouvelle politique ou procédure, si elle est complexe et demande un apport d'information considérable ou peut avoir des effets à long terme, alors il faut convoquer une réunion.

La note

La note, comme remplacement de réunion, présente certains avantages. Tous les destinataires reçoivent la même information. Celle-ci peut être revue à loisir par chaque personne si c'est nécessaire. Tout le long de la hiérarchie, aux niveaux supérieurs et inférieurs, les responsables concernés sont informés, y compris ceux qui n'auraient pas pu se rendre à la réunion. Et, finalement, la note peut être définitivement classée.

Les notes, bien sûr, ont des limites. L'auteur peut avoir de la peine à jeter sa pensée clairement sur le papier et ses lecteurs peuvent en faire de mauvaises interprétations. L'auteur peut être trop bref ou il peut tomber dans l'excès contraire en dictant des textes trop denses que personne ne prendra le temps de lire.

Le langage et le style de la note doivent être clairs et directs. L'objectif n'est pas d'impressionner le lecteur par les dons littéraires de l'auteur. Sa seule fonction est de transmettre une information brièvement et clairement. Personne jusqu'ici n'a pensé à attribuer le prix Pulitzer à la note la plus créative.

Le téléphone

Personne dans les milieux d'affaires n'a besoin d'être convaincu de l'importance du téléphone. Il est évident qu'une conversation téléphonique est un genre de réunion et quelques coups de téléphone bien placés peuvent permettre de recueillir tous les renseignements et les avis indispensables pour prendre une bonne décision. Le téléphone est le candidat logique au meilleur remplacement de la réunion. Cependant, les réunions téléphoniques peuvent être tout aussi inefficaces que les autres. Pour qu'elles marchent bien, elles doivent être préparées. Elles ne peuvent pas être improvisées. Les chapitres à venir qui traitent de la préparation de la réunion s'appliquent aussi bien à la réunion téléphonique.

La conférence téléphonique est devenue populaire parce qu'elle ajoute une dimension conviviale au téléphone en rendant possible des réunions téléphoniques de plus de deux personnes. Elle peut, cependant, présenter des limites en ce sens que chaque interlocuteur doit attendre son tour pour intervenir. La téléconférence est alors utile car elle permet une conférence téléphonique à plusieurs participants par bureau.

Les conférences utilisant la télévision, le téléphone et les technologies informatiques s'appuient sur de nouvelles techniques de réunion. Les salles de réunion équipées électroniquement permettent à des responsables se trouvant en des lieux éloignés de se retrouver face à face. Chaque intervenant peut être observé par tout le réseau. Des représentations graphiques comme l'esquisse d'une annonce publicitaire peuvent être présentées à la vue de tous, des modifications apportées et un accord réalisé quasi instantanément. Dans la plupart de ces systèmes des copies papier des graphiques et du texte peuvent être transmises très rapidement à chaque groupe par des moyens de télécopie ou informatiques.

La téléconférence vidéo est déjà en usage dans le domaine des relations internationales et l'évolution des techniques va jouer un rôle important dans l'organisation des réunions de l'avenir.

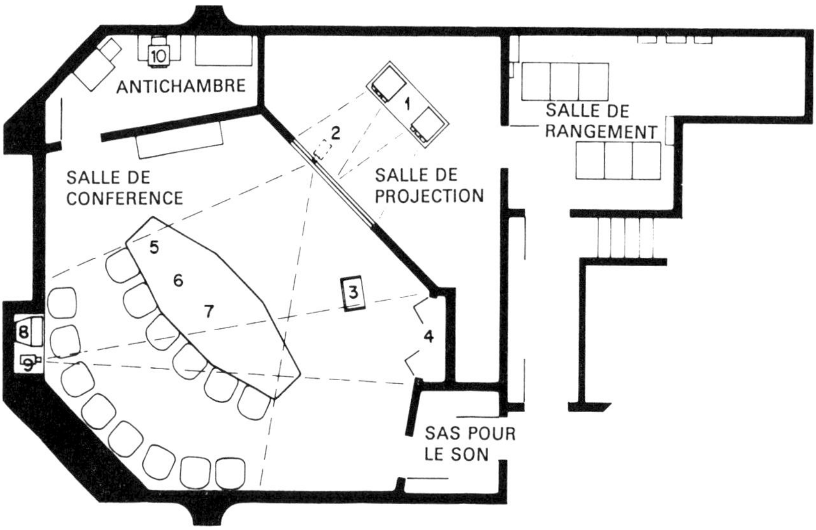

Figure 1.1 L'installation de vidéoconférence 3M est typique des salles de conférences actuelles équipées électroniquement. Elle comporte une installation de rétroprojection en arrière de l'écran (1) qui permet la retransmission simultanée de différents conférenciers situés dans des lieux différents, des dispositifs de projection de graphiques couleurs, des caméras de front (2) et d'ambiance (7) pour transmettre les images des participants et des éléments situés sur la table de conférence, un moniteur de salle (5) pour contrôler les images transmises en temps réel, une estrade (3) comportant deux moniteurs TV intégrés pour permettre au présentateur de surveiller les images émises et reçues, un panneau de contrôle de toutes les installations, un moniteur de lecture (8) qui permet aux présentateurs sur l'estrade de voir les conférenciers extérieurs, une caméra (9) qui transmet les images des présentateurs et des éléments représentés sur le tableau (4) et des objets présentés sur le devant de la pièce et (10), une chaîne de film/diapositive, un magnétoscope, des photocopieurs, un télécopieur. Ne sont pas représentés des matériels tels qu'un projecteur de diapositives de 35 mm, un Encrypton, machine qui permet de transmettre des signaux à coder et des micros placés en des endroits appropriés de la pièce.

Certains systèmes sont très complexes et nécessitent l'intervention d'un technicien pour piloter les panneaux de commande dans chaque salle de réunion. Des systèmes moins élaborés offrent moins de services mais peuvent être pilotés par le groupe de travail sans aide extérieure.

Les conférences électroniques exigent une planification plus rigoureuse, de meilleurs graphiques et des présentations plus professionnelles encore que les réunions de personnes physiquement présentes. Dans la mesure où leur coût horaire est très élevé, le temps passé doit être très productif. Cependant, quand ces réunions sont bien tenues, les économies faites sur le temps des responsables et les frais de déplacement les rendent très rentables.

Résumé

La réunion idéale se déroule sans perte de temps du début à la fin. Elle a un objectif défini, suit strictement un ordre du jour préparé et traite brièvement chacun des chapitres de cet ordre du jour. La bonne réunion apporte les meilleures idées, les meilleures décisions et les meilleures réactions de suivi.

Toute bonne réunion présente certaines qualités fondamentales :

1. L'objectif est compris par tous les participants.
2. L'ordre du jour est conçu pour atteindre l'objectif proposé.
3. Les participants présents sont ceux qui sont nécessaires.
4. L'ordre du jour est strictement respecté.
5. Des aides visuelles sont utilisées chaque fois qu'il est possible.
6. Les participants qui interviennent sont préparés.
7. Le président de séance résume ce qui a été accompli.
8. Un suivi de la réunion est organisé.

Quand l'un ou l'autre de ces caractères manque, les conditions sont réunies pour que la réunion soit mauvaise.

La première question à poser avant de convoquer une réunion est : « Est-ce que cette réunion est nécessaire ? » Examinez chaque occasion de réunion en répondant aux questions suivantes :

1. Quel est le motif de la réunion ?
2. Est-ce le moment de la tenir ?

3. Est-ce qu'il n'y a pas d'autres moyens ?
4. Quel est le résultat que j'en attends ?
5. Que se passera-t-il si je ne convoque pas cette réunion ?
6. Combien la réunion coûtera-t-elle ?

Une réunion peut être convoquée pour :

1. Entendre des rapports.
2. Conduire à un jugement ou une décision collective.
3. Résoudre un problème.
4. Obtenir un soutien pour un projet.
5. Former de futurs responsables.
6. Concilier des points de vue différents.
7. Transmettre des informations.
8. Dissiper les tensions en informant.
9. S'assurer que tout le monde a compris l'information transmise.
10. Obtenir des réactions rapides.
11. Réactiver un projet en panne.
12. Présenter un produit ou un système.
13. Faciliter la communication entre membres de la direction.
14. Explorer de nouvelles idées ou des concepts nouveaux.

L'organisation de réunions n'est pas toujours la réponse. Le sujet concerné peut ne pas nécessiter une réunion ou la réunion peut être trop coûteuse et inadaptée. Il est alors temps de considérer d'autres moyens possibles :

1. Un acte de direction individuel.
2. Une communication écrite.
3. Des conversations téléphoniques de personne à personne.
4. Des conférences téléphoniques.

Il faut comprendre les causes des mauvaises réunions de manière à les éviter. Les éléments les plus courants d'une réunion manquée sont les suivants :

1. Trop de réunions.
2. Des réunions trop longues.
3. Des ordres du jour trop chargés.
4. Des réunions en compétition avec d'autres réunions.
5. Trop de participants.
6. Des participants non concernés.
7. Des participants concernés non invités.

8. Des réunions mal préparées.
9. Des réunions convoquées pour des motifs insuffisants.
10. Une mauvaise présidence.
11. Des réunions sans conclusions.
12. Des participants sans préparation.

Chapitre 2

Votre intérêt propre à de bonnes réunions

Les réunions sont plus qu'un outil de communication. Elles constituent des lieux de formation pour les futurs cadres et dirigeants.

Ce chapitre est consacré à l'examen de la réunion comme moyen de formation des nouveaux responsables et de recherche de nouveaux cadres par les dirigeants. Il aborde aussi la question d'un point de vue personnel, la réunion étant considérée comme une scène où les futurs dirigeants et les jeunes cadres peuvent faire la preuve de leur talent. Ces aspects, très utiles, sont souvent négligés mais ils sont importants aussi bien pour le développement de l'entreprise que celui des individus.

Dans un article publié par la revue *Management*, E.C. Kilgore, Administrateur associé de la N.A.S.A. en retraite, écrit : « Toute organisation n'est pas meilleure que son personnel; son avenir est généralement assuré par son habileté à sélectionner et à préparer sa future génération de dirigeants. » La plupart des dirigeants s'accorderaient sur ces prémisses. Dans la pratique, cependant, un grand nombre de dirigeants du niveau le plus élevé tendent à n'accorder qu'une faible priorité au développement des ressources humaines dont on ne s'occupe que lorsque le temps le permet.

Une analyse, même rapide, des entreprises privées et publiques les mieux dirigées et les plus performantes révèle une étroite corrélation entre leur succès et la priorité accordée à la croissance et au développement de l'art du management. Il serait abusif de prétendre que c'est la seule condition de la réussite mais c'est peut-être bien la clé de la vitalité de l'organisation.

Réunions de recrutement de nouveaux responsables et dirigeants

Dans notre économie en expansion, les entreprises doivent continuellement faire face à un manque de capacités de management. La plupart d'entre elles préfèrent former elles-mêmes leurs propres cadres et dirigeants et les promouvoir de manière interne. Elles ne s'adressent aux chasseurs de tête, à qui elles payent des honoraires considérables, que lorsque le talent nécessaire n'existe pas dans l'entreprise.

Cette rareté oblige chaque membre de la direction à être constamment en alerte pour repérer les individus prometteurs qui apparaissent comme des éléments à potentiel. Ils doivent chercher des individus porteurs d'idées, capables de se frotter aux problèmes pour les résoudre et qui prouvent qu'ils sont aptes à diriger d'autres gens avec succès. Ils doivent trouver des individus qui montrent des dispositions pour se charger de telle phase des affaires. Pour occuper certains postes comme la direction des ventes ou leur animation, les dirigeants doivent chercher des candidats qui possèdent une formation et des talents particuliers en plus de leur capacité à diriger.

Les réunions sont un lieu idéal pour repérer les individus possédant ces potentiels. Elles constituent une occasion unique de les voir agir parmi leurs collègues — analysant des situations, défendant des idées, faisant progresser leur point de vue et engageant leurs collègues dans l'action. Leur savoir sur des sujets particuliers devient vite évident. Par exemple, le directeur des ventes potentiel, qui doit connaître en profondeur le produit et le marché et savoir motiver les autres, démontre l'existence de ces qualités en l'espace de quelques réunions.

En général, les responsables évaluent ceux qui travaillent sous leurs ordres dans le cadre d'une observation quotidienne. Ils les voient en action, travaillant ensemble et ayant des relations entre eux, en train de construire des rapports, d'échanger des notes, de donner des conseils, d'intervenir en cas de besoin, etc. La méthode est efficace. Cependant, leur attitude au cours des réunions, comme animateurs ou participants, ajoute une dimension à l'évaluation. Nulle autre activité ne donne pareille appréciation des qualités d'animateur que possède chaque membre d'une équipe.

Dans les très grandes entreprises, dont les bureaux sont répartis sur tout le territoire, les réunions sont souvent le seul moyen qu'un responsable peut avoir d'évaluer son monde, de le voir en action, en train de communiquer, de penser et réagir. Les impressions tirées des réunions ajoutées à l'évaluation du travail des individus sur le terrain donnent une idée très approfondie de leurs capacités potentielles.

Bref, la conclusion évidente de cette analyse est que les réunions sont un élément très important dans l'évaluation de la capacité des dirigeants potentiels.

Grimper les échelons de la carrière

A mesure qu'un cadre prend de plus en plus de responsabilités, en grimpant dans la hiérarchie de l'entreprise, il ou elle assiste à un nombre de réunions de plus en plus grand, participe de plus en plus à des séances essentielles pour l'entreprise et rencontre des dirigeants de niveaux de plus en plus élevés tant à l'intérieur qu'à l'extérieur de l'entreprise. Il est évident que plus l'individu se place haut dans la hiérarchie, plus il est nécessaire qu'il fasse preuve de capacité à tenir et participer à des réunions. Comme nous l'avons déjà signalé, les dirigeants passent au minimum 40 % de leur temps en réunion. Leur efficacité en tant que responsables repose largement sur leur capacité de tirer le maximum de profit de ces réunions.

Le point de vue des dirigeants au niveau le plus élevé sur l'importance de la réunion dans l'évaluation personnelle a été exprimé dans un article de la revue *Fortune* par Frank Considine, Directeur Général de la National Can Corporation. Il y écrivait : « Une réunion est réellement une analyse entre pairs. Vous y voyez comment chacun pense, comment il réagit à une question difficile et s'il est un penseur sans envergure. »

La réunion de formation des nouveaux responsables

Dans une certaine mesure, toute réunion remplit un rôle formateur pour tous ceux qui y participent. La plupart du temps, cette formation est fortuite. Mais de nombreux responsables utilisent spécifiquement la réunion comme moyen de développement des individus. Certains convoquent des réunions sur le seul motif de forcer leurs subordonnés à traiter un problème difficile — dont ils connaissent eux-mêmes déjà la solution probable. Ces réunions présentent un triple avantage. Elles ont une valeur intrinsèque en tant qu'outils de formation; elles donnent l'occasion d'observer de jeunes cadres sous pression; et elles apportent parfois une solution meilleure que celle qui avait été préalablement envisagée par le responsable.

Un responsable d'un département de relations publiques avec lequel nous avons travaillé oblige systématiquement son équipe à tenir deux réunions planifiées chaque année. L'objectif de chacune est de prévoir les activités pour le semestre suivant.

« Je n'y assiste qu'en observateur » nous a-t-il dit. « Ils choisissent leur propre animateur, leur ordre du jour, préparent les interventions et créent un rapport qu'ils me présentent. De nombreuses idées nouvelles sont issues de ces réunions mais elles ne sont pas toujours des réussites. Je me souviens de deux occasions où j'ai annulé les réunions dix minutes après qu'elles aient débuté. Il était évident qu'elles avaient été si mal préparées qu'il ne pouvait rien en sortir de bon. Ces annulations, pourtant, ont indiqué au groupe que les réunions se devaient d'être bonnes et, à présent, elles sont bien réussies.... Ces réunions répondent à un double objectif : la formation de mon groupe à la conduite de réunion et l'excercice du processus de pensée créatrice. En tant que futurs responsables, les membres de l'équipe ont besoin de ce type de formation. »

Il n'existe pas de meilleure manière de mettre en évidence les capacités de management des cadres que de les exposer à la dynamique de l'action et de la réaction de groupe — pas seulement dans le cadre de réunions entre eux comme cela vient d'être décrit mais également en tant qu'observateurs et/ou participants à des réunions de niveaux plus élevés. Ceux qui sont sélectionnés pour des responsabilités accrues peuvent acquérir une connaissance intime des processus de management en observant comment leurs aînés traitent des prises de décision, des résolutions de problèmes et de la prévision.

Le rôle de l'encadrement consiste aussi à fournir des directives qui permettront aux subalternes de se mettre en valeur et d'être mieux appréciés par ceux pour lesquels ils travaillent.

La formation est aussi un processus continu. Une réunion ne constitue pas à elle seule un cours de maîtrise de conduite de réunion. L'un des grands plaisirs que peut ressentir un responsable ou un dirigeant est d'observer l'émergence et le développement d'une jeune capacité de management — le passage d'un état de bégaiement et de nervosité au cours d'une première réunion à la réunion maîtrisée et efficace plus tard. Quand le jeune cadre commence à démontrer la capacité de conduire toutes les phases d'une réunion, il est temps de le promouvoir.

Les réunions enseignent l'organisation

Les deux éléments fondamentaux de toute communication, et de toute réunion en particulier, sont l'*organisation de la pensée* et la *définition des objectifs* . Toute réunion réussie présuppose à la fois des objectifs bien définis et une organisation logique de la matière à présenter. Le rôle formateur de la réunion en ces domaines ne doit pas être négligé. Parce que les leçons apprises en ces occasions peuvent être appliquées à toutes les autres activités professionnelles, les jeunes cadres doivent se voir donner tous les moyens disponibles possibles pour bien étudier le thème d'une réunion, en définir les objectifs et organiser leurs réflexions à cet égard.

Il est compréhensible que les responsables souhaitent éviter de subir des réunions mal conduites et qu'ils préfèrent parfois confier la responsabilité de l'animation à des cadres confirmés. Mais comme dans le cas du sport où l'entraîneur est obligé de faire jouer de jeunes étudiants s'il désire former une bonne équipe pour plus tard, les responsables doivent prévoir. Les étudiants de première année doivent acquérir de l'expérience.

Comme nous l'a dit un responsable : « Je jette mes débutants dans le grand bain. J'affecte la responsabilité d'une réunion à quelqu'un qui n'en a jamais conduit aucune et je lui donne deux semaines pour la préparer. Après quoi, je m'inquiète de savoir s'il peut nager. Dans la plupart des cas, c'est la panique la première semaine, puis ils se calment, font du travail sérieux au cours de la seconde semaine et, le moment venu, ils nagent. Certes, ils ne battent pas de records mais ils nagent. »

Bert Auger a décrit la réunion de travail comme un séminaire permanent, une formation continue en matière de commerce. Il la considérait comme « le meilleur des enseignements post-universitaires possible ».

Les aides visuelles à la formation

La création de documents visuels tels que les diapositives ou les transparents de synthèse pour accompagner des présentations constitue également un excellent moyen de formation. Rien ne conduit à mieux se concentrer sur l'organisation logique du matériau, ne donne autant la conscience du temps et de l'efficacité de la communication. Obligé de comprimer un rapport ou toute autre présentation sur une durée donnée, le présentateur doit absorber la matière, l'analyser pour en découvrir les points essentiels et déterminer les meilleurs moyens de les illustrer.

Les présentations, en particulier celles qui mettent en jeu des illustrations visuelles, sont des tests personnels. L'auteur doit faire face au public et les présenter. Pour la plupart, c'est là une expérience enrichissante et formatrice. La réaction des assistants indique instantanément aux auteurs si leur choix a été bon ou mauvais. Ils apprennent vite au cours de quelques expériences. Il est toujours intéressant de comparer la troisième ou quatrième expérience d'un individu à son premier essai. Le progrès est généralement fantastique.

Plus précisément, la création de diapositives ou de transparents de synthèse est formatrice parce que :

1. Elle oblige à organiser et à ordonner la pensée du présentateur.
2. Elle oblige à sélectionner et à morceler les idées essentielles sans négliger d'autres points importants.
3. Elle enseigne la gestion du temps au présentateur parce qu'elle l'oblige à suivre son plan et à être pertinent.
4. Elle donne confiance à l'orateur, diminue sa confusion interne et lui donne l'habitude de ne penser qu'à l'essentiel.

Le fait que des questions pertinentes soient posées pendant et immédiatement après la présentation est un moyen de notation automatique. Si elle génère une discussion animée sans qu'il soit nécessaire de clarifier ou d'expliquer quoi que ce soit, le présentateur sait qu'il mérite un maximum. Si, par contre, des points importants ont été négligés ou que l'accent a été mal placé, et qu'il est nécessaire de donner des éclaircissements avant que la discussion puisse s'engager, le présentateur sait qu'il mérite une note moyenne ou médiocre.

Lettre ouverte à des cadres en formation

Ces paragraphes sont destinés à ceux et celles qui viennent juste d'entrer dans l'arène du management. Considérez les réunions comme de grandes occasions. A travers elles, vous pourrez apporter quelque chose à votre entreprise, élargir votre propre savoir commercial et de gestion et préparer votre avancement futur. Ne commettez jamais l'erreur de les craindre ou de les négliger. Considérez-les pour ce qu'elles sont : un extraordinaire moyen de management. Plus vite vous apprendrez à utiliser cet outil de manière efficace, plus vite vous compterez dans votre entreprise. Une façon de le faire est d'être un participant actif et efficace, une autre est de conduire de bonnes réunions vous-même.

Si vous analysez avec soin le déroulement des réunions, vous allez découvrir que votre attention est nécessaire à des niveaux différents. Le premier est, bien sûr, celui de l'objet de la réunion lui-même, c'est-à-dire le problème en discussion. Le second est celui de ce que les autres font pendant la réunion. En observant les participants plus expérimentés en action, vous pouvez acquérir une formation privilégiée sur les techniques d'encadrement. Le troisième niveau concerne les savoirs spécifiques mis en jeu pendant la réunion. Vous pouvez rapidement approfondir votre domaine de compétences par une observation attentive de ce que font vos pairs. Que vous apparteniez à la comptabilité, aux ventes, aux achats ou à la recherche, les réunions peuvent vous servir d'enseignement post-universitaire sur votre propre spécialité.

Il n'est pas facile de diviser votre attention de cette façon au cours d'une réunion mais cela vous sera plus aisé dès que vous deviendrez conscient de l'existence de ces niveaux différents. Probablement le plus bénéfique sera de repenser à la réunion après qu'elle soit terminée. Rappelez-vous comment elle a été conduite, revoyez mentalement comment le travail a progressé, quelles techniques les participants ont utilisées pour faire avancer leurs idées et quelles nouvelles facettes de votre spécialité ont été mises en jeu. Analysez toutes les erreurs que vous avez observées. Pourquoi un membre du groupe n'est-il pas arrivé à un résultat ? Auriez-vous utilisé une autre approche ? Un des rares avantages des réunions mauvaises ou inefficaces est qu'elles vous permettent d'apprendre beaucoup de choses. Si la réunion n'était pas réussie, pourquoi ? La connaissance de la raison vous permettra un jour d'éviter la même erreur.

En particulier, au cours de vos premières semaines dans un nouvel emploi, les réunions vous enseignent les différentes fonctions de votre département. Vous y apprendrez rapidement qui fait quoi et qui est responsable de qui et de quoi. Plus tard quand les employés d'autres services assisteront à vos réunions ou quand vous assisterez à des réunions entre services, vous élargirez vos connaissances de gestionnaire. Vous commencerez à comprendre comment les tâches de l'entreprise réagissent les unes avec les autres et comment elles s'entremêlent. Vous apprendrez à faire la synthèse de tous les éléments qui permettent la conduite des affaires. Vous apprendrez à voir le point de vue de l'autre et, plus important encore, vous apprendrez quel est le point de vue général de l'entreprise. Tout cela se réflètera dans votre travail par la suite. C'est tout ce que vous pouvez gagner des réunions si vous reconnaissez dès le départ leurs si nombreux aspects significatifs.

La seule expérience réellement satisfaisante est celle que vous éprouverez quand vous aurez l'occasion de conduire une réunion vous-même. Cela sera peut-être au début le traitement de problèmes mineurs mais il faudra les prendre au sérieux. N'oubliez pas que les grands joueurs de foot commencent dans des équipes de second plan, puis deviennent des étoiles dans les plus grandes. Préparez chaque réunion avec soin. Pensez-les en termes d'objectifs bien définis et d'ordre du jour adapté. Etudiez tout à l'avance et laissez le minimum au hasard. Il n'est pas difficile de planifier et de conduire une réunion mais cela demande du travail. Une réunion ne peut se préparer de manière désinvolte et être une réussite.

L'autre grand moment sera celui de votre première présentation à grande échelle avec aides visuelles. Lorsque vous en serez chargé, vous serez d'abord saisi de panique — nous sommes tous passés par là — et vous serez saisi par le désir de prévoir un voyage d'affaires juste le jour fixé ou celui d'attraper une grippe providentielle. La panique passera au bout de quelques minutes et vous vous y mettrez. Commencez par étudier le sujet, faites une liste des données et des informations nécessaires à la présentation et notez pour chaque élément sa source éventuelle. C'est une bonne démarche de rassembler toute l'information rapidement; cela laisse davantage de temps pour réaliser la partie écrite et les documents visuels.

La préparation des parties écrites et des documents visuels est traitée dans d'autres chapitres. Suivez les instructions attentivement et votre présentation sera bonne. Quand elle aura été accomplie vous ferez face à une salle entière de critiques qui passeront au crible votre pensée et vous permettront de progresser. C'est probablement la partie la plus formatrice de l'exercice.

Afin de vous remonter le moral quand vous préparez votre première présentation, rappelez-vous que les réunions sont les meilleurs tremplins pour rendre vos supérieurs conscients de vos qualités personnelles et de votre potentiel. La réunion à laquelle vous vous préparez n'est pas un problème. C'est une chance de pouvoir briller.

Résumé

Les rôles quelquefois négligés de la réunion ont leur utilité dans la recherche de talents de management nouveaux et la formation des jeunes cadres en vue de leurs responsabilités futures. A un jeune cadre, la réunion n'apporte pas seulement l'occasion d'apprendre d'importantes règles de gestion et une voie interne d'apprentissage des hommes, des femmes et du fonctionnement de l'entreprise mais également une plate-forme de relations publiques personnelles particulièrement intéressante.

La préparation de documents visuels en vue d'accompagner une présentation constitue une méthode de formation particulièrement efficace parce que :

1. Elle oblige à ordonner et classer ses idées.
2. Elle oblige à sélectionner et à morceler les idées essentielles tout en évitant d'omettre d'autres points importants.

3. Elle enseigne la gestion du temps en obligeant le présentateur à suivre son plan et à demeurer pertinent.

4. Elle donne confiance au présentateur, diminue sa confusion et développe l'habitude d'aller à l'essentiel.

Chapitre 3

La dynamique des réunions

Andrew Rouse, Directeur Général de l'INA à l'époque, confiait dans un article de *Fortune*, qu'il avait plaisir à assister à une réunion bien conduite. Et il pensait que les autres dirigeants partageaient son opinion. « Il est évident qu'il existe », disait-il, « des réunions qui sont des pertes de temps. Mais c'est une erreur de dire que dans les affaires, les réunions sont une perte de temps. Les réunions *sont* les affaires. »

Il existe un réel désir dans le monde des entreprises de réunions bien organisées et bien conduites. Les dirigeants et les responsables ont l'esprit orienté vers les résultats et sont satisfaits de participer à des opérations réussies de toute nature, réunions comprises. Rien ne les frustre plus qu'une absence de résultats.

La réunion de travail est une entité vivante dynamique mais fragile qui possède une ambiance propre. La personne qui organise la réunion contrôle sa nature et assume la responsabilité de créer un climat positif. Ce résultat est atteint partiellement en convoquant la réunion avec de bonnes raisons de le faire, en invitant les participants appropriés et en opérant au bon moment. La dynamique qui affecte la réunion se met en œuvre dès que les participants sont implicitement prêts avant même qu'elle ne commence.

Les facteurs qui gouvernent la préparation

Une bonne préparation représente les neuf-dixièmes de la formule des réunions réussies et l'entière responsabilité en repose sur les épaules de la personne qui convoque la réunion.

Les étapes importantes de cette préparation sont les suivantes :

- Préparation de l'ordre du jour.
- Convocation des participants largement à l'avance.
- Assurance que tous les participants invités seront présents
- Assurance que le lieu de réunion est disponible.
- Assurance que le temps nécessaire à la préparation des documents visuels a été prévu.

Dans le cas d'une réunion de routine interne à un bureau, la plupart des préparatifs ne devraient pas prendre plus de 10 à 15 minutes. L'ordre du jour peut être griffonné sur une page de bloc-note, puis dactylographié. Quelques coups de téléphone permettent de s'assurer que la date et l'heure choisies sont convenables et que tous les participants éventuels pourront assister à la réunion. Simultanément, les participants peuvent être renseignés sur le contenu de l'ordre du jour. Aucun de ces éléments ne présente de difficultés et ne prend beaucoup de temps. Pourtant, s'ils ne sont pas réalisés, la réunion risque fort d'être gravement compromise.

Avertir les participants n'a pas seulement pour effet de s'assurer qu'ils seront présents. Leur préparation psychologique est importante. Sachant que la réunion va se tenir, les participants s'y préparent mentalement. L'idée de la réunion peut n'être qu'inconsciente, mais elle est là néanmoins. La contribution de chacun peut reposer sur cette préparation inconsciente —et c'est une raison essentielle d'une notification à l'avance de l'ordre du jour.

Si le délai le permet, et ce devrait être le cas, un exemplaire de l'ordre du jour devrait parvenir à chaque participant plusieurs jours avant la date de la réunion.

Les réunions se désorganisent si certains invités ne peuvent y assister, quand un spécialiste qui doit apporter une information spécifique est absent ou quand la discussion révèle que les participants n'ont pas eu la possibilité de formuler leur pensée.

Le manque de préparation affecte l'objectif central de toute réunion. Il décourage ceux qui étaient prêts et retarde l'exécution de la tâche assignée à la réunion. Quand certains membres du groupe manifestent leur manque de préparation, l'intérêt de tous les autres diminue fortement. Ceux qui s'étaient préparés à traiter le sujet proposé se sentent maintenant démotivés. Ils auront de la peine à retrouver un nouvel enthousiasme pour la réunion nouvelle qui ne manquera pas d'être convoquée sur le même sujet.

Il n'est jamais bon d'acquérir la réputation d'organisateur de telles réunions.

L'ambiance d'une réunion

L'ambiance de chaque réunion commence à se former quelques heures avant qu'elle ne commence et s'installe dans les quelques minutes qui suivent son ouverture. Des noms multiples lui ont été donnés, l'humeur, la tonalité, le climat et bien d'autres encore, peu importe, les habitués la reconnaissent quel que soit le nom qu'on lui attribue.

Cette ambiance peut être positive, négative ou neutre. Quand elle est neutre, le travail est accompli mais sans grand enthousiasme. Quand elle est négative, il ne se passe pas grand chose. Il règne dans la salle une ambiance d'échec. Les réunions dont l'ambiance est positive, par contre, démarrent en flèche. Il y régne comme un sentiment que « c'est faisable ». L'objectif de toute personne qui convoque une réunion devrait être de lui donner une ambiance positive.

Il existe un certain nombre de facteurs qui permettent d'y arriver. L'atmosphère qui règne là où se tient la réunion en est un; l'importance du sujet, un autre. Le comportement de l'animateur a une grande importance comme la motivation créée par la distribution d'un ordre du jour sensé et la certitude qu'il sera respecté jusqu'au bout, le travail nécessaire étant accompli dans le temps minimum.

« Le climat ou la tonalité d'une réunion », écrit Joseph Callanan dans son livre *Communicating*, « est déterminé à la fois par la situation matérielle et le comportement des participants. Une installation avec des fauteuils confortables, un bon éclairage et une ventilation agréable, met les gens à l'aise. » Et il ajoute : « Si les gens sont à l'aise les uns avec les autres et se sentent bien par rapport à ce qui est attendu d'eux, ils participeront plus librement et seront plus productifs au cours des réunions... Ils ne seront pas complètement productifs s'ils ont des inquiétudes quant à ce que l'on attend d'eux. »

Certaines réunions s'ouvrent comme des comédies et ne quittent pas ce ton. Certaines s'inscrivent dans une perspective d'échec probable. Certaines deviennent vite des champs de bataille et tournent au règlement de compte. D'autres apparaissent comme indécises avant qu'elles ne commencent et ne s'améliorent pas dans l'heure qui suit. Les bonnes réunions respirent un air de confiance dès le premier mot, avec un sens de victoire.

L'ambiance d'une réunion est fragile. Elle est affectée par des éléments qui paraissent sans importance. Parmi les facteurs qui participent à la création d'une ambiance négative, citons :

- Le président arrive en retard.
- La salle de réunion n'a pas été réservée ou elle n'est pas prête.
- Le président ouvre la réunion de manière humoristique comme le ferait un comédien présentateur et encourage la légèreté.
- Le président ne semble pas préparé et ouvre la réunion par une phrase du type : « Je ne sais pas exactement pourquoi nous sommes ici mais... »
- Les participants sont en retard.
- La réunion est constamment interrompue par des messages téléphoniques.
- Les participants prouvent leur impréparation en errant au cours de leurs interventions.

Quand l'ambiance de la réunion devient apparente, les participants la ressentent et réagissent. Ils tendent à se comporter comme cette ambiance l'exige. Si la réunion est ouverte sur un ton de comédie, ils auront de la peine à reprendre leur sérieux. Si elle commence par les excuses de la présidence et les hésitations des premiers intervenants, elle se comportera comme un canard boiteux et les participants sérieux se désintéresseront de la suite. Si des interruptions détruisent l'ambiance de la réunion, l'attention peut être définitivement perdue à cause des récapitulations et les réexamens nécessaires pour retrouver le fil de la discussion.

Créer une ambiance positive

La responsabilité de créer une ambiance positive repose sur les épaules de celui qui convoque la réunion. Pour que la réunion démarre correctement, la présidence doit en avoir le contrôle dès l'accueil des participants. En plus de l'assurance que les participants ont été prévenus assez tôt et que la salle est prête avant que quiconque arrive, il existe certaines autres démarches que l'animateur peut faire pour aider à créer une bonne ambiance.

1. S'il existe des doutes quant à l'assistance, vérifiez pendant l'heure qui précède la séance que tout le monde sera bien là. Si des annulations de dernière minute mettent en danger l'efficacité de la réunion, annulez-la avant que quiconque n'ait perdu son temps.
2. Trouvez-vous en salle de réunion plus tôt et préparez la table. Distribuez du papier pour travailler.
3. Vérifiez qu'il y a bien un ordre du jour devant chaque place de participant.
4. Déclarez la séance ouverte à l'heure prévue, que la totalité des participants soient ou non présents.
5. Continuez de conduire la réunion à mesure que les retardataires arrivent. Ignorez-les et continuez de faire travailler les participants.
6. Indiquez que l'ordre du jour sera respecté et que la réunion sera levée à l'heure prévue.

L'atmosphère de la réunion doit être agréable. Les plaisanteries ne doivent pas être proscrites et, en fait, elles peuvent être utiles à l'établissement d'une bonne ambiance. Elles doivent, cependant, clairement constituer des parenthèses qui n'ont rien à voir avec la réunion elle-même. Quand des plaisanteries et des remarques fines s'intègrent au déroulement d'une réunion, la valeur de celle-ci comme outil de travail diminue.

Si on laisse l'arrivée des retardataires perturber le flux normal du travail, la présidence pourra avoir de la peine à le rétablir.

Si quiconque laisse percer un sentiment du type : « je ne sais pas pourquoi nous sommes ici », la réunion a été mal préparée. Si la majorité du groupe ressent la même chose, alors il est clair que la réunion n'aurait jamais dû être convoquée. Dans ce cas, elle doit être reportée jusqu'à ce qu'une préparation convenable puisse être faite.

Les rôles des participants au cours de la réunion

En cours de réunion, chacun joue un rôle, consciemment ou non. La présidence, par exemple, dirige ou prend du recul et laisse la réunion suivre son propre cours. Les participants peuvent prendre une part active au déroulement, assister en observateurs ou jouer les avocats du diable. Les résultats de la réunion sont souvent déterminés par les rôles joués par toutes les personnes présentes.

Chaque participant à une réunion doit être très attentif au rôle qu'il ou elle joue habituellement parce que cela peut avoir un effet durable. Des réputations se sont construites et détruites à travers les rôles joués au cours de réunions. Le contradicteur chronique, le tatillon permanent et le bavard invétéré sont vite étiquetés par leurs collègues et l'animateur qui n'anime rien vite repéré aussi. Au cours d'évaluations ultérieures en vue des avancements, ces étiquettes peuvent ressurgir. Les réunions sont un théatre où les dirigeants et cadres peuvent prouver leurs capacités. Les rôles qu'ils jouent éclairent ces capacités de manières positive, négative ou neutre.

Le meneur de la réunion assume plusieurs responsabilités qui lui dictent le rôle qu'il ou elle doit jouer. Parmi celles-ci : la nécessité de contrôler la réunion sans pour autant la dominer, d'encourager la discussion de manière à faire éclore des idées nouvelles et de diriger la réunion afin que l'ordre du jour soit épuisé dans le délai imparti.

Le participant à la réunion a la responsabilité de contribuer à la discussion sans jouer le rôle d'un frein ni celui d'un objecteur permanent. Les contributions peuvent être aussi bien positives que négatives. Offrir une suggestion qui donne forme à la proposition en discussion est une démarche positive. Mettre en évidence les imperfections ou les insuffisances d'une proposition constitue une contribution négative notable. Le rôle de l'avocat du diable qui attaque de manière agressive la proposition discutée est jouable dans la mesure où le groupe comprend qu'il s'agit d'un jeu et que les défis lancés ne le sont pas dans un but destructif.

Qui doit être invité ?

La liste d'invitations à une réunion est quasi automatique, dictée par la raison de sa convocation et les responsabilités et fonctions des gens dans l'entreprise. Pourtant, dans le but d'améliorer les réunions, cette liste ne devrait pas si automatiquement « couler de source ». Envisagez les gens qui devraient, à première vue, logiquement participer à la réunion et mesurez-les à l'aide de la liste suivante :

Est-ce qu'ils

- ont une solide connaissance de l'affaire en cours ? Leur contribution sera-t-elle réelle ?
- ont le pouvoir de prendre une décision ou d'approuver toute démarche sur laquelle l'ensemble des participants se sont mis d'accord ?
- ont la responsabilité de mettre en œuvre les décisions prises à la réunion ou celle de prendre en charge le projet pour une étape ultérieure ?
- représentent un groupe qui sera affecté par une décision prise à la réunion ? Si c'est le cas, ils sont un lien stratégique responsable de la transmission des résultats de la réunion à leur groupe.
- ont besoin de posséder l'information qui sera apportée en cours de réunion ?

Ajoutez enfin une considération supplémentaire : la formation des futurs cadres. Comme nous l'avons déjà signalé, la salle de réunion peut être un terrain de formation très important; un ou plusieurs participants pourraient être sélectionnés sur cette base.

Quel doit être le nombre d'invités

Le nombre des participants dépend de la nature de la réunion. Du point de vue de la dynamique, il y a deux types de réunion, les réunions conférences et les réunions de *travail* .

La conférence-exposé

La conférence-exposé est une communication à sens unique, un spectacle de scène, où une information est offerte par l'intervenant à l'assistance. Son succès dépend presque entièrement de la qualité de l'intervention, c'est-à-dire de son déroulement, de ses documents visuels, de son développement logique et du texte présenté. Si la présentation est lourde et lente, tous les assistants dormiront. Si elle est bonne, chacun en bénéficiera.

Les réunions où l'on présente des rapports, celles destinées à présenter des produits nouveaux et celles d'information reposent typiquement toutes sur ce type d'intervention. Les attitudes des participants sont déterminées avant même qu'ils n'entrent dans la salle parce qu'ils savent de quel type de réunion il s'agit et qu'ils viennent là préparés à écouter et à apprendre. Ils arrivent avec l'esprit « branché sur le mode réception ».

Le nombre convenable de participants peut aller de deux à l'infini et n'est limité que par l'espace disponible. Dans la mesure où tous les participants sont assis confortablement et qu'ils peuvent suivre la conférence sans difficulté, leur nombre est le bon.

Un facteur psychologique doit être considéré. A mesure que le nombre des participants augmente —généralement au-delà de 25 ou 30— le sens de l'intimité et de la participation personnelle diminuent. Apparaît alors un sentiment de distanciation. Au cours de réunions où les participants sont moins nombreux, il est possible de faire en sorte que chacun se sente le destinataire particulier de l'intervention. A mesure que la taille du public augmente, cela devient de plus en plus difficile. La nature de l'intervention et le type de matériel à présenter doivent guider la détermination de la taille optimale du groupe.

Si la réunion est destinée, par exemple, à présenter au personnel le détail d'un nouveau plan social, la chose pourrait se faire à 500 employés d'un coup ou en plusieurs réunions par groupes de 25. Les petites réunions seront plus intimes et il est probable que le personnel reconnaîtra et sentira que l'entreprise se préoccupe de son bien-être. La grande réunion sera très impersonnelle —un simple exposé des faits que tout le monde doit connaître— mais informative. La question de savoir quelle mécanique il faut choisir relève de l'objectif que se fixe l'entreprise et de la considération du temps nécessaire à la tenue des petites réunions. Les faits seront transmis aussi bien dans un cas comme dans l'autre.

Le vrai danger qui guette ce type de réunion est la tentation de remplir la salle parce qu'il y a de la place, sans considération pour la perte potentielle de temps. Les participants « convenables » à une conférence quelconque sont ceux dont la présence est nécessaire. N'importe qui d'autre alimente le flot du gâchis.

Si une session de questions-réponses suit l'exposé, le nombre de participants n'a pas à être restreint pour autant. Mais quand la réunion consiste en une intervention suivie d'une discussion, le nombre d'invités doit être diminué de manière à rendre possible une bonne discussion.

Les réunions de travail

Les réunions de travail sont des communications dans les deux sens. Le cœur de la réunion est une discussion et les participants y assistent en étant préparés à intervenir. Les réunions de résolution de problèmes, de prise de décisions et de recherches de faits et d'arguments entrent dans cette catégorie.

La réussite de la réunion de travail repose sur la capacité de la présidence à susciter et piloter la discussion et sur le désir des participants d'entrer dans l'échange. Plus le nombre des assistants est grand, plus ces deux conditions sont difficiles à remplir.

« Pour atteindre une communication face à face véritable, » écrit Leslie This dans *The Small Meeting Planner*, « il ne faut pas dépasser un maximum de 15 participants. Au-delà, il n'est pas de technique (ou de conduite de réunions) qui puisse convenir. La distanciation psychologique s'installe...le phénomène des sous-groupes devient réel et les participants sentent qu'ils s'éloignent les uns des autres. »

La complexité de la réunion augmente de façon disproportionnée par rapport à l'augmentation du nombre de participants. L'adjonction d'une ou de deux personnes peut doubler le problème de communication.

Un consultant en organisation a formalisé mathématiquement les interactions complexes qui s'installent dans un groupe en réunion. Quand une cinquième personne rejoint un groupe de quatre, le nouveau apporte lui-même 20 interactions et, en plus, ajoute 9 interactions à chaque membre du groupe originel. L'adjonction de la cinquième personne augmente la capacité productive du groupe de 20 % mais augmente sa complexité de 127 %.

L'expérience montre que plus le sujet de la réunion est complexe, plus sera complexe la discussion qui s'installera —et plus restreint doit être le nombre de participants. Inversement, plus le niveau de participation individuelle à la discussion est faible, plus le nombre de participants éventuels à la réunion peut être élevé.

Considérez comme postulat que plus le nombre de participants à une réunion est grand, plus il faudra de temps de réunion pour accomplir le travail proposé.

Conseils au sujet des participants

Au moment de la constitution de la liste des gens à convoquer à une réunion, laissez-vous guider par la nature de la réunion.

Pour une conférence-exposé : retenez quiconque a besoin de savoir.

Pour une séance de prise de décisions ou de résolution de problèmes, les experts recommandent cinq personnes au plus.

Pour une réunion d'identification de problèmes : 10 personnes au plus.

Pour une réunion d'information, maintenez l'assistance en-dessous de 30 personnes pour qu'il y ait convivialité.

Pour une réunion de formation, et en particulier si une session de questions est prévue : 15 personnes au plus.

Un séminaire fonctionne au mieux avec moins de 15 participants.

Pour des réunions de comité, le nombre maximum de participants efficaces est sept. A mesure que le nombre de participants s'élève au-delà de ce nombre, l'efficacité du comité diminue considérablement.

La règle d'or : ne convoquez jamais quelqu'un qui n'a pas besoin d'être présent, quelle que soit la nature de la réunion.

Et votre patron ?

Est-ce une bonne idée de faire participer à la même réunion des patrons et leurs subordonnés sur un pied d'égalité ? Voilà une vieille question dont certains aspects sont délicats.

Est-ce que les subordonnés peuvent agir en égaux dans de telles circonstances ? Peuvent-ils, par exemple, exprimer leur désaccord avec véhémence ? Ils ont toujours à l'esprit les réactions possibles de leur patron et ils sont tout à fait conscients qu'une fois la réunion terminée, l'égalité n'existera plus. Exprimer sa force dans ces conditions nécessite une grande adresse et du tact de la part du subordonné et beaucoup de tolérance de la part du dirigeant.

Annette Gaul, dans un article consacré aux réunions publié par la revue *Management* , écrit que le sentiment de crainte que le personnel éprouve à l'idée des réunions de direction peut être multiplié quand il s'agit d'assister à des réunions auxquelles assistent également leurs employeurs et/ou leurs contremaîtres. Il faut que l'employé apparaisse sous un bon jour aux yeux de tous. « Ce problème peut être résolu », dit-elle, « en évitant de superposer trop de niveaux de personnel dans une même réunion. »

D'une manière générale, les réunions devraient s'adresser à des participants de statuts à peu près équivalents. Cela assure une égalité dans la discussion. Les subordonnés peuvent être amenés à apporter des savoirs particuliers ou assister en observateurs mais, dans la plupart des cas, ils ne devraient participer à la discussion que de manière très limitée.

Dans des réunions consacrées à des sujets controversés, des points de vue antagonistes doivent toujours être présentés et ceux qui représentent les deux tendances *doivent* être invités. Il est alors particulièrement important que les deux parties soient représentées par des intervenants de statut égal.

La représentation des services

De nombreuses réunions concernent plus d'un service. Il arrive qu'une participation active de plusieurs services à la fois soit requise et les participants qualifiés pour intervenir en leur nom doivent être présents. Dans d'autres cas, les services ne doivent être représentés que dans le but d'être informés et leurs représentants ne sont là qu'à titre d'observateurs, pas de participants.

Dans ces réunions là, le danger à éviter est celui de la sur-représentation. Les chefs de service parfois se déplacent avec une paire d'assistants ou envoient plusieurs représentants. Les participants à ce type de réunions doivent être tout aussi qualifiés que dans les autres cas. Peuvent-ils apporter leur contribution ? Ont-ils besoin de savoir ? De toute manière, le nombre d'observateurs doit être limité.

Se pose, enfin, la question du pouvoir. Si l'objet de la réunion est de prendre une décision ou de mettre au point un plan d'action, les participants doivent avoir le pouvoir d'engager leur service. C'est une perte de temps si le représentant de l'Ingénierie quitte la réunion en disant : « Je vais en faire part à mon patron et je vous ferai connaître sa décision. »

Plus de 15 personnes ?

Dès lors qu'une réunion doit être légitimement constituée de plus de 15 personnes, se pose un problème de dynamique. Les grandes réunions sont lentes, lourdes et probablement moins efficaces qu'il serait souhaitable. L'une des manières de résoudre le problème est de fractionner l'ordre du jour, de diviser la grande réunion en plusieurs sessions plus petites qui prendront moins de temps et seront plus efficaces. Plus tard, deux personnes de chacun de ces sous-groupes peuvent participer à une espèce de réunion au sommet pour reconstituer l'ordre du jour initial. Une autre manière d'opérer est de choisir un petit groupe de travail, en excluant un grand nombre de ceux qui pourraient avoir toutes les raisons d'y participer, puis de laisser chaque membre de ce groupe restreint réunir les autres pour leur transmettre le résultat des travaux. Ces variations présentent le désavantage de multiplier les réunions mais, malgré tout, elles peuvent présenter un rapport coût/efficacité intéressant quand le nombre de participants nécessaires à la réunion initiale est très grand.

Quand se rencontrer

Deux facteurs interviennent toujours quand il s'agit de décider à quel moment une réunion doit être organisée : la nécessité d'avoir des résultats en temps utile et l'état de préparation des participants.

Un grand nombre de réunions dictent elles-mêmes leur calendrier. Une décision doit être prise aujourd'hui, pas la semaine prochaine. La force de vente doit être motivée avant l'introduction d'un nouveau produit, pas après qu'il ait été introduit sur le marché depuis un mois. Ces facteurs sont en général indépendants du pouvoir des dirigeants et des responsables, qui doivent donc s'adapter lorsqu'ils planifient les réunions.

Mais, avec ces contraintes de temps, il faut considérer d'autres facteurs.

1. Convoquez une réunion quand les participants sont au meilleur de leur préparation. Evitez les lundis matin, les vendredis après-midi et l'heure qui suit le déjeuner où les participants pourraient être somnolents. Ne fixez pas une réunion dans le quart d'heure qui précède la fermeture du bureau.

2. Evitez les réunions « surprise ». Les réunions inattendues perturbent l'organisation prévue de la journée de travail des participants et ne leur permettent pas de s'y préparer mentalement. Cette préparation psychologique est indispensable parce que l'attitude de chacun joue un rôle dans la réussite d'une réunion.

3. Donnez aux participants le temps de se préparer physiquement. Prévenez-les suffisamment tôt de l'objectif de la réunion afin qu'ils puissent réunir les matériaux et notes nécessaires. Dans la convocation, indiquez les points de l'ordre du jour à traiter, ce qui est attendu de chacun et la durée de la réunion.

4. Assurez-vous que les personnes qui doivent être présentes seront disponibles. Inquiétez-vous auparavant des réunions concurrentes et des voyages prévus avant de décider du calendrier définitif.

5. Quand une intervention est prévue, donnez du temps pour sa préparation. Les textes doivent être écrits et mis en forme. Les documents visuels doivent être créés et réalisés. Cela demande moins de temps actuellement puisqu'on peut créer des diapositives et des transparents rapidement. Cela n'empêche, il faut du temps quand même. La mise au point et la production des documents visuels sont traités dans un chapitre ultérieur. Prévoyez une répétition pour toute intervention d'envergure, d'abord pour vous assurer de son déroulement harmonieux et ensuite pour l'améliorer.

Quelle doit être la durée de la réunion ?

Combien de temps une réunion doit-elle durer ? Aussi longtemps que c'est nécessaire — mais pas plus longtemps — compte tenu de l'importance du sujet à traiter.

Quand vous envisagez la durée d'une réunion éventuelle, gardez en mémoire le temps de travail efficace des participants. Les psychologues considérent que la productivité d'un groupe plafonne au bout d'une heure et demie. Elle s'effondre au bout de deux heures. Toute session continue devrait être inférieure à une heure et demie, le temps idéal étant de l'ordre d'une heure. Les réunions plus longues doivent être coupées en deux sessions séparées par une pause de 10 à 15 minutes.

La durée de la pause est importante. Si elle est trop longue, les participants se détachent du sujet traité et ont du mal à s'y replonger ensuite. Si elle est trop courte, ils n'ont pas le temps de se décontracter et de se rafraîchir. Il est bon d'indiquer la pause dans l'ordre du jour de manière à ce que tout le monde le sache.

La planification des sessions et des pauses est particulièrement importante dans le cas de réunions qui durent toute la journée. Deux bonnes sessions d'une heure et demie au maximum chacune, séparées par une pause café, conviennent très bien pour le matin. Si les interventions traînent trop, les capacités d'assimilation des participants diminuent très rapidement et la réunion n'a plus rien d'efficace. Au cours de réunions où l'on discute longuement, les contributions créatives des participants s'effondrent dès que la session entre dans sa deuxième heure.

Les chronobiologistes désignent sous le nom d'*effondrement post-prandial* ce moment de somnolence juste après le repas. Ils disent qu'il ne s'agit pas seulement de l'effet de l'ingestion d'un repas important mais une pause naturelle exigée par l'organisme qui éprouve le besoin de se décontracter et de se refaire après un matin actif. Un gros repas peut nécessiter une sieste mais ce besoin existe après un repas léger ou pas de repas du tout. Ne luttez pas contre la nature. Planifiez le déroulement des réunions de manière à éviter cette chute d'activité. Le repas rapide de 30 minutes entre deux sessions paraît être un gain de temps, mais ça n'est pas sûr. L'heure qui suit le déjeuner peut être perdue. En reprenant le travail à 13h30 ou 14h, après la pause déjeuner et l'inévitable passage à vide, les participants pourront produire de meilleurs résultats.

Planifiez des sessions courtes pour l'après-midi de manière à éviter l'ennui. Trois sessions courtes sont préférables à une ou deux longues. Elles accélèrent le passage du temps alors que des sessions plus longues paraissent interminables. L'allure plus rapide rend les participants plus vivants et améliore leur contribution.

Le lieu de réunion

Le lieu de réunion a une grande influence sur l'humeur et l'ambiance d'une réunion, donnant souvent à cette dernière une charge soit positive, soit négative. Les résultats obtenus sont meilleurs quand une réunion se déroule dans une ambiance de travail plaisante.

La plupart des réunions se tiennent dans un bureau ou une salle de conférences tout simplement parce que le lieu convient et qu'il est disponible. Mais les responsables se sont aperçus qu'il y a parfois avantage à changer de lieu pour se réunir dans un hôtel ou un restaurant voisins. Le changement de lieu met l'accent sur l'importance de la réunion et le changement de décor améliore souvent les interventions. Le temps par contre pose problème car ces réunions peuvent prendre jusqu'à trois fois plus de temps que celles qui se tiennent à l'intérieur de l'entreprise. La question que le responsable doit se poser est : « Est-ce que les bénéfices rapportés par le changement de lieu l'emportent sur la perte de temps ? » Cela arrive parfois.

Le bureau ou la salle de conférences courante constituent une bonne installation car ils ne demandent qu'un minimum de préparation et leur atmosphère conduit en général à une session positive.

On ne pense généralement pas à préparer un bureau ordinaire pour la tenue de réunion. Les participants arrivent, s'installent simplement et la réunion commence. Pourtant un minimum de préparation est d'une bonne valeur psychologique et participe à la définition de l'atmosphère de la réunion. Les chaises doivent être en place, des blocs-notes disponibles et un projecteur et un écran prêts s'ils sont nécessaires. Quand les participants arrivent, ils remarquent tous ces préparatifs et sentent dès le début que cette réunion ne sera pas une perte de temps.

Les concepteurs de bureaux ont pris conscience du fait que les documents visuels font, de nos jours, partie intégrante des petites réunions et ne sont plus réservés aux grands événements. La salle de conférences, autrefois une grande pièce avec une grande table, est aujourd'hui équipée de projecteurs de diapositives et de rétroprojecteurs. Les responsables doivent s'en servir. Les études menées par la Wharton School de l'Université de Pennsylvanie sur l'impact des documents visuels sur le déroulement des réunions (discutées au chapitre 8) montrent que l'efficacité de la réunion augmente rapidement quand on utilise le rétroprojecteur (par rapport aux séances où il n'est pas utilisé). Les réunions sont plus courtes, les décisions sont acquises plus rapidement et les participants ressentent la réunion comme plus professionnelle.

Les petits déjeuners et les déjeuners réunion

Les petits déjeuners et les déjeuners réunion sont efficaces parce qu'ils font gagner du temps. La plupart se décomposent en deux, le repas et la réunion. Une partie de la discussion prend place pendant le repas mais le travail sérieux démarre généralement quand la table est débarrassée. C'est alors que l'animateur doit prendre la direction et focaliser l'attention de l'assistance sur le sujet, sinon il est à craindre que l'intérêt de l'assemblée va se détourner.

Ces réunions débutent de manière détendue et donnent l'occasion aux participants de bavarder un peu à propos du sujet avant que la discussion sérieuse s'engage. Hors du bureau, de telles conversations sont ouvertes, moins inhibées. L'atmosphère d'un restaurant ou d'une salle à manger change agréablement de l'environnement d'un bureau mais le niveau du bruit et les interruptions dues au service doivent être contrôlés avec attention.

Les réunions de petit déjeuner, surtout si elles sont courtes, avec peu de participants et bien organisées, donnent l'impression qu'elles n'ont pas interrompu la journée de travail. Les réunions de déjeuner sont, elles aussi, peu protocolaires, mais si elles se prolongent au-delà du temps normal du repas, elles peuvent irriter les participants en leur donnant l'impression qu'elles ont débordé sur leur temps de travail. Les réunions de dîner ont encore moins d'avantages. Elles ont lieu à la fin d'une journée de travail quand les participants sont fatigués et aspirent au repos. Elles conviennent le mieux en clôture de réunion, donnant aux participants l'occasion d'une discussion libre après la réunion elle-même.

Résumé

Une réunion est une entité vivante, dynamique mais fragile qui possède une ambiance propre. La personne qui convoque la réunion en contrôle l'ambiance et doit créer un climat de réunion positif. Pour arriver à cela, il faut convoquer la réunion pour de bonnes raisons, inviter les bons participants et organiser la réunion dans de bonnes conditions.

La préparation de la réunion est également de la responsabilité de celui qui la convoque. Celle-ci comporte la définition de l'ordre du jour, l'envoi des convocations à temps, la préparation de la salle de réunion, la planification de la réunion et la création d'un climat positif.

Par contre, les facteurs qui affectent négativement le climat et l'ambiance d'une réunion sont les suivants :

- La présidence est en retard.
- La salle de réunion n'est pas prête.
- La présidence ouvre la réunion sur le mode comique et encourage le manque de sérieux.
- La présidence n'est pas prête.
- Les participants sont en retard.
- La réunion est interrompue par des messages téléphoniques.
- Les participants ne sont pas prêts pour la discussion.

Qui doit être invité à une réunion ?

- Ceux dont la connaissance du sujet leur permettra d'apporter une contribution réelle.
- Ceux qui ont le pouvoir de prendre une décision ou de donner leur accord sur les actions décidées en réunion.
- Ceux qui sont responsables de la mise en œuvre des décisions prises en réunion.
- Ceux qui représentent tout groupe concerné par des décisions prises en réunion.

• Ceux qui ont besoin de l'information qui sera apportée.

La nature de la réunion envisagée peut servir de guide pour mettre au point la liste des participants.

Conférences-exposés : tout ceux qui ont besoin de savoir.

Prises de décisions ou résolutions de problèmes : 5 ou 6 personnes.

Identifications de problèmes : 10 personnes au maximum.

Information : moins de 30 personnes afin de sauvegarder de bons contacts personnels.

Formation : 15 personnes au maximum, en particulier s'il y a des phases de questions-réponses.

Séminaires de travail : moins de 15 participants.

Comités : sept est le nombre maximum efficace.

Au moment de la planification d'une réunion, choisissez le moment :

1. Réunissez les participants quand ils sont à leur meilleur niveau. Evitez les lundis matin, les vendredis après-midi, l'heure qui suit le déjeuner et le dernier quart d'heure avant la fermeture des bureaux.
2. Evitez les réunions « surprise ». Elles peuvent gâcher du temps de travail prévu et important.
3. Donnez aux participants le temps de se préparer physiquement à la réunion. Avertissez-les par avance du sujet de la réunion.
4. Assurez-vous que tous les gens convoqués seront libres au moment choisi pour la réunion.
5. Accordez le temps nécessaire à la préparation de tout document visuel qui doit être présenté à la réunion.

Chapitre 4

Modèle de plan pour une réunion réussie

George J. Lumsden, ancien responsable de la formation des vendeurs chez Chrysler et aujourd'hui consultant en management, remarque dans un article de la revue *Sales and Marketing Management* : « Nous ne faisons pas la cuisine sans recettes, nous ne construisons pas de maison sans plans. Comment pourrions-nous espérer des réunions réussies si nous n'établissons pas de plans ? »

L'ordre du jour est le plan de la réunion

L'ordre du jour est le seul impératif absolu exigé par toute réunion réussie. Il peut n'être constitué que de quelques lignes griffonnées sur un bout de papier que l'animateur cache dans la paume de sa main —n'importe, l'ordre du jour est un élément essentiel à toutes les réunions, quels que soient leur taille ou leur objectif. L'ordre du jour est à la réunion ce que la barre est au bateau : le moyen de pilotage. Sans ordre du jour, la réunion est sans cesse en danger de dériver, de ne pouvoir ainsi remplir sa tâche et devenir un gouffre de temps perdu. S'il est un commandement unique que l'équipe des réunions de 3M souhaite faire passer, c'est :

Ne commencez jamais une réunion sans ordre du jour écrit.

Certains dirigeants nous ont dit qu'ils gardaient les ordres du jour des réunions en mémoire sans prendre la peine de les écrire. Il existe, sans aucun doute, des personnalités qui peuvent animer des réunions ainsi de temps en temps. Mais l'ordre du jour écrit présente tellement d'avantages importants que nous ne pouvons imaginer comment on pourrait s'en passer.

D'autres nous ont dit qu'ils voyaient peu de raisons de préparer un ordre du jour pour les petites réunions. M. Lumsden écrit : « Il est très tentant de considérer que les réunions petites et non protocolaires ne méritent pas de planification intensive. C'est là une erreur que beaucoup de commerciaux commettent —ce n'est qu'une petite réunion fréquente, nous nous connaissons tous, alors restons dans une ambiance amicale et sans façon. Pourtant, aussi amicale ou détendue qu'elle soit, la réunion doit accomplir une tâche. Les participants doivent examiner les différentes questions et le faire dans un temps acceptable. »

L'ordre du jour garantit que toutes les questions seront examinées et que la réunion progressera de point en point pour aboutir à un résultat.

Les qualités d'un ordre du jour

La première qualité d'un ordre du jour est qu'en le couchant sur le papier, un responsable est obligé d'accorder ne serait-ce qu'un minimum de réflexion à l'organisation de la réunion. A mesure que les points de l'ordre du jour s'alignent sur le papier, leur importance relative s'établit et la réunion acquiert son organisation logique. Il s'ensuit qu'on discutera en priorité des choses importantes. Tout cela élimine les occasions de perdre du temps et aide à l'obtention de bons résultats.

La deuxième qualité d'un ordre du jour est son utilisation comme outil d'animation et de pouvoir. L'animateur élimine chaque point dès que son examen est achevé. Si la discussion dérive, il peut se référer à l'ordre du jour en disant : « Nous nous écartons de notre raison d'être ici. Revenons à l'ordre du jour. » Cela remet généralement de l'ordre dans la discussion. S'il y a des divergences, l'animateur peut alors suggérer la tenue ultérieure d'une réunion qui examinera toute question qui n'est pas actuellement à l'ordre du jour.

La troisième qualité de l'ordre du jour est son utilité comme guide des participants. Quand il est distribué un ou deux jours avant la date de la réunion, les participants ont le temps d'organiser leur pensée, de réunir le matériel dont ils peuvent avoir besoin et de se préparer à contribuer au succès de la réunion. Même s'ils n'ont pas eu communication de l'ordre du jour avant de gagner leur place, cette qualité n'en demeure pas moins. L'ordre dans lequel les points seront abordés est apparent au premier regard et les participants peuvent rentrer immédiatement dans le vif du sujet.

Quand il n'y a pas d'ordre du jour, la discussion s'engage au hasard ou selon le désir de la présidence et progresse sans qu'on puisse discerner un véritable objectif. Les participants s'engagent dans les divers sujets à mesure qu'ils sont introduits par l'animateur mais ils n'ont pas le sentiment d'une progession ordonnée et logique vers l'objectif fixé à la réunion. Bien que le travail prévu puisse être effectué, le temps nécessaire est toujours plus long.

La première étape de la préparation d'un ordre du jour est l'examen de la stratégie qui va gouverner la réunion envisagée.

L'élaboration de la stratégie qui va gouverner la réunion

Chaque réunion, grande ou petite, simple ou complexe, implique une certaine stratégie. Un grand nombre de responsables ne considérent pas que le processus de planification d'une réunion soit d'ordre stratégique mais il n'en demeure pas moins que c'est le cas. Il existe un objectif à atteindre et il est nécessaire d'établir un plan pour ce faire. Dans sa forme la plus simple, ce plan peut n'être qu'une simple liste logique des questions à examiner et la seule stratégie à mettre en œuvre est de permettre à la discussion de progresser. Dans le cas de réunions plus complexes où il est nécessaire soit de prendre des décisions intermédiaires, soit de vaincre d'énormes oppositions, la stratégie peut être très élaborée.

Les premières étapes de l'organisation de la réunion et de l'élaboration de la stratégie qui la gouvernera se présentent sous la forme de questions auxquelles il faut répondre.

1. *Dois-je convoquer une réunion à ce sujet ?*

Réponse : Après une réflexion approfondie au cours de laquelle il apparaît qu'il n'existe pas d'autre moyen et que la réunion est la méthode la plus efficace d'atteindre le résultat espéré, il devient alors clair qu'une réunion doit être convoquée.

2. *Quel est le but de cette réunion ?*

Réponse : Quel doit être, clairement exprimé, le résultat final de la réunion ? Il est probable que la réponse à cette question a été donnée au moment où il a été déterminé qu'une réunion était nécessaire. Cette réponse, cependant, ne devient définitive que lorsqu'il a été possible d'énoncer le but de la réunion par une phrase simple. Cette phrase devient l'introduction de l'ordre du jour.

3. *Que doit-il se passer pour que le but fixé soit atteint ?*

Réponse : Dans la plupart des cas, pour atteindre un objectif —prendre une décision ou déterminer une action— il faut transmettre ou échanger des informations, faire comprendre le problème à tous les participants et peut-être prendre des décisions partielles avant d'arriver à la décision finale. Ces étapes doivent se traduire dans l'ordre du jour sous la forme de points à examiner séparément.

4. *Qui peut aider à atteindre ce but et qui pourrait constituer un obstacle à la progression ?*

Réponse : Certaines personnes peuvent fournir des informations nécessaires. D'autres ont des responsabilités ou des pouvoirs de décision. Il en est qui doivent être intégrés pour des raisons de politique interne. Certains sont connus pour être des objecteurs chroniques et d'autres, enfin, sont des participants positifs. Dans cette liste hétéroclite, il faut choisir ceux qui doivent assister à la réunion pour des raisons d'information et/ou parce qu'ils occupent des positions particulières dans l'organigramme de l'entreprise. La nécessité d'une stratégie devient une évidence si ceux qui doivent être invités sont connus pour être des opposants au sujet à examiner —ou si certains d'entre eux sont connus pour *toujours* s'opposer à quelque mouvement de progrès que ce soit.

Ce système de questions apporte trois éléments d'information essentiels : Quel travail la réunion doit-elle accomplir ? Quelle information doit être présentée pour que cet accomplissement devienne possible ? Qui doit assister à la réunion ? Ces éléments constituent le squelette de l'ordre du jour.

Supposons un instant que la réunion soit convoquée afin de déterminer le prix de vente au détail d'un produit nouveau à lancer. L'animateur connaît l'objectif à atteindre et doit d'abord décider quelles sont les informations qu'il faut examiner et comprendre pour rendre la décision possible. Ainsi, il est peut-être nécessaire de disposer des informations suivantes :

1. Le prix des produits concurrents.
2. La position marketing du produit nouveau par rapport à la concurrence.

3. Les facteurs de coût du produit nouveau.

4. Les prévisions de volume et leurs effets sur le coût.

5. Les avantages et les inconvénients des différents niveaux de prix.

6. Les relations entre les différentes stratégies marketing et les coûts.

Munis de ces informations, les participants devraient être en mesure de prendre la décision. Dans un brouillon de l'ordre du jour, l'animateur peut prévoir autant de brefs exposés informatifs qu'il est nécessaire ainsi que les intervenants appropriés. Il peut s'agir, pour une grande part, d'informations déjà connues ou citées au cours de réunions précédentes, aussi l'animateur doit-il déterminer s'il y a lieu d'inclure des rappels limités et rapides. Ce n'est pas inutile car cela peut assurer que tout le monde sera au courant de tout.

Le temps nécessaire à ces interventions est pris en compte à mesure que le plan de la réunion se trace. Dans un souci de clarification, une session de questions-réponses doit suivre chaque exposé. La discussion elle-même doit commencer après les interventions. Ces éléments étant intégrés, l'ordre du jour commence à prendre forme. La réunion possède un objectif et un ensemble précis d'étapes pour y parvenir.

Conseils pour qu'un ordre du jour soit efficace

L'ordre du jour est le profil schématisé de la réunion envisagée. Il peut commencer par l'énoncé en une phrase du but de la réunion, suivi d'une brève énumération des divers points de l'ordre du jour qui vont guider la discussion. Voici quelques conseils pour qu'un ordre du jour soit efficace :

1. L'ordre du jour doit être consacré à quelques points ou sujets fondamentaux. Ceux-ci doivent être reliés. Réduisez le nombre de questions indépendantes et demandez-vous s'il ne vaudrait pas mieux convoquer deux réunions plutôt qu'une.

2. L'ordre du jour doit être bien organisé mais pas chargé au point d'empêcher la participation de tous les membres du groupe.

3. L'ordre du jour doit être distribué à l'avance. Un délai de deux jours est généralement convenable. Cependant, pour une

réunion complexe qui demande une préparation importante, comportant notamment des exposés documentés, il faut compter au moins une semaine.

4. L'ordre du jour doit indiquer quels seront les participants ainsi que la date, l'heure et le lieu de la réunion.

5. L'ordre du jour doit être un document optimiste. Il doit ouvrir des possibilités et non créer des problèmes. Si la réunion est convoquée pour résoudre un problème pénible —par exemple un désastre sans solution apparente— il est sans intérêt de donner aux participants une impression de catastrophe et de désespoir avant même que la réunion ne commence. Il faut leur donner le sentiment qu'ils ont une possibilité de résoudre le problème, quelle que soit sa gravité, et ils doivent envisager la réunion dans cet esprit.

6. Il ne faut jamais commencer un ordre du jour de manière négative avec une phrase du genre : « C'est la troisième réunion consacrée au même problème, les deux premières n'ayant donné aucun résultat. » Evitez toute affirmation qui classerait immédiatement la réunion comme une mondanité ou une affaire de routine par exemple une phrase du type : « Comme d'habitude, nous allons... » pour introduire l'ordre du jour ou ouvrir la réunion.

7. L'ordre du jour doit être précis en ce qui concerne l'horaire. Il doit indiquer l'heure de début, ainsi que le temps accordé à chaque exposé, à la discussion et aux pauses. Il est également très important de mentionner l'heure à laquelle la réunion doit se terminer.

Préparation des questions à traiter

L'opération qui consiste à scinder le sujet d'une réunion en ses parties constitutives est l'étape de la préparation qui demande le plus grand soin —et celle qui en reçoit généralement le moins. La manière dont ces parties sont définies peut avoir une très grande influence sur la conduite de la réunion. Ces éléments, listés dans l'ordre et numérotés, deviennent les points de l'ordre du jour et déterminent effectivement l'ossature du travail de la réunion.

La définition de chaque question ou point doit être aussi étroite que possible afin de canaliser la discussion et éviter les digressions. Un énoncé général comme : « résultats des ventes de l'entreprise » n'est guère suggestif pour les participants. Dans l'ordre du jour, un énoncé de ce type demande à être précisé de manière plus spécifique : « augmentation des ventes au cours du premier trimestre » ou, mieux encore, « raisons de l'augmentation des ventes au cours du premier semestre ». Cela fait, le point étant défini de manière plus précise, la discussion pourra être focalisée et la réunion progressera dans la bonne voie.

Eviter les énoncés « fourre-tout »

La pratique des énoncés « fourre-tout » conduit à des discussions trop générales. Plus les points de l'ordre du jour sont spécifiques, meilleur est le contrôle assuré par l'animateur de la réunion.

Dans le cas, par exemple, d'une réunion convoquée pour élaborer la stratégie marketing de l'année prochaine pour un produit donné, un énoncé « fourre-tout » pourrait être « examen de la stratégie marketing ». C'est une invitation «tous azimuts » à discuter de tout et de n'importe quoi, dans l'anarchie la plus complète. En scindant logiquement, cet énoncé « fourre-tout » en cinq éléments, l'animateur peut contrôler la discussion :

1. Analyse de la stratégie marketing de l'année présente. Exposé. Durée : 5 minutes.
2. Résultats de la stratégie actuelle. Exposé. Durée : 5 minutes.
3. Rappel des diverses stratégies possibles. Présentation. Durée : 10 minutes.
4. Examen de stratégies nouvelles.
5. Choix de la stratégie.
6. Résumé.

La réunion commencerait par deux exposés rapides pour permettre de revoir les aspects fondamentaux du problème, suivis d'un exposé sur les diverses stratégies possibles. La situation est, alors, mûre pour un examen de la stratégie marketing de cette année. De tels exposés peuvent permettre de gagner beaucoup de temps. En leur absence, il est sûr qu'un certain nombre de participants exprimeront leurs propres analyses impromptues qui prendront plus de temps et seront moins complètes. Dans la mesure où la durée de ces exposés aura été limitée à 5 ou 10 minutes, les participants savent qu'il n'y aura pas de temps perdu.

Le troisième point de l'ordre du jour résume les stratégies possibles. Celles-ci ont sans doute été présentées ou examinées au cours de réunions antérieures. Certaines d'entre elles ont déjà des partisans prêts à s'exprimer en leur faveur — et à faire perdre du temps de réunion, utile par ailleurs. En opérant sous forme d'un rappel, l'animateur étouffe toute velléité d'intervention individuelle qui ferait perdre du temps et prépare la réunion au travail important.

A la fin du troisième exposé, vingt minutes de réunion seulement se seront écoulées, sans aucune perte de temps. L'animateur pourra alors dire : « Monsieur N. vient d'esquisser quelques unes des stratégies possibles. S'il y a des idées nouvelles, parlons-en maintenant. Nous choisirons ensuite ce qui nous paraîtra le mieux. »

Grâce à la manière dont il a construit l'ordre du jour, l'animateur maîtrise la situation et la réunion progresse dans un ordre logique. Sans cet ordre du jour, un premier intervenant aurait pu proposer sa stratégie marketing immédiatement suivi par deux ou trois autres qui auraient, chacun, proposé les leurs. D'autres participants auraient, alors, introduit des modifications et des nuances. La discussion se serait diluée dans de multiples questions et elle se serait étendue sans limites. Et toute idée nouvelle aurait bien pu se perdre dans le brouhaha. A un moment donné, l'animateur aurait tenté de sauver la réunion en rappelant son objectif final aux participants.

Un ordre du jour bien structuré évite, en général, une telle opération de sauvetage. Il permet de donner aux participants les bases fondamentales et de présenter les autres éventualités possibles. La discussion progresse et permet alors de peser les différentes propositions, de rechercher des compromis et d'atteindre une décision finale avec un minimum d'errements.

Les obstacles qui peuvent surgir

Un des problèmes importants auquel un animateur de réunion doit s'attacher au moment où l'ordre du jour prend forme, c'est celui d'imaginer comment surmonter les obstacles ou les barrières qui peuvent empêcher la réunion d'atteindre son but. Le plus souvent, ces obstacles sont le fait de participants qui assistent à la réunion mais l'animateur ne peut éviter ces problèmes en étant sélectif. Tous les responsables importants que le sujet traité intéresse doivent être invités même si certains peuvent être des opposants ou difficiles à manier. Face à ce groupe hétérogène, l'animateur doit comprendre toutes ces personnes, pénétrer la manière dont elles travaillent et anticiper toutes les difficultés qu'elles peuvent créer.

Une bonne discussion et l'expression de points de vue conflictuels sont des éléments importants de toute réunion et la solution de tout conflit est une opération difficile. Mais ces points de vue antagonistes doivent être prévus, entendus, et traités dans la discussion de manière à ce qu'un accord puisse être atteint. Au cours de l'étape de planification, la question que se pose l'animateur est : « Quels sont les oppositions et les conflits auxquels il faut que je m'attende et comment puis-je conduire la réunion pour en sortir ? »

Mener un débat à travers les eaux tumultueuses des conflits est largement affaire de connaissance des positions, des tempéraments et des personnalités des participants. Tout groupe comporte un assortiment de caractères : le penseur percutant, l'objecteur congénital, l'intervenant hypocrite, l'ultraconservateur, le risque-tout inconsidéré, le coupeur-de-cheveux-en-quatre, le tireur-plus-rapide-que-son-ombre qui agit d'abord et pense ensuite, le prudent qui doit ruminer toute proposition pendant des siècles et l'homme de bon sens qui traverse le brouillard sans difficulté. Il faut trouver les moyens de leur permettre de s'exprimer, puis de les amener à prendre les décisions nécessaires.

En général, la réputation de chacun des participants le précède ce qui permet à l'animateur d'élaborer une stratégie de déroulement de la réunion.

Celle-ci doit comporter l'idée des compromis nécessaires, des arrangements et des échanges qui devront être proposés pour que la réunion progresse en évitant les barrages. L'animateur devra également diriger la réunion d'une main ferme pour contrôler les bavards et les « chevaliers du détail ». Il devra marier avec tact les prudents et les imprudents et montrer une pensée rigoureuse et logique pour que la discussion soit fructueuse. Comprendre comment les décisions prises au cours de la réunion vont affecter chacun des participants aide à déterminer le genre de compromis qu'il faut trouver pour les ramener sur la voie commune qui mène à la décision.

Pour pouvoir prévoir les attitudes des uns et des autres au cours d'une réunion, il est nécessaire de :

1. connaître la position probable que chacun prendra sur le sujet en cause,

2. savoir comment les objectifs personnels des individus influenceront leur attitude,

3. connaître les conflits internes qui agitent le groupe et qui sont susceptibles d'éclater au cours d'une discussion approfondie.

Les dirigeants ou les responsables expérimentés connaissent les employés de leur entreprise, aussi l'analyse des comportements est-elle relativement rapide, son seul objectif étant de mettre au point la stratégie nécessaire à la progression de la réunion à mesure que les idées des uns et des autres s'expriment. Mais, cette stratégie *doit* être élaborée sans quoi la réunion peut échapper à tout contrôle avant que la décision finale ait pu être atteinte.

Au moment de l'élaboration de la stratégie et de la mise au point de l'ordre du jour, l'animateur marche souvent sur une corde raide. Le contrôle et la discipline sont des éléments essentiels, cependant un contrôle trop strict peut étouffer la discussion et gêner le travail du groupe; d'un autre côté, pas assez de contrôle peut entraîner une dérive de la discussion avec le même résultat. Enfin, l'animateur doit agir à la fois comme un coordinateur impartial et meneur de discussion en évitant d'imposer son point de vue aux autres participants. Le groupe doit pouvoir faire le tour de la question et construire sa propre opinion.

La stratégie d'affectation de rôles au cours de la réunion

Nous avons, précédemment, examiné le fait qu'au cours d'une réunion chaque participant joue un rôle et que les gens sont souvent repérés, en bien ou en mal, par le rôle qu'ils jouent. Il existe un autre type de rôle : celui que l'animateur affecte à des participants particuliers. Au cours de l'élaboration de la stratégie, l'animateur doit souvent intervenir auprès d'un ou de plusieurs participants pour leur demander d'effectuer un travail spécifique.

Le rôle le plus évident est celui de présentateur de l'information. L'animateur assigne la tâche de présentation d'un ensemble d'informations à un ou plusieurs participants et celle-ci devient un élément de l'ordre du jour. Les rôles qui peuvent être affectés à des participants au cours du débat sont beaucoup moins évidents. En examinant les détails de la réunion par avance, l'animateur pourrait dire : « Quand nous arriverons au point quatre de l'ordre du jour, je souhaite que vous souleviez la question de ... » C'est une manière de s'assurer que tous les aspects du sujet seront examinés. C'est également une excellente méthode pour introduire des éléments délicats dans le cadre de la réunion sans pour autant les inscrire à l'ordre du jour. C'est, enfin, le moyen pour l'animateur d'assurer l'examen de tous les aspects d'un problème et l'expression de tous les points de vue sans qu'il soit nécessaire qu'ils soient introduits par la présidence elle-même — ce qui risquerait de leur donner une importance excessive ou l'impression que l'animateur manifeste une partialité pour un aspect de la question alors qu'il devrait rester neutre.

Demandes de propositions pour l'ordre du jour

Inviter les participants à suggérer l'introduction d'éléments de leur choix à l'ordre du jour est une excellente technique. En prenant contact avec les participants au moment de la fixation de la date et de l'heure de la réunion, un animateur devrait souligner ses objectifs et les éléments de l'ordre du jour, puis solliciter des suggestions. Agir ainsi, donne à ses interlocuteurs un sens immédiat de l'appartenance et de la participation. C'est aussi une bonne manière de repérer par avance où pourront apparaître quelques uns des barrages ou des oppositions. C'est enfin pour l'animateur un excellent garde-fou qui l'aide à éviter l'omission de points importants qu'il y a lieu d'examiner.

L'ordre du jour, élément de discipline

Les deux bénéfices principaux qu'apporte un ordre du jour préparé sont : (1) une progression logique de la discussion au cours de la réunion grâce à un plan rationnel préalable et (2) une capacité de maîtrise de la discussion pour éviter qu'elle n'échappe à tout contrôle.

Quiconque a déjà présidé une réunion connaît la situation : ce qui avait démarré comme une discussion simple dérive brusquement dans une direction imprévue alors que sont introduits des idées et des commentaires étrangers au sujet en cours. En quelques minutes, une réunion attentivement planifiée devient une réunion publique où les sujets abordés n'ont plus aucun rapport avec l'objet initial. L'animateur doit rapidement casser le processus et remettre la réunion sur la voie prévue, ce qui n'est pas toujours facile.

L'ordre du jour préparé constitue une méthode simple et efficace de reprendre le contrôle d'une réunion. Il suffit que l'animateur interrompe la discussion en disant : « Nous en étions au point quatre de l'ordre du jour, revenons-y. » Les participants engagés dans la digression qui les a écartés de l'ordre du jour réalisent ce qui est arrivé et retournent au travail sérieux. Si au cours de cette digression un élément important a été abordé, l'animateur peut restaurer l'ordre en disant : « Vous avez raison, ce point doit être traité. Cependant, il n'est pas à l'ordre du jour d'aujourd'hui. Nous en reparlerons lors d'une réunion prochaine. Ceci étant posé, revenons au point quatre ... »

Une direction de réunion de cette nature indique à tous les participants que la réunion actuelle n'est pas un groupe de bavardage et que le travail qui lui est assigné sera exécuté dans le temps prévu. Cela sera indubitablement apprécié par des gens occupés qui doivent passer beaucoup de temps en réunion. Un animateur capable de diriger des réunions de cette manière acquiert vite la réputation d'être un cadre efficace.

Ordre du jour à sujets multiples

Idéalement, chaque fois que c'est possible, une réunion devrait n'être consacrée qu'à l'étude d'un sujet unique. Les réunions consacrées à une seule question tendent à être beaucoup plus courtes et permettent des discussions plus approfondies et plus productives. Des ordres du jour courts encouragent des échanges plus approfondis, alors que des ordres du jour longs les abrègent. Les participants considérant avec résignation un long ordre du jour et conscients de l'heure qui passe, peuvent se censurer et éviter d'entrer dans la discussion. Un ordre du jour interminable encourage parfois des attitudes du type : « Oh, laissons tomber. Il y a encore un tas de choses à faire. »

Cependant, il n'est pas toujours possible de ne mettre qu'un seul point à l'ordre du jour. Par exemple, les réunions régulières d'état-major doivent presque toujours examiner toute une liste de questions. Le problème se pose, alors, d'organiser les divers points de l'ordre du jour de manière à ce que la réunion ne perde pas son efficacité.

Quand vous organisez une réunion où plusieurs sujets doivent être abordés, commencez par en faire la liste. Etudiez cette liste pour être absolument sûr que tous les sujets qu'elle comporte *doivent* être examinés. La question à laquelle il est indispensable de répondre est : « Est-ce qu'il est vraiment nécessaire d'étudier ce point maintenant ? » L'objectif est de limiter la réunion aux points sur lesquels il est nécessaire d'attirer l'attention du groupe. Recherchez s'il n'est pas de sujets qui peuvent être traités autrement : une note ou un coup de téléphone. Est-ce qu'il est essentiel que le groupe en discute ?

Ensuite, articulez les questions logiquement. Regroupez les points qui ont des rapports entre eux de manière à ce que la discussion passe des uns aux autres sans qu'il y ait de temps perdu et de redites. Il est parfois difficile de faire passer l'attention des participants d'un point à un autre, en particulier quand un échange a été vivant et intéressant.

Cela fait, recherchez s'il n'y a pas de signes du syndrome du « fourre-tout ». Est-ce que chaque sujet a été divisé en points de l'ordre du jour assez circonscrits pour faciliter leur examen ? Est-ce que certains d'entre eux ne paraissent pas trop généraux pour que la discussion soit fructueuse ? Deux ou trois points distincts valent toujours mieux qu'un seul « fourre-tout ». Ils permettent de contrôler la réunion et de lui donner un déroulement logique.

Enfin, quand l'ordre du jour est au point, évaluez le temps qu'il faudra pour l'épuiser. Quelle sera la durée de la réunion ? S'il apparaît qu'elle durera plus d'une heure et demie, deux solutions s'offrent à vous : partager la réunion en deux séances égales coupées par une pause ou scinder l'ordre du jour de manière à tenir deux réunions distinctes. Toute réunion divisée en deux sessions s'étendra sur la plus grande partie d'une matinée ou d'un après-midi. Des réunions de ce type devraient être réservées à des sujets très importants et ne devraient jamais être consacrées à des ensembles de détails. Il est toujours très difficile de réunir les participants à des réunions longues parce que responsables et dirigeants ont beaucoup de peine à dégager une matinée ou un après-midi entiers —à moins que le sujet ne soit essentiel. Rien ne donne à une assistance un plus grand sentiment de « temps perdu » qu'une longue réunion consacrée à l'examen de sujets relativement sans importance.

Ordres du jour des réunions d'état-major

Les réunions d'état-major sont, par essence, différentes des autres réunions. Bien qu'elles doivent s'appuyer sur un solide ordre du jour bien préparé pour éviter de dégénérer en un échange de potins, elles doivent également assurer à leurs participants une totale liberté d'expression. Andrew Grove, auteur de *High Output Management* , écrit dans un article de *Fortune* , que les réunions d'état-major « devraient être plus des situations contrôlées que des espaces de liberté pour tous. Les ordres du jour devraient être communiqués suffisamment à l'avance pour que les participants aient le temps d'ordonner leur réflexion. Mais le déroulement devrait également prévoir un « début ouvert » —c'est-à-dire un moment où les responsables peuvent introduire tout sujet qui leur paraîtrait important. Cela s'applique aux questions de routine interne mais aussi s'il s'agit d'avoir un premier regard sur des sujets de grande importance. »

Utilisation de l'ordre du jour pour la préparation

Nous avons examiné la préparation de l'ordre du jour et nous avons analysé ses rôles divers en cours de réunion. Il constitue également un mémento très utile que l'animateur utilise au cours de la mise en route de la réunion. Il faut prendre certaines dispositions pour réussir la réunion et à mesure qu'elles sont mises en œuvre, elles sont notées à l'ordre du jour. L'ordre du jour sert à rappeler que :

1. Tous les participants doivent être contactés. Peuvent-ils assister à la réunion ? Faut-il modifier la date ou le lieu afin que l'assistance soit la bonne ?

2. Chaque intervenant doit connaître sa tâche. L'animateur doit savoir quel est le temps et le matériel (rétroprojecteur, projecteur de diapositives de 35 mm, etc.) nécessaires à chaque exposé. La réunion peut être déplacée dans le temps pour permettre de préparer les exposés ou dans l'espace pour s'assurer que l'équipement nécessaire est disponible.

3. Les participants doivent être consultés afin qu'ils puissent suggérer l'introduction d'éléments particuliers à l'ordre du jour.

4. Les intervenants ou présentateurs chargés d'une mission spécifique doivent être contactés suffisamment longtemps à l'avance pour qu'un remplaçant puisse être prévu en cas d'indisponibilité de leur part.

5. Les démonstrations particulières ou les dépliants doivent être commandés suffisamment à l'avance.

6. Le lieu de la réunion doit être réservé pour les date et heure prévues.

7. Un service de café et autres rafraîchissements doit être prévu.

La plupart des réunions sont relativement simples et ne demandent que peu de préparation. Cependant, même dans les cas les plus simples, il faut être prêt, sinon la réunion doit être repoussée. Les réunions à moitié préparées sont les plus grandes causes de pertes de temps. Invariablement, les participants se séparent furieux et insatisfaits. Ils savent qu'il faudra une seconde réunion pour corriger ce que celle-ci n'a pu faire —et ils n'en sont pas contents.

La secrétaire de direction peut vérifier la disponibilité de la salle de réunion, prévoir la pause café, taper et distribuer l'ordre du jour. Dans certains cas, elle peut s'assurer de la disponibilité des participants. Cependant, un coup de téléphone de l'animateur est préférable parce qu'il peut être l'occasion d'un échange rapide sur l'ordre du jour et le temps de préparation et qu'il confère à la fois un sentiment de participation et persuade de l'importance de la réunion envisagée.

Utilisation de formulaires

A 3M, nous avons introduit trois formulaires dans le but de faciliter la préparation des réunions, la convocation des participants et la mise au point d'un résumé des décisions prises en conclusion de la réunion. Ceux qui participent aux réunions en gardent les originaux dans leur classement et en font autant de copies qu'il est nécessaire au cours de la préparation d'une réunion. Ces formulaires sont illustrés dans ce paragraphe.

Le formulaire de préparation de réunion

Le formulaire de préparation de réunion (Figure 4.1) rappelle à l'organisateur de réserver la salle de réunion, d'envoyer les convocations, de commander les crayons, les badges, etc, de réserver le matériel nécessaire et de constituer une liste des participants.

La convocation

Le formulaire de convocation (Figure 4.2) est une note qui comporte la date, le lieu, les heures de début et de fin de la réunion ainsi que son ordre du jour, l'énoncé de son objectif et de toute préparation à la charge du participant convoqué. Chaque participant reçoit un exemplaire de la convocation.

Le résumé des décisions de la réunion

Le résumé des décisions de la réunion (Figure 4.3) a été mis au point pour remplacer les minutes de la réunion. Il constitue la documentation essentielle que chaque participant devrait recevoir. Un des participants à la réunion, chargé du secrétariat, peut remplir le résumé des actes de celle-ci. A mesure que les décisions sont prises ou que des tâches sont assignées, le secrétaire les note dans les rubriques correspondantes du formulaire. Les participants sont listés au verso. A la fin de la réunion, le secrétaire donne le résumé à l'animateur qui l'utilise à deux effets. D'une part, il sert d'aide-mémoire des décisions prises afin que le suivi soit assuré et l'exécution des tâches, contrôlée. D'autre part, il peut être reproduit et transmis à chaque participant pour servir de compte-rendu de la réunion.

Nous avons constaté que ces formulaires conviennent très bien. Le résumé des décisions de la réunion est particulièrement efficace dans l'évaluation de la réunion. Plus tard, un simple coup d'œil rappellera à l'animateur si la réunion avait commencé à l'heure, s'était déroulée comme prévu et terminée en temps voulu;

FORMULAIRE DE PRÉPARATION DE RÉUNION

Objectif de la réunion : ____________________

Date : ____________

Durée : ____________

Lieu : ____________

Participants : ____________________

Réservation de la salle ______

Convocation ______

Rédigée ______

Envoyée ______

Visuels ____________

Matériel

___Blocs notes, crayons ___Nom, étiquettes ___Badges nominatifs

___Documents à distribuer

Equipement

___Rétroprojecteur . . . ___Lampe de rechange

___Projecteur de diapos ___Lampe de rechange

___16 mm . . . . ___Lampe de rechange

___Ecran (taille) ______

___Posters ___Pointeur

___Tableau noir ___Craie

___Vidéocassette/disquette

___Marqueurs

___Micro

___Lutrin

___Prolongateur

Nourriture, boissons

___Café ___Eau ___Boissons gazeuses

___Dejeuner

Après la réunion

___Compte rendu

___Réunion suivante ____________

Disposition de la salle

Note : créer un espace non-fumeur

Figure 4.1 Formulaire de préparation de réunion.

A : ______________________________

De la part de : ______________________________

Date : ______________________________

CONVOCATION

Date :

Horaire : Début : ______________ Fin : ______________

Lieu de réunion : ______________________________

Ordre du jour

____

Objectif de la réunion : ______________________________

Préparation avant la réunion : ______________________________

Figure 4.2 La convocation.

Réunion : ______________________________

Date de la réunion : ______________ Secrétaire : ______________

SUIVI DE RÉUNION

Présidence :

Action à entreprendre	Personne responsable	Date limite	Achevé le

Résultats importants de la discussion

____

Liste des participants jointe

Fin : ______________

Début : ______________

Prochaine réunion : ______________ Durée : ______________

Figure 4.3 Résumé des décisions de la réunion.

si tous les points de l'ordre du jour avaient été traités; si l'objectif assigné avait été atteint, quelles étaient les missions confiées, à qui et si, enfin, elles avaient été exécutées.

Le suivi après les convocations

Les plans se modifient. Le temps passe. Des événements imprévus se produisent. L'organisateur sage suit la préparation de la réunion pour s'assurer que tout se passe sans encombre. Une simple réunion sans exposé prévu pour le lendemain peut être convoquée aujourd'hui sans qu'il soit nécessaire de suivre sa préparation. Mais si la réunion est fixée pour plus tard dans la semaine ou la semaine suivante, le suivi est essentiel. L'organisateur doit vérifier que ceux qui se sont engagés à assister à la réunion sont toujours disponibles, que la préparation des exposés se déroule sans problèmes et que les intervenants seront prêts.

Quand une réunion est prévue une semaine ou plus à l'avance, des événements peuvent rendre nécessaire un ajustement de l'ordre du jour. Il faudra peut-être ajouter un point ou infléchir légèrement l'objectif fondamental de la réunion. Quand c'est le cas, un coup de téléphone rapide ou une note à tous les participants peut être nécessaire. C'est rarement une bonne idée que de faire des surprises aux participants.

L'ordre du jour doit se terminer sur une note positive

Une manière d'éliminer les sentiments négatifs qui sont souvent associés à une réunion est de s'assurer qu'elle se termine sur une note optimiste. Les participants doivent se séparer avec le sentiment réconfortant qu'ils ont accompli ce qu'ils avaient entrepris. Dans un article de *Supervisory Management*, Edward F. Konczal, un dirigeant de AT&T, recommande aux animateurs de réunion de terminer une séance par un élément positif —par exemple, une question sur laquelle il est probable que tout le monde sera d'accord.

Le pouvoir d'un bon résumé

Le résumé doit être le dernier point de tout ordre du jour. Il ne faudrait jamais laisser les réunions s'évaporer. Elles devraient être conclues par une intervention de l'animateur qui résume ce qui s'est passé, les décisions prises et les actions qui suivront la réunion. Si des participants ont été chargés de missions, celles-ci devraient être spécifiées dans le résumé. Si une réunion a été prévue dans l'avenir, cela également doit être spécifié. Le résumé devrait se terminer sur une déclaration de fin de réunion prononcée par l'animateur.

Un bon résumé de réunion possède un réel pouvoir. Sur le plan psychologique, il renvoie les participants avec le sentiment profond d'avoir bien travaillé et non d'avoir perdu leur temps. Ceux à qui des missions ont été confiées savent ce qu'ils ont à faire et quand ils doivent le faire Dans le cas d'une réunion de prise de décision, la décision à laquelle les participants sont parvenus est énoncée de manière à ce que chacun la connaisse et la comprenne. Un grand nombre de réunions de prise de décision se terminent ainsi : les participants se séparent en se demandant ce que le groupe a décidé au juste.

S'il existe des doutes sur les implications de la décision prise ou de l'action entreprise, ils apparaissent rapidement après un bon résumé. Ceux qui ne sont pas sûrs des détails de l'action ou qui pensaient que la position prise était différente peuvent poser des questions sur le champ et la question clarifiée avant que la réunion soit levée. Trop souvent, alors que la réunion demande un consensus, l'animateur lève la séance sans avoir conclu et, plus tard, il donnera sa version du « consensus » fréquemment à la surprise d'autres participants qui se souviennent d'un résultat quelque peu différent.

Le résumé peut être la tâche la plus importante assignée à l'animateur de la réunion. Il doit être bref, concis et exhaustif. Les participants doivent sentir qu'il reflète ce qui s'est effectivement passé. Il ne doit pas être l'expression de ce que l'animateur souhaitait que la réunion fut mais qu'elle n'a pas été. Dans certains cas, ce qui s'est passé n'a pas été du goût de l'animateur. La réunion peut ne pas s'être déroulée comme il avait été prévu. Mais cela ne doit pas influencer le résumé. Des affirmations fielleuses en fin de réunion sont d'impardonnables fautes de goût. Il faut un ton de totale solidarité et d'entière coopération. Il doit refléter le fait qu'il a été fait appel à la sagesse du groupe et que celui-ci a répondu.

L'ordre du jour, une fois la réunion terminée

Un ordre du jour est très utile à la préparation du suivi d'une réunion. En prenant des notes brèves sur la feuille qui porte l'ordre du jour à mesure que la réunion progresse, l'animateur réunit un ensemble concis de remarques qui constituera la base du compte-rendu transmis à tous les participants. Le formulaire de résumé des décisions de la réunion 3M, que nous avons déjà mentionné, est un excellent substitut de compte-rendu complet et détaillé. Il peut également servir de guide et d'aide-mémoire à l'animateur au cas où celui-ci souhaite transmettre des notes plus conséquentes aux participants.

La rédaction du résumé est une tâche importante mais souvent négligée. Les participants peuvent oublier ce qui s'est passé ou en avoir des souvenirs inexacts même si la présidence a présenté oralement une bonne conclusion. La note postérieure à la réunion rappelle à chacun ce qui s'est passé et constitue un compte-rendu officiel de la réunion. Comme l'écrit Andrew Grove dans son article de *Fortune* : « Le président doit insister sur ce qui s'est exactement passé en envoyant un compte-rendu qui résume les discussions qui ont eu lieu, les décisions prises et les actions entreprises. Il est très important que les participants reçoivent ce compte-rendu avant qu'ils n'aient oublié ce qui s'est passé. » Ils ont besoin d'une contre-réaction positive de manière à apprécier les résultats du temps qu'ils ont passé en réunion.

Résumé

Toute réunion, comme tout navire, exige un bon système de pilotage. Ce système est l'ordre du jour. L'ordre du jour impose à la réunion une organisation logique, sert de guide et d'outil de contrôle à l'animateur et indique aux participants comment se préparer.

Les étapes de la construction d'un ordre du jour sont :

1. La détermination de l'objectif final de la réunion.

2. La détermination des étapes intermédiaires nécessaires pour atteindre cet objectif.

3. Le choix des participants.

4. La considération des obstacles qui peuvent se présenter et des moyens propres à les contourner.

De toutes ces étapes, c'est la seconde qui est probablement la moins comprise. C'est celle où les différents sujets généraux de l'ordre du jour sont scindés en éléments spécifiques de manière à développer une réflexion logique qui permettra à l'animateur de mieux contrôler le progrès de la discussion. La présentation de sujets sous une forme trop générale entraîne des bavardages et des discussions à perte de vue, donc des pertes de temps.

Chaque fois que c'est possible, les réunions doivent être consacrées à un seul sujet. Quand des réunions consacrées à plusieurs sujets sont nécessaires, il convient de regrouper les questions liées entre elles afin que la discussion soit ordonnée. Les sujets très importants doivent être éliminés des réunions à sujets multiples. Ils doivent faire l'objet de réunions spécifiques à la fois pour gagner du temps et préserver leur importance.

A la fin de chaque réunion, la présidence doit présenter un résumé oral afin que tous les participants aient la même appréciation de ce qui s'est passé. Une fois la réunion levée, l'animateur doit distribuer un résumé écrit construit à partir des notes prises en séance ou à partir du formulaire de résumé des actes de la réunion afin de confirmer les décisions prises et les actions envisagées au cours de la réunion.

Chapitre 5

La salle de réunion, champ de bataille ou atelier

Les bons généraux reconnaissent le champ de bataille avant d'y engager leurs troupes. Ils considèrent les avantages et les inconvénients du terrain. Ils imaginent comment retourner les caractéristiques négatives en éléments positifs et comment utiliser le site à l'avantage de leur armée. Les étudiants qui analysent la bataille de Little Big Horne ont le sentiment que le général George Custer a jeté son Septième de cavalerie dans la bataille sans avoir jamais reconnu le terrain, avec le résultat désastreux que l'on sait.

Une réunion professionnelle n'est généralement pas comparable à une bataille grandeur nature. Cependant, la sélection du lieu peut jouer un rôle aussi important dans le succès de la réunion que la reconnaissance du champ de bataille sur la victoire. Une salle inappropriée ou mal équipée peut conduire à une réunion manquée. Une salle bien choisie peut transformer une réunion quelconque par ailleurs en quelque chose d'au moins passable.

L'atmosphère de la réunion

« Il existe un accord quasiment universel sur le fait que les conditions matérielles ont un effet significatif sur l'état d'esprit, » écrit Joseph Callanan dans son livre *Communicating*. « Un décor trop étudié induit une atmosphère guindée. Celui-ci peut convenir à l'annonce d'une décision importante, à la signature d'un contrat ou à la promotion d'un dirigeant de rang élevé, mais l'apparat n'est pas propice au développement d'une atmosphère de travail où vous devriez pouvoir rapprocher votre chaise de celle du voisin, afficher des tableaux sur les murs et, d'une manière générale, agir et réagir à l'aise.

« Les études poursuivies par Levinson de Harvard et par d'autres psychologues montrent que pour les individus comme pour les groupes, un décor trop étudié inhibe l'état de « concentration détendue » nécessaire au travail le plus productif. Généralement, les animateurs obtiennent leurs meilleurs résultats quand les participants sont confortablement installés dans leur environnement. Un bureau raisonnablement agréable peut constituer un bien meilleur lieu de rencontre pour la plupart des réunions qu'une salle de conférence. Bien évidemment, la convivialité de toute session doit être équilibrée par un environnement organisé et efficace, à l'abri autant que possible des interruptions et des dérangements. Vous devez vous sensibiliser à cet équilibre de manière à sentir quand il est temps de se décontracter et quand il faut forcer pour obtenir plus de résultats. »

Qu'avez-vous à votre disposition ?

Pour les réunions de routine, le choix du lieu est presque toujours restreint à ce qui est disponible. Cela signifie, en général, un bureau ordinaire, un bureau un peu plus grand équipé pour de petites réunions ou, peut-être, une salle de conférence. Pour des réunions plus importantes, un amphithéâtre ou la cafeteria de l'entreprise, adaptée pour la circonstance, peuvent être disponibles. Pour de grandes réunions, des présentations très importantes ou des conférences auxquelles assistent des gens de l'extérieur ou des membres de succursales lointaines, il vous sera possible de choisir un restaurant possédant des équipements de réunion, un hôtel ou un centre de conférences.

Pour des réunions de routine, il arrivera que vous ne puissiez même pas réserver la salle dont vous savez qu'elle est exactement celle qui convient. Que faire, alors ?

Si, seule une petite salle est disponible, envisagez une petite réunion ou repoussez votre réunion à la date où la salle qui vous convient sera disponible. Des salles trop petites, bourrées de participants, peuvent présenter de gros inconvénients, à la fois, psychologiques et matériels. L'atmosphère de la salle devient vite irrespirable. Il n'y a pas de place pour bouger ou présenter les documents. Chacun de nous possède un sens de son territoire et rejette inconsciemment toute intrusion dans cet espace. Quand ce ressentiment fait surface dans une salle encombrée, cela peut affecter sérieusement le ton de la discussion et limiter le travail des participants.

Si, seule une salle trop grande est disponible, un rien de préparation intelligente peut résoudre le problème. Vous pouvez grouper tous les participants à un bout ou dans un coin de la salle, leur dos tourné à l'espace vide et parvenir à faire naître un sentiment d'unité. Ou vous pouvez utiliser des écrans pour faire des divisions et créer une petite salle dans la grande.

Les critères de choix d'un lieu de réunion

En choisissant le lieu d'une réunion, tenez particulièrement compte des éléments suivants :

1. Taille de la salle.
2. Acoustique de la salle.
3. Eclairage.
4. Dérangements.
5. Accès à la salle.
6. Aération.
7. Installation de la salle.

La taille de la salle

La salle doit correspondre, autant que possible, au nombre des participants. Huit personnes dans un amphithéâtre se sentent écrasées par le gigantesque espace vide. S'il vous est arrivé d'assister à une conférence faite dans un amphithéâtre et de trouver une demi-douzaine de gens agglutinés au premier rang, vous voyez très bien de quoi il s'agit. L'acoustique est souvent mauvaise et l'écoute difficile. Il n'est pas facile de se concentrer dans de telles conditions. L'exposé aura beau être magnifique, le message ne passera que s'il surmonte l'ambiance de caverne et l'impression d'isolement des participants.

Les grandes salles découragent le dialogue et induisent des sentiments d'impersonnalité. Certaines personnes, quand vient leur tour de s'exprimer, se renferment ou sont prises de trac dans une salle trop grande. D'autres n'arrivent pas à se concentrer sur l'objet de la réunion.

Par contre, certaines réunions tenues dans des salles trop petites ressemblent au métro aux heures de pointe. Les participants sont serrés comme harengs en caque, au coude à coude, sans espace pour se déplacer ou présenter des documents sur la table. Ils peuvent devenir tellement absorbés par ces problèmes d'espace qu'ils sont incapables d'accorder de l'attention à l'objet de la réunion. Le label « Places debout seulement » convient au poulailler d'un théâtre, il est inacceptable dans le cas d'une réunion.

L'acoustique

L'acoustique des grandes salles vides est souvent défectueuse, en particulier si elles ne comportent pas de draperies, de moquette ou tout autre matériau pour absorber les échos. Les voix sonnent creux ou sont atténuées. Contrôlez l'acoustique de toute grande salle avant de vous en servir parce que chaque participant doit être en mesure d'entendre tout ce qui se dit sans faire de gros efforts. Quand l'assistance n'entend pas bien, elle se sent distante de la réunion et participe rarement à son déroulement.

Faites une répétition de votre exposé dans la salle même afin de tester son acoustique. Essayez l'équipement de sonorisation s'il doit être utilisé. Sinon, essayez votre voix pour voir comment vous devez la placer pour être entendu. N'oubliez pas, cependant, que l'acoustique d'une salle se modifie quand elle est pleine. Une salle vide peut présenter des échos qui disparaissent quand un certain nombre de gens y sont assis. Leurs vêtements absorbent le son, ce qui a pour effet d'éviter des réverbérations et d'améliorer l'acoustique. Mais dans certaines conditions, l'effet peut être inverse, les vêtements étant trop absorbants, l'écoute devient plus difficile.

La seule procédure qui puisse vous assurer la tranquillité est de contrôler l'acoustique de toute salle que vous ne connaissez pas avant d'y planifier une réunion. Si possible, visitez cette salle alors qu'une réunion s'y déroule.

L'éclairage

Est-ce que l'éclairage d'une salle doit être contrôlé ? Dans le cas de réunions sans exposés et dont le seul objet est la discussion, la maîtrise de l'éclairage n'est pas nécessaire. Mais quand la réunion comporte des présentations de documents visuels, il peut être nécessaire d'éteindre afin que les documents puissent être clairement vus. Cela ne présente pas de difficultés avec des rétroprojecteurs mais il peut en apparaître avec des diapositives, des films, des images TV ou des présentations vidéo.

Les dérangements

Les réunions peuvent être empoisonnées par des dérangements —des bruits qui filtrent de la salle d'à côté, des gens qui entrent et qui sortent pendant que la réunion se déroule, des téléphones qui sonnent en plein milieu du travail. Une réunion qui se tient dans un endroit voisin d'un aéroport peut être interrompue par le rugissement des avions qui décollent ou atterrissent. Des dérangements de cet ordre, non seulement ralentissent le déroulement de la réunion, mais gênent souvent la discussion et empêchent une pleine interaction entre participants. Evitez les salles mal conçues les murs trop minces qui laissent passer les bruits extérieurs, par exemple. Prenez des dispositions pour éliminer les téléphones, les serveurs de café et autres causes de distraction prévisibles. Les appels téléphoniques doivent être filtrés par des secrétaires et les messages transmis au moment des pauses ou après la réunion.

Si vous avez le choix, évitez les salles à fenêtres, en particulier quand elles s'ouvrent sur des lieux de travail actif ou de délassement. Vous risquez de ne pas pouvoir retenir l'attention des participants.

Un responsable nous a raconté une histoire relative à une salle de réunion d'hôtel située en rez-de-chaussée et faisant face à une piscine ensoleillée. Arrivant pour organiser sa réunion, il découvrit qu'une séance de sélection pour un concours de beauté allait se dérouler en même temps que sa réunion. Comme les fenêtres comportaient des rideaux, il les fit rapidement tirer, malheureusement, ils se révélèrent assez transparents. Les participants dans ces conditions occupaient des places de choix. Etant un homme de terrain confirmé, notre responsable examina rapidement les caractéristiques de son environnement et trouva une solution. Aidé d'un bataillon de serveurs, il changea l'orientation de la salle en transportant l'estrade contre le mur situé en face de la fenêtre et en plaçant les participants de manière à ce qu'ils tournent le dos aux fenêtres drapées. Certes, en se tournant, il leur était toujours possible de suivre les activités autour de la piscine, mais la plupart des participants auraient trouvé gênant de le faire sous le regard glacial de l'animateur.

Les accès à la salle de réunion

La meilleure disposition est celle qui permet d'accéder à la salle de réunion par le fond de manière à ce que les retardataires ou ceux qui doivent partir avant la fin de la séance puissent entrer ou sortir sans perturber la réunion. Si l'estrade est située près de la porte, la réunion sera interrompue chaque fois que la porte s'ouvrira.

L'aération

L'atmosphère d'une salle close pleine de gens devient vite confinée même si personne ne fume. Souvent, même l'air conditionné ne peut maintenir une atmosphère fraîche. L'air confiné et le manque d'oxygène ralentissent l'activité des participants qui, très vite, se mettent à bailler et à somnoler. Avant chaque réunion, vérifiez que la ventilation de la salle est suffisante, soit mécaniquement, soit au moyen de fenêtres. Si l'aération vous paraît insuffisante, contournez le problème. Cela peut signifier qu'il faut diminuer le nombre de participants, réduire la durée des sessions et les séparer par des pauses où les portes peuvent rester ouvertes ou même, rechercher une salle plus appropriée.

Le mélange des fumeurs et des non-fumeurs est un problème réel. Les non-fumeurs admettent mal d'être obligés de demeurer dans une salle enfumée. Les fumeurs estiment qu'ils ne peuvent réfléchir clairement sans leur provision habituelle de cigarettes. Ce problème ne comporte pas de solution de compromis. Quelqu'un doit céder. La bonne solution consiste à interdire de fumer pendant la réunion. Pour rendre la vie possible aux fumeurs, prévoyez une pause au cours de laquelle ils pourront quitter la salle pour une dizaine de minutes.

Aujourd'hui, la plupart des fumeurs évitent de fumer pendant les réunions par considération pour les non-fumeurs. Mais il existe toujours des gens qui ne pensent pas aux autres. Pour ceux-là, il est nécessaire d'annoncer : « Il est interdit de fumer pendant la réunion. »

Les cinq dispositions de base des salles de réunion

Cinq dispositions de base des salles de réunion ont survécu à l'épreuve du temps et de milliers de réunions.

La disposition de bureau courante

La grande majorité des réunions se tiennent dans des bureaux meublés de sièges et d'un bureau. Les réunions qui ont lieu dans des bureaux se déroulent mieux quand les chaises sont disposées en demi-cercle autour du bureau derrière lequel est assis le responsable, les participants lui faisant face. En fonction de la taille de la pièce, cette disposition est fonctionnelle pour six à huit participants au plus. Elle est préférable pour des groupes plus restreints. La porte fermée, le bureau standard paraît encombré lorsqu'il est occupé par huit personnes.

Le mobilier des bureaux plus grands qui comportent un espace de réunion, comprend généralement une table ronde autour de laquelle peuvent tenir jusqu'à huit personnes ou une disposition, style salon, de chaises autour d'une table à café pour le même nombre de personnes. La place supplémentaire que ces bureaux offrent les rendent utilisables pour des réunions comprenant jusqu'à dix participants. Cependant, dans ce type d'environnement, les présentations visuelles sont plus difficiles.

La disposition en table de conférence (Figure 5.1a)

Dans le cas des petites réunions où il est prévu que la discussion soit intense et approfondie, la disposition courante est celle de la table de conférence. Les participants sont installés autour d'une longue table, l'animateur étant placé à la tête de la table. Cette disposition convient jusqu'à une vingtaine de participants. Une table ronde permet une disposition analogue mais convient mal à des groupes de plus de 12 personnes simplement parce que sa surface est beaucoup plus grande et l'encombrement serait trop important.

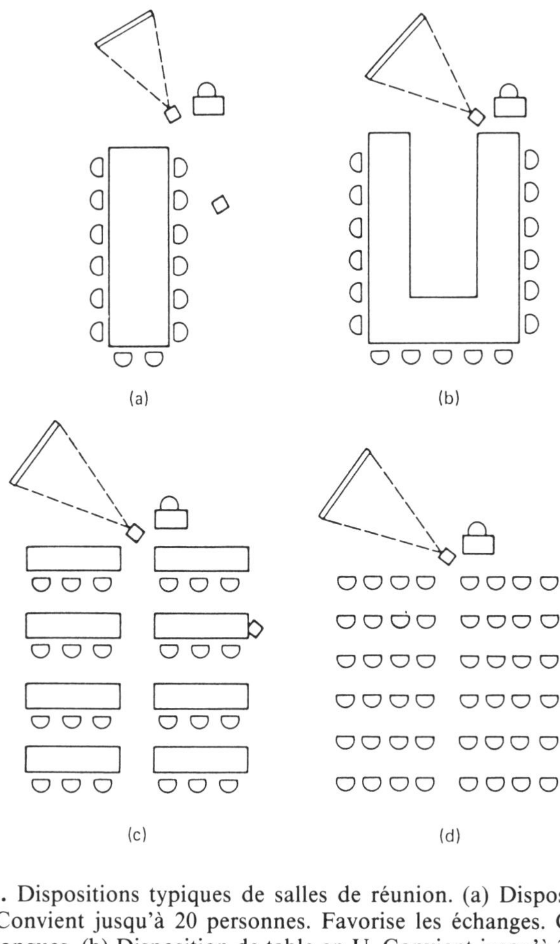

Figure 5.1. Dispositions typiques de salles de réunion. (a) Disposition à table centrale. Convient jusqu'à 20 personnes. Favorise les échanges. Convient aux réunions longues. (b) Disposition de table en U. Convient jusqu'à 30 personnes. Favorise les échanges. (c) Disposition en salle de classe. Convient à n'importe quel nombre de participants. (d) Disposition en amphithéâtre ou en salle de spectacle. Convient à toute taille d'assistance.

La disposition de table en U
(Figures 5.1b et 5.2)

Disposition idéale pour des réunions comprenant jusqu'à 30 personnes, la table en U demande une salle plus grande que le bureau standard ou la petite salle de conférence. Elle constitue, cependant, une excellente disposition pour des salles de tailles moyenne et grande aussi bien pour des réunions de discussion et que pour des conférences-exposés. La partie ouverte du U fait face à l'estrade. La partie libre au voisinage de cette estrade est réservée aux dispositifs de projections et aux écrans.

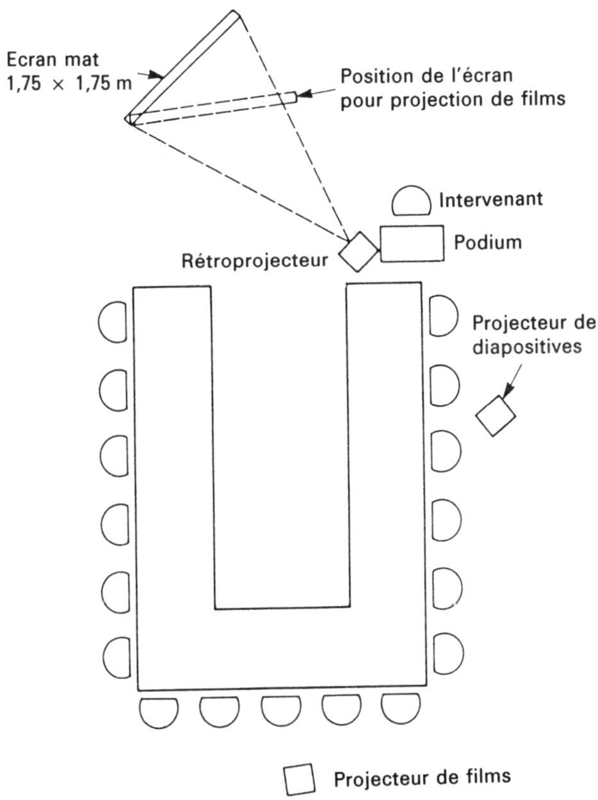

Figure 5.2 Disposition de table en U. Convient le mieux pour des réunions de discussions et des groupes jusqu'à 30 personnes.

La table en U convient aussi bien à des réunions de six à huit personnes qu'à des réunions beaucoup plus importantes. Une salle avec une table en U ne donne pas cette impression de vide que l'on peut ressentir dans des salles plus grandes. Quand une réunion est plus restreinte, les participants se rapprochent simplement de l'estrade. L'usage du micro n'est généralement pas nécessaire dans ce type de disposition.

Si l'animateur préfère être assis à la table plutôt que d'être sur l'estrade, le U peut être renversé. L'animateur occupe alors la place au centre de la partie fermée du U et les participants s'installent le long de l'une ou l'autre branche. Par principe, les participants ne doivent pas s'installer à l'intérieur du U. Ainsi, se constituent deux ailes qui se font face. Si la nécessité d'avoir de la place exige cette dernière disposition, elle peut marcher bien qu'elle ne favorise pas les échanges.

La disposition en salle de classe (Figure 5.1c)

Dans cette disposition, les participants sont assis à des tables et font face à l'estrade située en avant de la pièce. Elle peut s'appliquer à n'importe quelle pièce quelles que soient ses dimensions. Si les tables font un angle léger par rapport à la direction de la rangée, chaque participant a une vue dégagée sur l'écran qui peut être placé assez haut pour que personne n'ait à se contorsionner.

Chaque document d'une présentation doit pouvoir être facilement lu de la dernière rangée. De nombreuses réunions, bien organisées par ailleurs, ont été des échecs parce que les présentations étaient difficiles à lire. Nous examinerons dans un chapitre ultérieur comment créer des transparents pour rétroprojecteurs et des diapositives en tenant compte des dimensions de la salle. La taille et la position des écrans sont également des facteurs à considérer. Les considérations les plus importantes concernant les écrans de projection sont la distance qui les sépare des participants, le matériau dans lequel ils sont faits et la grandeur des lettres projetées. La facilité de lecture dépend souvent autant de la conception du document que de la position de l'écran.

Le théâtre
(Figure 5.1d)

Dans cette disposition, aucune table n'est utilisée. Les participants sont assis en rangées qui font face à l'estrade. Cette disposition peut convenir à des groupes très nombreux. Tout à fait appropriée à des réunions d'information ou à des conférences-exposés, elle ne convient guère à des réunions de discussion parce que l'arrangement style théâtre induit un comportement plus passif que participatif. Dans cette disposition, la bonne portée de la voix de l'intervenant et la facilité de déchiffrage des documents projetés sont d'une importance fondamentale. Souvent, l'estrade et les écrans sont surélevés de manière à ce que les derniers rangs puissent bien les voir.

La disposition en amphithéâtre est une variante de la précédente où les sièges sont placés en gradins et répartis en demi-cercles faisant face à l'estrade. Cette disposition convient très bien à des publics très nombreux dans la mesure où elle garantit une visibilité presque parfaite. Les figures 5.3 à 5.10 représentent différentes dispositions pour divers types de salles.

Les salles de réunion à problèmes

Evitez les salles « à problèmes ». Les salles très longues et étroites sont difficiles à utiliser à l'exception des réunions faites autour de longues tables. Généralement, elles n'offrent pas assez d'espace pour les déplacements. Dans les salles qui comportent des piliers, il peut arriver que l'orateur ne voie pas l'ensemble des participants et, réciproquement, que nombre de participants ne puissent le voir sans se contorsionner. Des salles réservées à d'autres fonctions, des laboratoires par exemple, sont parfois utilisées pour tenir des réunions. Elles sont meublées et équipées de manière particulière, ce qui rend leur transformation en salles de réunion généralement difficile.

Les sièges

Les salles de réunion exigent des sièges confortables. Des gens assis sur des chaises pliantes et dures pour une durée quelconque sont vite distraits par leur inconfort. Si vous espérez que les participants à une réunion vous accordent une complète attention, prenez soin de leurs besoins élémentaires : des chaises confortables lorsqu'on reste assis une heure ou plus, des facilités pour écrire de manière à prendre des notes et de l'espace pour que les gens puissent se lever et partir ou aller vers l'estrade sans créer de perturbations.

Les opinions divergent en ce qui concerne le confort. Leslie This, dans son ouvrage le *Small Meeting Planner*, indique que : « Les aménagements matériels peuvent être trop confortables. Les

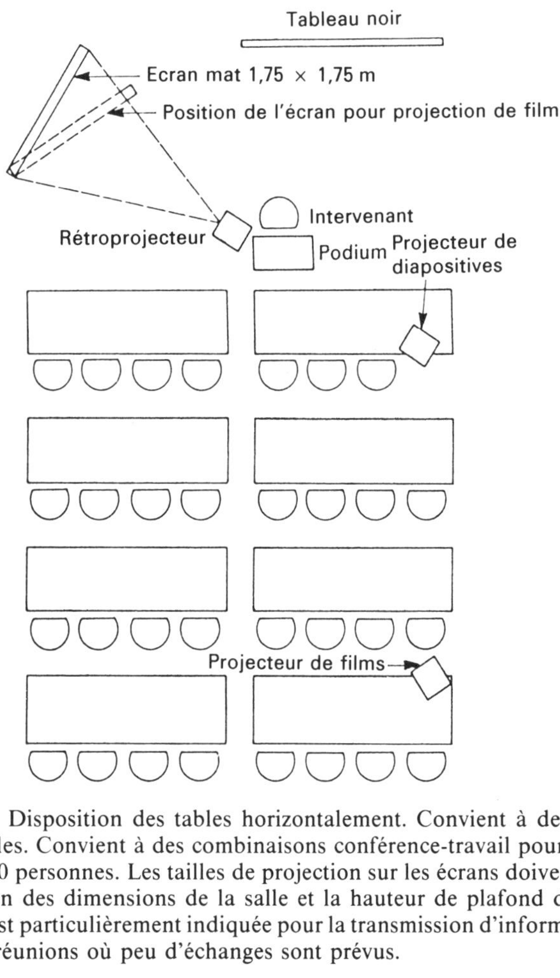

Figure 5.3 Disposition des tables horizontalement. Convient à des groupes de toutes tailles. Convient à des combinaisons conférence-travail pour des groupes de 15 à 100 personnes. Les tailles de projection sur les écrans doivent augmenter en fonction des dimensions de la salle et la hauteur de plafond doit varier en rapport. Est particulièrement indiquée pour la transmission d'information et dans le cas de réunions où peu d'échanges sont prévus.

assistants peuvent mieux se concentrer, participer plus efficacement et demeurer plus alertes intellectuellement, s'il existe une trace d'inconfort. Les sièges peuvent être trop confortables. Les sièges, la table et la salle peuvent être trop séduisants et constituer

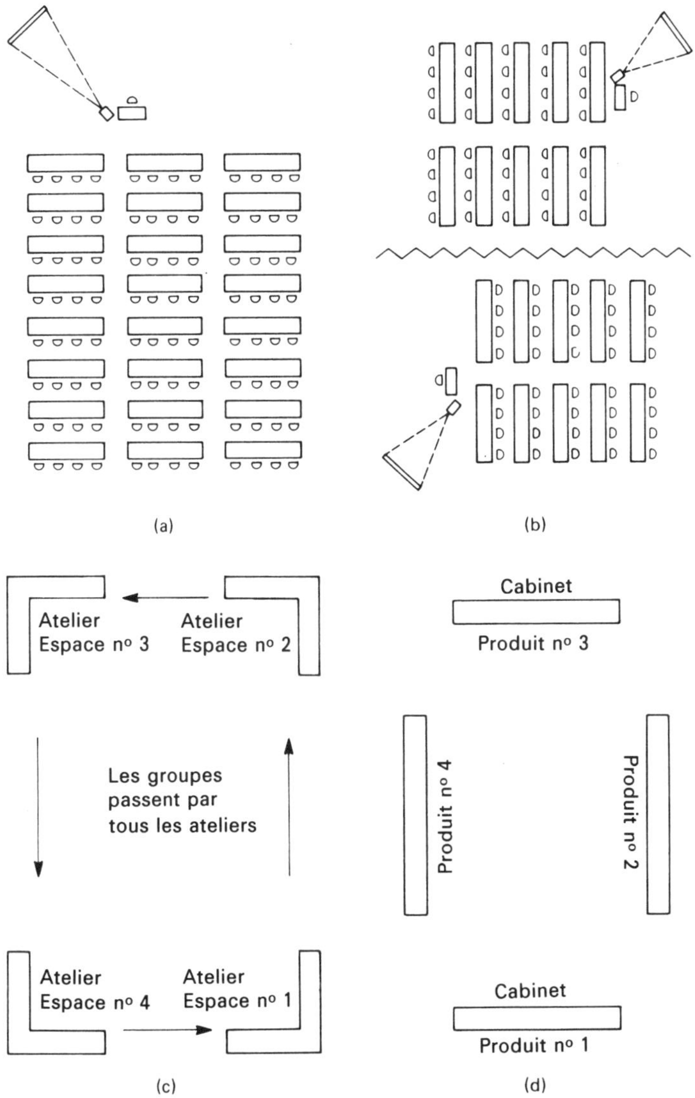

Figure 5.4 Quatre manières d'utiliser une même pièce. (a) Assemblée générale le premier jour. (b) Division en deux groupes distincts le second jour. (c) Division en quatre ateliers le troisième jour. (d) Division dans le but de présenter des produits à des vendeurs et à des groupes extérieurs le quatrième jour.

Figure 5.5 Une salle de taille moyenne avec une table en U. Remarquez l'utilisation de deux rétroprojecteurs pour créer un effet de stéréo. Cette technique peut être appliquée, par exemple, pour afficher l'ordre du jour sur un des écrans, l'autre étant réservé aux autres documents. La projection de l'ordre du jour peut aider la réunion à demeurer dans la voie choisie.

des éléments de distraction. Des réunions tenues dans des salles sombres, autour d'une table en acajou massif aux pieds lourds avec aux murs des portraits d'austères patriarches autrefois dirigeants de l'entreprise, sont de nature à inhiber toute atmosphère de convivialité et de créativité. »

Il existe probablement un compromis. Nous sommes d'accord sur le fait que des sièges en cuir des halls d'hôtel sont trop confortables pour être utilisés dans les réunions, et que les chaises pliantes sont trop inconfortables. Le bon modèle de siège se situe quelque part entre les deux.

L'équipement de la salle de réunion

Le bureau standard est le lieu de la plupart des réunions mais il est rarement équipé de manière adéquate. Les assistants arrivent, s'assoient et se réunissent. Cependant, comme nous sommes convaincus de plus en plus de l'importance des documents visuels pour la réussite des réunions, nous recommandons que même le bureau standard soit équipé d'un matériel de projection élémentaire.

Nul besoin d'un équipement volumineux mais il impose qu'il soit immédiatement disponible. Il devrait comprendre un rétroprojecteur de bureau portable peu encombrant, un chevalet (*paperboard*) avec un rouleau de papier ou un tableau noir. Le rétroprojecteur peut être rangé dans un petit meuble et le chevalet ou le tableau noir, une fois plié tiennent derrière une porte. Les projections peuvent être faites directement sur un mur clair ou sur un écran pliant placé derrière le bureau lui-même.

La salle de conférence doit toujours être équipée d'un rétroprojecteur et d'un écran fixé sur le mur ou pliant. Nous avons remarqué que quand le matériel est là et qu'il est immédiatement disponible, il est utilisé plus fréquemment et la qualité des réunions s'améliore.

Figure 5.6 Une petite pièce ou une partie de bureau peut être transformée en un lieu de réunion convenable en utilisant un rétroprojecteur compact et en plaçant les participants de manière astucieuse.

En outre, la salle de conférence devrait être équipée de deux chevalets, dont l'un devrait être muni de rouleaux pour présenter les grands documents et il faut prévoir un meuble de rangement dans un coin de la pièce. Un tableau noir est toujours utile, encore qu'il ne soit pas essentiel dans la mesure où l'on peut fixer un rouleau de papier sur l'un des chevalets.

Une salle de conférence ou de réunion de taille plus grande doit comporter le même équipement plus une tribune, un système audio, des sièges pour les intervenants ou présentateurs, un équipement de projection supplémentaire, par exemple, un projecteur de diapositives de 35 mm et/ou un projecteur de cinéma.

Avec le développement rapide de l'utilisation de la vidéo dans le domaine de la communication, un poste de télévision et un magnétoscope constituent un apport intelligent à l'équipement d'une salle de réunion. Pour de très grandes salles, les vidéo-projecteurs sont à recommander. Ils donnent des images brillantes et claires pouvant aller jusqu'à 2,4 m (en diagonale). Ils peuvent également servir à la projection de cassettes vidéo.

L'utilisation de matériels associés à l'ordinateur s'est beaucoup développée depuis que l'électronique a pénétré la logistique

Figure 5.7 Voici une très grande salle de réunion pour dirigeants où l'on remarque plusieurs appareils de projection. C'est une pièce qui convient à un grand nombre de participants répartis autour de la table en U et qui comporte un certain nombre de sièges supplémentaires adossés aux murs. L'écran démontable est réservé au rétroprojecteur tandis que le rideau cache un écran large pour projections cinématographiques — issues d'une cabine située derrière le photographe — ou des diapositives. Un magnétoscope est également disponible, de même qu'un tableau noir portable.

des conférences. La plupart des vidéoconférences se font dans des salles spécialement équipées à cet effet. Quand vous organisez des réunions dans ce genre de lieu, vérifiez leur équipement. Est-il compatible avec votre type de matériel ou une préparation particulière est-elle nécessaire ? Avez-vous besoin de techniciens spécialisés ou votre équipe est-elle capable d'opérer avec l'équipement proposé ? La meilleure manière de savoir ce que l'on peut attendre de ces installations et quels sont les problèmes qui peuvent apparaître en les utilisant est d'en parler à quelqu'un qui s'en est déjà servi.

Stratégies de placement des participants

L'animateur de la réunion doit parfois se soucier de placer judicieusement les participants autour d'une table de conférence. Par exemple, s'il s'agit d'une réunion où des groupes s'opposent, il faut absolument éviter que les deux parties se regroupent chacune de son côté. Les regroupements suggèrent que des frontières aient été tracées et cela peut polariser la réunion et rendre plus difficile la recherche d'un compromis. Pour les mêmes raisons, les participants connus pour faire de l'obstruction doivent être répartis autour de la table, jamais regroupés. Mais quoi qu'il en soit, les membres du groupe pourront s'exprimer à loisir. Le seul but d'un placement adéquat des participants est d'assurer une discussion plus fluide et plus approfondie et d'éviter des regroupements et la polarisation de la pensée qui en découle.

Cependant, il n'est pas facile de désigner leur place aux participants au moment où ils arrivent. Dans certains cas, il est possible d'utiliser des cartons individualisés pour indiquer les places réservées, dans d'autres, les animateurs indiquent simplement aux arrivants où ils doivent s'asseoir.

Tables de conférence et de réunion

La table de conférence ou de réunion idéale est rectangulaire, généralement de dimensions 2,5 m ou plus sur 1 m à 1 m 30. Elle assure à chaque participant un espace de travail suffisant tout en

Figure 5.8 Un amphithéâtre bien équipé peut présenter une disposition très appropriée à la tenue de larges réunions. Cependant, il peut être trop confortable, en particulier quand les lumières sont baissées pour les présentations. Les participants peuvent avoir des difficultés à résister à la tentation de somnoler dans le noir. Des ajustements périodiques de l'éclairage vous aideront à maintenir l'attention de l'auditoire. Des sièges avec des tablettes intégrées aux bras sont commodes pour la prise de notes.

maintenant un sentiment de proximité sans menacer l'espace vital de chacun. Ces tables peuvent être disposées de plusieurs façons. Il est possible d'en placer deux ou trois à la file pour en faire une table de conférence longue, encore faut-il faire attention à ce que ceux qui sont assis au « bout » n'aient pas le sentiment d'être en exil. La répartition optimale est de placer huit personnes de part et d'autre, l'animateur occupant l'un des bouts.

Les tables peuvent également être disposées en I, en U, en salle de classe ou en salle de spectacle (Figure 5.1). La disposition en U est, en général, la plus pratique. Les dispositions en T et en H ne sont guère commodes pour voir des projections. Dans tous les cas, l'objectif est d'assurer une disposition qui donne aux participants le meilleur espace de travail en fonction de la taille de la salle. Le point critique est que, plus vous vous écartez du face à face, moins intense sera la réunion.

Figure 5.9 Une disposition de ce type vous permet d'élargir l'assistance pour une ou plusieurs interventions en utilisant des sièges supplémentaires tout en maintenant un sens de la participation grâce à la disposition des tables en U. Cet arrangement permet d'utiliser au mieux une salle grande et longue. Notez l'écran dans le coin gauche destiné au rétroprojecteur et celui qui peut être descendu du plafond pour des projections de films ou de diapositives. Des présentations de produits sont souvent organisées dans cette salle.

Préparation de la salle

La responsabilité de la préparation de la salle repose sur l'animateur de la réunion (ou, le plus souvent sur une secrétaire). La manière la plus sûre est d'en charger une personne unique qui opère à partir d'une liste de toutes les dispositions à prendre. Si plusieurs personnes sont chargées de la préparation, toutes doivent opérer à partir d'une liste source, de manière à ce que chacune sache ce qui a été fait comme ce qui ne l'a pas encore été.

Les tâches de préparation comportent :

1. La réservation de la salle au jour et à l'heure prévus.
2. La fourniture de blocs-notes, de crayons, etc.
3. Les dispositions pour le café et les autres rafraîchissements.
4. La prévision de sièges en nombre suffisant et la préparation de cartons de placement si c'est nécessaire.
5. Dans le cas d'exposés avec documents visuels, le contrôle de la disponibilité de l'équipement (rétroprojecteurs et projecteurs de diapositives) et de son état de marche (amplificateurs, micros

Figure 5.10 Si, comme il arrive quelquefois, la seule salle disponible est trop grande pour le groupe, placez les participants le plus près possible de manière à faciliter les échanges. Remarquez que l'estrade est décalée de manière à ce que les assistants aient la meilleure vue possible sur l'écran.

et haut-parleurs). Chaque appareil doit être testé juste avant le début de la réunion. Est-ce que les lentilles des appareils de projection sont propres et prêtes ? (Une précaution de détail mais essentielle : n'omettez jamais de contrôler tous les dispositifs électriques de la salle dans le cadre des opérations de préparation.)

6. Coupure de tous les téléphones de la salle et mise en œuvre d'un système de transmission de messages.

7. Préparation d'un ordre du jour imprimé distribué à chaque place.

8. Contrôle de la présence sur la table de conférence de toutes les références et des documents à distribuer aux participants en cours de réunion.

9. Contrôle de la présence des objets suivants :

   Craies et chiffons pour le tableau noir ?
   Eau potable et verres en face de chaque place ?
   Rouleaux de papier montés sur les chevalets ?
   Cendriers, s'il est permis de fumer ?

10. Assurance de la disponibilité de lampes de projection et de fusibles de rechange pour les appareils de projection et les autres dispositifs électriques de la salle.

11. Torches et pointeurs pour les intervenants.

12. Si l'éclairage de la salle doit être contrôlé, où sont les interrupteurs ? Fonctionnent-ils ?

Les réunions tenues à l'extérieur

La préparation de toute réunion tenue ailleurs que dans un bureau —dans les restaurants, les hôtels ou les centres de conférences— est une opération en trois étapes. La première est de déterminer quels sont les équipements et les fournitures disponibles sur le site considéré et quels sont ceux qu'il est nécessaire d'apporter. Est-ce que le lieu choisi comporte des rétroprojecteurs ou des projecteurs de diapositives de 35 mm ou faut-il en apporter ?

La deuxième étape, au bureau, est le rassemblement de tout ce qui doit être emporté au lieu de la réunion —copies de l'ordre du jour, tout le matériel à distribuer, les transparents de toutes natures pour les exposés et les petites choses comme les blocs-notes, les crayons, etc.

La troisième étape se déroule sur le lieu de la réunion où chaque détail est vérifié en se référant à une liste préparée à l'avance, de préférence la veille de la date prévue pour la réunion. Il n'est jamais prudent de laisser les détails à la charge du personnel de l'hôtel ou du centre de conférences car même s'ils promettent un équipement complet et une préparation approfondie, des erreurs ou des oublis peuvent arriver et arrivent.

Confirmer la disposition de la table et des sièges.

Vérifier la place du matériel.

Contrôler l'état de marche du matériel. S'il y a problème, la direction doit en être avertie suffisamment à l'avance pour que les remplacements soient assurés.

Le responsable de l'inspection doit avoir le nom et le numéro de téléphone de la personne responsable de la livraison du matériel et de sa mise en place.

Prévoir une signalisation sur le lieu de la réunion. Les participants seront-ils dirigés vers la salle en suivant une signalisation ou bien vont-ils errer jusqu'à ce qu'ils trouvent l'emplacement ? Si un accueil a été prévu, qui va s'en charger ?

Où sont les toilettes ?

Prévoir du personnel pour accueillir les participants à la porte de la salle, contrôler leur convocation, distribuer les badges, etc.

Les horaires des rafraichissements et des repas doivent être contrôlés. Si un déjeuner est prévu, en confirmer l'heure et, en particulier, le lieu. Il se peut que les participants aient besoin d'indications pour trouver le restaurant.

Quiconque a déjà organisé des réunions a vite appris que les catastrophes naissent de détails. Par exemple, selon la loi de Murphy, la lampe d'un projecteur grillera juste au milieu de l'exposé le plus important. Certes, cela perturbera la réunion quelque peu, mais si la lampe peut être immédiatement remplacée, l'interruption n'est pas désastreuse. Par contre, s'il n'y a pas de lampe de rechange ou, pire encore, si personne dans l'équipe ne sait comment effectuer le remplacement, la réunion peut s'interrompre définitivement, parfois sous les rires de l'assistance.

Pour éviter que la loi de Murphy ne s'applique, contrôlez toujours la salle avec le matériel en place comme il doit l'être au moment de la réunion. Faites-le le plus tôt possible, de préférence la veille. Si vous ne le faites pas, nous pouvons vous garantir presque à coup sûr qu'il n'y aura pas de prise électrique au voisinage de l'endroit où le matériel doit être disposé, qu'un prolongateur sera nécessaire et que personne n'aura prévu d'en apporter un. C'est toujours comme ça que les choses se passent un jour de réunion.

Pour éviter des problèmes, prévoyez-les. Comme le conseille Joseph Callanan dans *Communicating* : « Anticipez les urgences, c'est le meilleur moyen de les éviter. Prévoyez toutes les catastrophes que vous pouvez imaginer. Analysez le déroulement de la réunion depuis les inscriptions préliminaires jusqu'au post-ajournement, considérez chaque étape, chaque programme, chaque disposition. Essayez d'imaginer les difficultés que pourrait rencontrer chaque participant et l'information dont il pourrait avoir besoin avant, pendant et après la conférence. Evidemment, il y aura des problèmes que vous n'aurez pu prévoir. Aucune importance, foncez du mieux que vous le pouvez. »

Résumé

L'environnement matériel d'une réunion a un effet significatif sur son ambiance psychologique et, par conséquent, sur son résultat. Ce qui est nécessaire, c'est un lieu approprié de taille convenable proprement équipé. Les animateurs obtiennent de meilleurs résultats quand les participants se sentent à l'aise dans leur environnement et peuvent atteindre cet état de « concentration détendue » propice au meilleur travail. Des décors trop bien étudiés ne conviennent pas à l'exécution d'un travail intensif.

En choisissant le lieu de la réunion, tenez compte des éléments suivants :

1. Taille de la salle. Le lieu retenu doit convenir au nombre de participants.
2. L'acoustique. Chaque participant doit pouvoir entendre sans effort tout ce qui se dit.
3. L'éclairage doit pouvoir être contrôlé si cela est nécessaire.
4. Toute possibilité de dérangement doit être écartée dès que la réunion commence.
5. L'accès à la salle de réunion doit se faire par le fond, pas par le devant.
6. L'aération doit être bonne.
7. La disposition de la salle doit être à la fois appropriée à la salle elle-même et à l'objectif de la réunion.

Equipement de la salle de réunion

Les salles de réunions, bureaux courants compris, doivent comporter à demeure un matériel de projection minimum. L'efficacité des réunions tenues dans les bureaux peut être accrue au moyen de l'utilisation de matériels comme un rétroprojecteur compact, un chevalet avec un rouleau de papier ou un tableau noir portable.

Liste de vérification de la préparation

La responsabilité de la préparation de la salle de réunion repose sur l'organisateur ou sur une secrétaire qui travaille à partir d'une liste. Les tâches qui font partie de la préparation sont les suivantes :

1. La réservation de la salle au jour et à l'heure prévues.
2. La fourniture de blocs-notes, de crayons etc.
3. Les dispositions pour le café et les autres rafraichissements.
4. Des sièges pour tous les participants. Des cartons de placement si c'est nécessaire.
5. Le matériel pour les présentations en place, en état de marche et vérifié juste avant la réunion.
6. Coupure de tous les téléphones de la salle.
7. Une copie de l'ordre du jour à chaque place.
8. Les références et les documents à distribuer placés sur la table de conférence.
9. Objets nécessaires :
   Craies et chiffons.
   Eau potable et verres.
   Tableaux de papier montés sur les chevalets.
   Cendriers, s'il est permis de fumer.
   Lampes de projection et fusibles de rechange pour les appareils de projection et les autres dispositifs électriques de la salle.
   Flêches lumineuses ou pointeurs pour les intervenants.
10. Localisation et fonctionnement des interrupteurs.

Chapitre 6

Les savoir-faire de l'animation

Il ne suffit pas de s'asseoir au bout de la table pour être un animateur. Lawrence C. McQuade, vice-président directeur général de W. R. Grace & Co., a écrit dans un article de *Forbes Magazine* que si une réunion échoue, il faut carrément en attribuer la faute à la personne qui l'anime. McQuade considérait le rôle de la présidence de réunion comme une mission d'équilibrage. « En cours de réunion, il faut que vous fassiez appel à toutes les ressources de votre imagination, à toutes les idées et à toute l'expérience que vous possédez, » écrivait-il. « Ce faisant, il faut être attentif à ne pas laisser les participants errer trop longtemps, aussi faut-il que vous appliquiez quelques règles de discipline. Le président doit synthétiser les points principaux développés à mesure que la réunion progresse et en faire le résumé pour l'assistance. Ce résumé doit aider à progresser vers l'action. »

Chaque réunion, de la plus petite à la plus grande, exige une direction. Toute réunion comporte trois phases. La première est celle de l'organisation, qui consiste à convoquer la réunion, construire l'ordre du jour, préparer la salle, envoyer les convocations etc. Le sens de l'organisation fait partie de l'art de commander. La deuxième phase est celle de la réunion proprement dite. Au cours de cette phase, l'animateur affronte les participants, les guide dans leur travail et les conduit à une conclusion heureuse. La troisième phase, après la réunion, est celle du suivi.

Dans les chapitres précédents, nous avons traité de la plus grande partie de la première phase et nous avons suivi la réunion depuis sa naissance en tant qu'idée jusqu'au moment où les participants entrent dans la salle. La préparation a exigé de l'imagination, des recherches, de l'attention aux détails et du bon sens. Cependant, elle ne concernait en rien des éléments tels que la présence sur l'estrade, les face-à-face, la direction verbale et toutes les autres qualités nécessaires au pilotage effectif d'un groupe de participants à travers un ordre du jour afin qu'un certain travail soit effectué.

L'animation s'apprend

Les leaders sont formés, ils ne naissent pas leaders. Les qualités nécessaires à la conduite de réunion ne sont pas innées. Elles peuvent être acquises au cours d'une pratique et avec la volonté affirmée de devenir un bon responsable. Certains peuvent le contester, mais la plupart des dirigeants estiment que ces qualités peuvent être, sans aucun doute, acquises. Le fait qu'au cours des années récentes, plus de la moitié des entreprises incluses dans les *500* de *Fortune* ont engagé des experts pour les enseigner à leurs responsables et à leurs cadres, en est un témoignage.

Prestance et charisme

Pour définir les qualités de l'animateur, il ne faut pas confondre l'art d'être un chef et celui d'être un comédien. Certaines personnes ont le don de se mettre en scène face au groupe. Ils ont la « bouche en or », ils ont de la présence et ils mobilisent immédiatement l'attention de l'assistance. Plus d'un responsable a envié certains collègues qui possédaient ces qualités. Un cadre dont la langue est paralysée en public est persuadé qu'il ou elle ne possède aucun des talents nécessaires à la conduite de réunion. Ce n'est pas vrai. Ce responsable, comme bien d'autres, manque un peu de nerf dans son attitude et, bien que cela puisse être utile, ce n'est en rien une qualité importante de l'animateur.

Les qualités d'un bon conducteur de réunions professionnelles comportent une connaissance en profondeur du sujet, une grande présence d'esprit et une capacité de réflexion autonome à mesure que la réunion progresse —en particulier quand elle dévie de manière inattendue— et celle de diriger et de contrôler verbalement les participants. Un leader doit être capable d'obtenir la coopération de ses amis aussi bien que de ses adversaires, trouver un mi-chemin dans les controverses et réunir les partis opposés. Il doit être capable de voir le sujet de la réunion objectivement et d'y conduire ceux qui ne sont sensibles qu'à certains aspects du problème. Il doit être plein de tact dans sa façon de traiter les gens et leurs problèmes et il doit envisager chaque question avec beaucoup de logique.

Certains possèdent cette autre qualité évanescente : le charisme. Quand ils prennent la première place dans une réunion, ils enthousiasment l'assistance. Le charisme rayonne chez des gens très différents et produit des résultats très différents, à la fois bons et mauvais. Roosevelt, Churchill, Hitler et Kennedy avaient tous du charisme en abondance. Le charisme est un phénomène mystérieux et personne, jusqu'ici, n'a pu déterminer de quoi il est fait ou comment l'acquérir. Sa caractéristique essentielle est qu'il entraîne les masses à suivre celui qui en fait preuve.

Pour un professionnel, cependant, le charisme comme la prestance, ne sont pas nécessaires. Une réunion de travail n'est pas convoquée dans le but de fonder un mouvement —en tout cas, ne devrait pas. Des individus possédant charisme et prestance ne possèdent pas automatiquement les autres qualités importantes qui font le bon animateur. Dans la plupart des cas, ceux qui ont du charisme ou de la prestance doivent apprendre les bases de la conduite de réunion, ni plus ni moins que ceux qui en sont dépourvus.

Présence

Un animateur de réunion peut ne pas avoir besoin de posséder du charisme ou de la prestance mais il a besoin d'avoir de la présence. La présence peut se définir comme un comportement de confiance calme et compétent —les trois C— manifesté par un animateur face à quelque auditoire que ce soit. Ces qualités peuvent s'acquérir par la pratique.

Le calme

La nervosité ressentie face à un groupe peut avoir deux origines. L'une est l'adrénaline qui est injectée automatiquement dans le sang dès que le corps humain fait face à une crise —la manière dont la nature prépare ce corps à réagir rapidement lors d'une urgence. Dès que l'urgence disparaît le taux d'adrénaline dans le sang redevient normal. La plupart des orateurs sentent une émission anticipatrice d'adrénaline quelques minutes avant d'entrer en scène. Par expérience, ils apprennent que cet excès d'adrénaline ne dure que quelques minutes et disparaît rapidement après que la réunion ait commencé. Un orateur confirmé nous a dit que « tout ce que j'ai à faire est de tenir les deux premières minutes, après mon taux d'adrénaline redescend à un niveau que je peux supporter. »

Ceux qui débutent dans l'animation devraient admettre que le trac n'est pas une quelconque déficience physique ou psychologique. C'est une réaction normale, saine, à ce que notre corps considère comme une urgence.

La compétence

Rien n'est plus utile au conducteur d'une réunion que le sentiment de sa compétence sur le sujet en cours. Ce sentiment naît tout simplement pendant que le travail s'effectue. Les animateurs sérieux ne se présentent jamais à une réunion sans avoir attentivement étudié et revu toute l'information correspondant au sujet concerné. Ils se préparent en déterminant ce que la réunion doit apporter et comment y parvenir. Ils savent quels sont les problèmes qui vont surgir et ils les ont analysés.

La confiance

La confiance est, pour sa plus grande part, une retombée de la compétence. L'animateur qui connaît le sujet concerné et les objectifs de la réunion, a des raisons d'être confiant. La confiance est, pour l'essentiel, une expression extériorisée d'un sens intérieur de la sécurité.

Les débutants tentent souvent d'atteindre les trois C au moyen d'un intense autocontrôle. Ils s'imaginent que le trac peut être vaincu par pure force de volonté. Pourtant, la préparation et la pratique sont les sources réelles du sens de la conduite de réunion. La confiance et le sens de sa propre compétence proviennent d'un sentiment de sécurité quant à l'objectif de la réunion, à sa présentation et à son ordre du jour.

Le dirigeant et sa propre image

Herbert Meyer, dans un article de *Fortune,* note que les dirigeants sont d'accord pour admettre que : « ce qui fait échouer tant de réunions est l'incapacité *de tous les autres* à se comporter avec efficacité et compétence devant une assistance. » Il écrit : « La nature humaine étant ce qu'elle est, le dirigeant n'est pas encore né qui admettra qu'il pourrait être, personnellement, mauvais au cours des réunions, qu'il n'ait jamais perdu le contrôle d'un groupe ou, pire, qu'il ait fait perdre du temps lors d'une réunion dirigée par quelqu'un d'autre en s'étendant sans frein, pris dans l'enchantement de s'écouter parler. »

Des dirigeants expérimentés, qui ont animé et suivi plus de réunions qu'ils ne peuvent en garder le souvenir, ont tendance à se considérer comme des experts. Il arrive qu'ils le soient. Trop fréquemment, cependant, ce n'est pas le cas. Ils *sont* des dirigeants adroits mais ils ont soit perdu, soit jamais bien acquis, les qualités qui font le bon animateur de réunion. Les spécialistes 3M de la réunion en travaillant avec les dirigeants de plus haut niveau ne peuvent que leur demander d'assister aux séances de formation, d'analyser honnêtement leur savoir-faire et de s'améliorer quand ils constatent qu'ils ne sont pas tout-à-fait au point.

Maîtrise : la qualité fondamentale

La conduite des hommes, selon un homme d'Etat, est « l'art de faire faire à quelqu'un ce que vous voulez qu'il fasse parce qu'il souhaite le faire. » En termes pratiques, cela signifie qu'un meneur d'hommes sait comment inspirer et motiver ceux qu'il dirige. En réunion, cela ne se fait pas au travers d'interventions motivantes ou d'entretiens légers mais par l'exercice compétent des rôles habituels du chef, en convoquant et en dirigeant la réunion.

Les rôles les plus importants de l'animateur de réunion sont ceux de modérateur et de médiateur —maître du déroulement et de l'allure de la réunion. Dans l'idéal, il fait avancer les choses dans le bon sens, en assure la progression ordonnée et pilote le navire au milieu des récifs et des bancs de sable. Au cours des réunions où il faut résoudre des problèmes ou forger des politiques, la mission de l'animateur est de créer le débat, de le conduire vers une solution puis d'en synthétiser les divers éléments en une conclusion finale. Les idées et l'expertise propres de l'animateur ne peuvent être introduites que si celui-ci abandonne la présidence —tout au moins symboliquement— et intervient en tant que participant, et non en tant qu'animateur.

Au cours de réunions de type suite d'exposé, son rôle est plus celui d'un coordinateur. Il introduit les intervenants, gère l'emploi du temps de la réunion, il interprète, explique et résume autant qu'il est nécessaire . La tâche n'est pas moins importante que celle exécutée au cours d'une réunion délibérative, elle est différente. Souvent, le contrôle de ces réunions n'est pas aussi direct dans la mesure où ce sont d'autres intervenants qui font les présentations mais il doit être exercé.

Dans les deux types de réunion, la qualité de base qui est manifestée est la *maîtrise.* L'animateur doit savoir comment contrôler la réunion et les participants doivent être conscients de ce contrôle. Selon les cas, le contrôle peut être exercé avec subtilité ou très ouvertement. Nous examinerons plus loin, les diverses techniques applicables.

Comment agir en animateur

Les animateurs expérimentés entrent dans la salle avec une calme confiance, s'avancent vers la place réservée à la présidence, arrangent leurs papiers et leurs notes et puis font face au groupe en tant que *responsables de la réunion.* Ils donnent la certitude qu'ils connaissent l'objectif de la réunion et la communiquent à tous les participants. Une des raisons pour lesquelles un animateur ne devrait jamais être en retard est qu'il est très difficile de respirer le calme et la confiance en se précipitant et en présentant des excuses dans la hâte, en feuilletant des liasses de papiers pour tenter de mettre la main sur l'ordre du jour de la réunion. Dans un cas pareil, la bataille pour le commandement est perdue avant même que la réunion ne commence.

Les bons intervenants et les bons orateurs s'approchent de

l'estrade d'un pas mesuré et prennent délibérément quelques secondes pour arranger leurs papiers et régler le micro, s'il y en a un. Ils s'installent. Puis ils regardent l'assistance et la fixent pendant quelques secondes. Toutes ces opérations permettent la diminution du taux d'adrénaline et réduisent le trac. Elles donnent également à l'assistance la possibilité de se préparer à écouter.

Pendant leur intervention, ils s'obligent à parler lentement, sachant que la plupart des gens parlent trop vite quand ils s'expriment en public. Le meilleur discours doit être fait à un débit deux fois plus lent que celui de la conversation. L'allure mesurée favorise une bonne élocution, ce qui permet à l'assistance de ne pas manquer un seul mot et de les comprendre tous.

Les règles de la bonne conduite de réunion

Voici brièvement, quelques recommandations pour un animateur :

1. Connaître son public.
2. Prévoir les attitudes et les positions qui seront prises en cours de réunion.
3. Parler le même langage que les participants.
4. S'adresser aux intérêts des participants.
5. Savoir exactement ce qu'il est nécessaire de dire —résultat d'une bonne préparation de la réunion.
6. Présenter toute documentation simplement et brièvement. Si possible, faire appel à des appuis visuels pour améliorer la communication.
7. Garder un comportement ferme, confiant et positif.
8. Parler de manière mesurée avec une voix bien modulée, suffisamment forte pour être facilement entendue par toute la salle.
9. Eviter tout maniérisme.
10. Stimuler le débat.
11. Examiner les suggestions et opinions de chacun.
12. Suivre l'ordre du jour point par point au vu et au su des participants.
13. Ne jamais perdre la maîtrise de la réunion.

Comment ouvrir une réunion

L'animateur compétent ouvre la réunion en énonçant brièvement l'objectif de la réunion. C'est une erreur commune que d'ouvrir la réunion par une longue déclaration qui vagabonde parmi les tenants et les aboutissants du sujet et tente de transmettre au groupe l'information nécessaire pour le traiter. L'animateur qui agit ainsi domine l'échange et risque fort d'inhiber l'expression des participants. Si un rappel ou des informations sont nécessaires, la manière la plus efficace consiste à faire appel à des participants pour qu'ils les apportent. Ces apports peuvent faire l'objet d'exposés brefs inscrits à l'ordre du jour.

Quand, au cours de l'exposé introduction, l'animateur présente sa propre opinion sur le sujet de la réunion —avant même que le moindre échange ait pris place— tous les participants sentent d'ou vient le vent. Ils réalisent vite qu'ils vont être pilotés vers une décision déjà prise. Ils soupçonnent que la réunion n'a été convoquée que pour faire approuver les opinions du président et non pour parvenir à une réflexion collective. Le résultat en est qu'ils perdent tout intérêt à ce qui se passe.

L'exposé introductif bien construit est bref et pertinent : « Cette réunion a été convoquée pour... » L'animateur explique ensuite clairement le rôle des participants : « Notre travail est de déterminer... » Cela fait, l'animateur passe adroitement le ballon à quelqu'un d'autre : « Jean a assisté aux réunions précédentes et connaît les données de la situation. Il va vous les exposer. Ensuite, Catherine qui a suivi l'opération depuis le début, nous donnera les informations les plus récentes en cinq minutes. Puis nous ouvrirons la discussion. »

Ce genre d'introduction a une influence très importante. Elle établit clairement qui mène la réunion. Elle précise le travail à faire et la participation escomptée. Mais le plus important, peut-être, c'est qu'elle est la preuve que l'animateur a sérieusement préparé la réunion et qu'il a une vue claire des objectifs qui lui sont fixés. (Il est évident que cet animateur a eu une conversation avec Jean et Catherine un jour ou deux avant la réunion pour leur donner le temps de préparer leurs exposés.)

Techniques de conduite de réunion

Le débat constitue le coeur de toute bonne réunion. Les deux manières les plus rapides dont un animateur dispose pour supprimer toute discussion sont (1) de dominer les échanges et (2) de ne jamais demander de participation.

Pendant la réunion, afin de créer les conditions de l'échange et pour en garder la maîtrise, l'animateur doit :

1. Poser des questions ouvertes ... c'est-à-dire des questions auxquelles il n'est pas possible de répondre par oui ou non.
2. Renforcer les interventions des participants qui sont en plein dans les objectifs de la réunion.
3. Renvoyer sur le groupe toutes les questions posées à la présidence.
4. Introduire avec soin des exemples pertinents tirés de sa propre expérience pour encourager le groupe à opérer de la même façon.
5. Négliger les remarques hors sujet. Les discuter ne fait que leur donner plus d'importance.
6. Poser des questions qui se rapportent au sujet étudié soit à un participant soit au groupe.
7. Enoncer à nouveau les points de l'ordre du jour concernés quand la discussion s'éloigne de ses objectifs.
8. Remettre fermement à leur place les participants qui monopolisent la discussion en leur demandant de laisser la parole aux autres. Une des manières de le faire est de leur dire : « Bien, j'ai compris votre remarque. Ecoutons maintenant ce que quelqu'un d'autre a à dire. »
9. Quand un problème important apparaît, sollicitez l'avis du groupe pour savoir s'il faut l'ajouter à l'ordre du jour à présent ou le réserver pour une prochaine réunion.
10. A mesure que le groupe progresse le long de l'ordre du jour, informez-le de l'avancement du travail par des résumés rapides. « Bien, jusqu'ici nous avons déterminé que... »

Conseils de prudence

Le contrôle peut être subtil. Des riens peuvent affecter la tonalité d'une réunion et la désagréger ou lui faire perdre son élan. Ils peuvent aussi détruire le respect que les participants doivent porter à l'animateur. En voici quelques uns :

1. L'animateur est ennuyé par une question et le montre. Toutes les questions, même celles que l'on ne souhaite pas voir poser, doivent être encouragées. Celles qui ne sont pas souhaitables peuvent être gérées.
2. L'animateur entre dans la discussion et la monopolise.
3. L'animateur joue les comiques. Un peu d'humour est le bienvenu dans la plupart des réunions, mais l'animateur qui se prend pour un comique professionnel transforme vite une réunion sérieuse en vaudeville.
4. L'animateur s'attaque à un participant, en particulier au moyen d'une remarque personnelle. Il y a toujours des participants à problèmes mais une algarade publique n'est jamais la bonne manière de les gérer.
5. L'animateur laisse se développer une dispute entre participants. Quand une discussion dépasse certaines limites et devient une querelle, il est essentiel d'intervenir et de ramener la réunion à l'ordre du jour.
6. L'animateur semble confus, mal préparé ou peu fiable. Pour un animateur, se rendre à une réunion sans y être préparé est pire que de ne pas y aller du tout. Si le temps a manqué pour que la préparation soit suffisante, il vaut mieux repousser la réunion jusqu'à ce que la préparation soit achevée.

Comment clore une réunion

L'animateur doit sentir le moment où il est nécessaire de terminer une réunion. Quand toutes les questions à l'ordre du jour ont été passées en revue, les participants ont tendance à revenir sur les points déjà traités et recommencent la réunion. Si cette tendance n'est pas immédiatement maîtrisée, la réunion peut facilement se prolonger pendant une heure. Un animateur doit apprécier le moment où les échanges pertinents sont terminés et le faire savoir aux participants en disant, par exemple, « nous avons épuisé toutes les questions à l'ordre du jour ». Si la réunion avait pour objet de prendre une décision, de choisir une politique ou d'envisager des actions à entreprendre, l'animateur concluerait en résumant le consensus obtenu, de la manière suivante « Selon ce qui a été dit, nous pensons tous que ..., » et demanderait, alors, aux participants s'ils sont d'accord avec la formulation proposée.

Parfois l'accord est immédiat. Dans d'autres circonstances, il est nécessaire d'apporter des clarifications et de prolonger la discussion —ce qui doit être fait. L'objectif essentiel de ces moments qui précèdent la clôture de la réunion est de parvenir à une conclusion que tous comprennent et sur laquelle tout le monde est d'accord. Le danger est que cette discussion ne se transforme en un débat sans fin. C'est pourquoi l'animateur doit maîtriser la situation et chercher à énoncer une conclusion sur laquelle tout le monde sera d'accord.

Dans cette conclusion, l'animateur doit énoncer clairement le résultat auquel l'assemblée est parvenue, action envisagée ou décision prise, et en quoi il est en rapport avec les objectifs assignés à la réunion. Est-ce que le groupe a atteint ces objectifs complètement ou en partie seulement ?

Souvent, pendant une réunion, du travail nouveau est confié à des participants. Il leur est demandé, par exemple, de recueillir des informations supplémentaires ou d'explorer un autre aspect du problème pour éclairer le groupe. Généralement, ces missions font l'objet d'une note ultérieure adressée à chacun ou d'un rapport présenté à la prochaine réunion. En tirant les conclusions de la réunion, le leader doit clairement souligner quels sont les résultats escomptés, qui doit poursuivre le travail et sous quelle forme.

Enfin, s'il faut prévoir une autre réunion sur le même sujet, l'animateur doit l'annoncer à ce moment-là. Si c'est possible, la date et l'heure seront fixées à l'instant, quitte à les modifier ultérieurement.

Dans le cas d'une réunion consistant en une suite d'exposés documentés, la conclusion devrait résumer rapidement ces derniers en faisant ressortir comment ils s'articulent avec le travail en cours.

Le compte rendu

Si les notes et les comptes rendus sont toujours nécessaires au cours des réunions importantes et officielles, ils sont souvent négligés au cours des réunions quotidiennes et plus simples. On suppose que chacun se souviendra du résultat final et de ce qu'il y a à faire. Plus tard, pourtant, on peut surprendre des participants en train de dire « Tiens, je pensais que nous avions réglé ça au cours de la réunion, » ou « Mais n'était-ce pas Georges qui avait été chargé de réunir ces informations pour la prochaine réunion ? »

Un remède efficace à ce genre de problèmes d'après réunion est un bref résumé. Certains responsables chargent l'un des participants de prendre des notes au cours de la réunion qu'ils utilisent ensuite pour en faire une note transmise à tous. L'utilisation d'un formulaire régulier comme le résumé des actes de la réunion illustré au chapitre 4 est une solution plus simple encore. Il est également possible de noter tous les événements directement sur la feuille d'ordre du jour en face de chaque point de manière à en faire la base de la note ultérieure.

Quelle que soit la méthode, l'animateur est responsable de la transmission d'une note ou d'un compte-rendu à tous les participants au plus tard deux jours après la réunion. En fait, la réunion n'est pas réellement terminée tant que ce résumé n'est pas entre les mains de tous ceux qui devraient le recevoir.

Evaluation personnelle de vos qualités d'animateur

Que vous soyiez nouvellement intégré dans la structure d'un groupe ou un vieux routier opérant depuis vingt ans, une évaluation personnelle de vos qualités d'animateur est une excellente démarche. L'évaluation doit être honnête dans la mesure où cela n'a pas beaucoup de sens de se mentir. Voici quelques questions auxquelles il est intéressant de répondre :

- Quels sont mes points forts ?
- Quels sont mes points faibles ?
- A quel point ai-je été efficace au cours de la dernière réunion ? Qu'est-ce que j'y ai fait de mieux ?

Pour répondre à ces questions, examinez la manière dont vous vous êtes préparé à votre dernière réunion et comment vous l'avez organisée. Pensez à votre performance et à la manière de l'améliorer.

Est-ce que vous avez obtenu une bonne participation ? L'avez-vous encouragée ou découragée ? Avez-vous écouté tous les participants ? Comment avez-vous contrôlé les participants indisciplinés ? Y avait-il une meilleure manière de le faire ? Avez-vous suivi l'ordre du jour et fait progresser la réunion ? Votre conclusion de clôture a-t-elle été bonne ? Y avez-vous inclus l'exposé de toutes les tâches assignées ? Est-ce que les participants vous ont donné le sentiment qu'ils savaient ce qui avait été accompli et ce que serait l'objet de la prochaine réunion ? Avez-vous terminé la réunion en transmettant un compte-rendu à tous les participants ?

Gardant cela à l'esprit, posez-vous alors les questions suivantes :

- Quelle partie de ma technique de réunion puis-je améliorer ?
- Puis-je le faire moi-même ou dois-je suivre une formation ?

Enfin, divisez chacune des améliorations nécessaires en ses parties. Concentrez-vous sur une seule à la fois. N'essayez pas de réparer tout le bateau en un seul passage dans le bassin de radoub. Soyez simplement conscient des améliorations nécessaires et vous vous apercevrez que vos performances d'animateur vont rapidement s'améliorer.

Quelques personnages-type d'intervenants

La manifestation de maniérismes est une façon sûre de distraire un auditoire au cours d'un exposé. Parfois, ces tics sont le résultat de la nervosité, ils peuvent être aussi des manifestations parfaitement inconscientes que nous révélons sans même nous en rendre compte —se titiller l'oreille, jouer avec sa montre ou faire sonner ses bracelets, par exemple. Nous avons récapitulé quelques uns de ces comportements. Vous reconnaîtrez certainement certains de vos amis à mesure que vous lirez ces quelques descriptions —et, peut-être même, une ou deux de vos habitudes.

L'agrippé

Il est agrippé au pupitre comme à une bouée de sauvetage et s'effondrerait si on le lui retirait. Il (ou elle) irradie le trac en présentant des jointures de phalanges blanches tellement il serre son lutrin. En fait, toute personne qui se produit devant un public est sujette au trac. Bob Hope a dit une fois que s'il ne se sentait pas l'estomac serré au moment d'entrer en scène, même après 50 ans de métier, c'est que quelque chose ne tournait pas rond. Heureusement qu'une fois dans le bain, votre taux d'adrénaline va chuter ce qui entraînera une disparition du trac. Une manière d'accélérer le processus est d'oublier que vous êtes devant une assistance nombreuse et de fixer votre attention sur une personne particulière située, par exemple, aux environs du troisième rang.. Adressez-vous à elle pendant quelques secondes puis, passez à une autre et ainsi de suite. Et si vous présentez des tendances à vous conduire en « agrippé », prenez l'habitude de parler en vous écartant un peu de la tribune.

Le musicien

Cet oiseau là est mâle et une de ses mains joue avec un trousseau de clés ou des pièces de monnaie. Il en existe une version féminine qui joue, elle, avec ses bracelets, avec ses chaînes ou ses bijoux. Il ne faut pas longtemps pour que l'assistance s'intéresse davantage à l'exhibition musicale qu'à la performance verbale. Une solution simple : videz vos poches et enlevez toute votre bimbeloterie avant d'entrer en scène.

Le faible

Le faible trébuche sur l'estrade et semble prêt à s'effondrer. Il semblerait, pour autant que nous puissions analyser cette situation, que les faibles se mettent dans cet état en essayant de se détendre —et ils en font trop. En prenant cette posture physique, ils transmettent une impression de manque de fermeté et l'assistance n'est pas portée à les prendre au sérieux. Traitement : faites des exposés sans utiliser d'estrade et prenez l'habitude de vous tenir debout sur vos deux pieds.

L'orateur

Bien que la pratique de l'art oratoire soit passée de mode depuis bien longtemps, il y a encore des individualités qui brûlent de prononcer des discours fanatisants. Les orateurs sont ennuyeux. Au cours d'une réunion de travail, les participants ont envie de faire avancer les choses. Les grands discours, y compris ceux que prononcent les présidents et les membres du conseil d'administration sans oublier ceux auxquels nous nous laissons aller nous-mêmes, sont de grands temps morts qui troublent des réunions autrement productives. Les applaudissements qui saluent la fin d'un discours ne sont pas tant des compliments adressés au bon orateur que l'expression de la satisfaction qu'il en ait fini.

Le marcheur

Les marcheurs pour l'assistance ressemblent à des lions en cage. Ils déambulent d'un bout à l'autre de l'estrade et inversement comme s'ils tentaient de dépenser une énergie en excès. A mesure que le marcheur exécute son numéro, les participants ressemblent à une bande de supporters aux têtes oscillantes en train de suivre un match de tennis. Il arrive que ce soit les mouvements constants du marcheur qui retiennent l'attention de son public au détriment des paroles qu'il prononce. Des mouvements contrôlés et limités peuvent permettre d'animer une intervention; une gesticulation excessive en diminue la portée.

Le voyageur sur le départ

Les voyageurs en instance de départ agitent leurs mains comme si leur bateau quittait le quai en partance pour l'Europe. Quelqu'un, un jour, leur a appris qu'il fallait bouger leurs mains pour marquer leurs interventions. Ils ont pris cet enseignement très au sérieux. Le seul remède est de penser à poser les mains sur le bord du pupitre ou de les garder confortablement à ses côtés la plupart du temps. Les mouvements de mains peuvent être très utiles pour insister sur quelque point particulier, et ils sont alors très efficaces.

Le lecteur

Beaucoup d'intervenants lisent un texte... et le lisent fort bien. Mais la plupart des lecteurs ont le nez sur leur feuille de papier et la lisent d'une voix monocorde. Dans la mesure où leur voix est dirigée vers leur papier et non vers l'assistance, ils sont difficiles à entendre. Ils lèvent rarement les yeux de leur texte et ne réussissent pratiquement jamais à établir un contact avec leur public. Dans ces conditions, la portée de ce qu'ils ont à dire est très réduite. La bonne manière de lire un texte est de fixer fréquemment l'assistance et de ne jeter un œil sur le texte que pour saisir la paire de lignes suivantes avant de les prononcer. Un bon orateur donne à sa lecture un caractère naturel et y introduit, selon la nécessité, émotion ou enthousiasme.

Le traitement de ces mauvaises habitudes

Pour devenir un bon animateur de réunion ou un bon intervenant, observez-vous pour repérer tout symptôme de ces mauvaises habitudes. Si vous en distinguez quelques uns, agissez pour vous en débarrasser. Les bons animateurs ou intervenants prennent une attitude nette, naturelle sur une estrade, ils se tiennent droits, les mains naturellement posées sur le pupitre, ils font parfois quelques gestes. Pendant leur causerie, ils changent quelque peu d'attitude et se déplacent même, toujours à proximité du podium. Tous leurs gestes communiquent le sentiment qu'ils sont parfaitement à l'aise, détendus, maîtres de la situation et qu'ils savent de quoi ils parlent.

Les petites perturbations en cours de réunion

Il existe des petites perturbations qui distraient l'attention des participants en cours de réunion. Les animateurs comme les participants peuvent être les auteurs d'une ou plusieurs maladresses suivantes :

Les fanas du porte-mine

Il y a des gens qui trouvent les porte-mines absolument fascinants. Ils s'en servent pour tapoter la table, généralement sur un rythme particulier. Ils les manipulent, les roulent ou les examinent attentivement pour rechercher les puces qu'ils pourraient porter. Quoi qu'ils fassent, les fanas du porte-mine peuvent être des éléments réellement perturbateurs dans une réunion tendue. Leurs rangs comptent aussi bien des participants que des animateurs.

Les griffonneurs

Les griffonneurs se concentrent mieux quand ils dessinent. Malheureusement, quand ils sont en train de griffonner, ils donnent l'impression d'être plus concernés par leur production artistique que par la réunion. En fait, il n'y a rien d'illicite dans le fait de griffonner et les griffonneurs invétérés assurent qu'ils se concentrent mieux en gribouillant. Possible. Mais nous avons toujours pensé que de prendre des notes en vue de développements futurs devrait être plus productif.

Le commentateur

Il semble que toute réunion possède son commentateur qui adore introduire des remarques spontanées et parallèles dans toute discussion en cours. Dans certains cas, le commentateur tente d'être drôle, dans d'autres, il ou elle ne manque pas d'intervenir même si quelqu'un d'autre a la parole. C'est généralement une tentative pour attirer l'attention. Il est rare qu'un commentateur sabote un débat mais il est sûr qu'il ne le facilite pas. Nous avons remarqué que les commentateurs semblent être des individus à sens unique. Si quelqu'un tente d'introduire une remarque pendant qu'ils ont la parole... attention ! Ils rappellent rapidement à tout le monde qu'ils ont la parole. C'est un travers qui affecte aussi bien les animateurs que les participants.

Le critique

Le critique peut être entendu tout au long de la réunion, généralement à *mi-voix* . Ses petites remarques s'introduisent à propos de la discussion. D'abord les sièges sont trop durs. Puis l'air est vicié. Enfin les boissons ne sont pas froides. Plus la réunion est longue, plus les critiques s'affirment.

L'amateur de conversations particulières

Il y a le participant qui a toujours quelque chose de très important à communiquer à son voisin ou à son vis-à-vis. Cela n'a rien à voir avec le sujet de la réunion et il est évident que ça ne peut attendre la fin de la séance. Le seul recours de la présidence est de demander l'attention en tapotant un verre avec une cuillère, par exemple, ou de poser une question aux perturbateurs. Les bavards participent rarement à la réunion, ils se contentent d'y assister.

Résumé

L'art de diriger une réunion et les qualités de meneur peuvent s'acquérir par l'observation et la pratique. Un animateur de réunion n'a besoin ni de charisme ni de prestance mais doit développer un comportement de confiance calme et compétente au moment de faire face à l'assistance.

L'élément fondamental du commandement est l'habileté à maîtriser la discussion et à maintenir les participants dans les limites de l'ordre du jour.

Dans le cas de réunions de prises de décision, l'animateur lance le débat et canalise sa progression, le conduit vers une résolution, puis fait la synthèse de tous les éléments introduits dans la discussion en énonçant la conclusion. Dans le cas de réunion consistant en une suite d'exposés, documents, l'animateur joue le rôle d'un coordinateur, il introduit les intervenants, organise la durée de la réunion, et si c'est nécessaire interprète, explique et résume.

Les règles de l'art de diriger une réunion

1. Connaître son public.
2. Prévoir les attitudes et les positions qui seront prises en cours de réunion.
3. Parler le langage des participants.
4. S'adresser aux intérêts des participants.
5. Savoir exactement ce qu'il est nécessaire de dire —résultat d'une bonne préparation de la réunion.

6. Présenter toute information simplement et brièvement. Si possible, faire appel à des documents visuels pour améliorer la communication.

7. Garder un comportement ferme, confiant et positif.

8. Parler de manière mesurée avec une voix bien modulée suffisamment forte pour être facilement entendue par toute la salle.

9. Eviter tout maniérisme.

10. Stimuler le débat.

11. Examiner les suggestions et opinions de chacun.

12. Suivre l'ordre du jour point par point au vu et au su des participants.

13. Ne jamais perdre la maîtrise de la réunion.

Les missions les plus importantes de l'animateur de réunion sont de modérer et de faciliter, c'est-à-dire de maîtriser le déroulement de la réunion. L'animateur maintient la réunion dans sa voie, en dirige le progrès ordonné et pilote le débat entre les points délicats. Au cours des réunions où des décisions doivent être prises et des politiques forgées, l'animateur lance le débat, l'oriente vers une décision puis fait une synthèse dans la conclusion finale. L'animateur doit savoir comment maîtriser la réunion. Parfois ce contrôle est exercé de manière subtile, parfois de manière éclatante.

Les techniques de conduite de réunion

Le débat est le cœur de toute bonne réunion. Dans le but de lancer le débat et de le maîtriser, l'animateur doit, tout au long de la réunion :

1. Poser des questions ouvertes ... c'est-à-dire des questions auxquelles il n'est pas possible de répondre par oui ou non.

2. Renforcer les interventions des participants qui sont en plein dans les objectifs de la réunion.

3. Renvoyer sur le groupe toutes les questions posées à la présidence.

4. Introduire avec soin des exemples pertinents tirés de sa propre expérience pour encourager le groupe à opérer de la même façon.

5. Négliger les remarques hors du sujet. Les discuter ne fait que leur donner plus d'importance.

6. Poser des questions qui se rapportent au sujet étudié soit à un participant, soit au groupe.

7. Enoncer à nouveau les points de l'ordre du jour concernés quand la discussion s'éloigne de ses objectifs.

8. Remettre fermement à leur place ceux des participants qui monopolisent la discussion en leur demandant de laisser la parole aux autres.

9. Quand un problème important apparaît, solliciter l'avis du groupe pour savoir s'il faut l'ajouter à l'ordre du jour à présent ou le réserver pour une prochaine réunion.

10. A mesure que le groupe progresse le long de l'ordre du jour, l'informer de l'avancement du travail par des résumés rapides.

Chapitre 7

Les savoir-faire de la participation

« ... Ce dont ils ont besoin, c'est de penser de manière autonome, d'exposer leur position clairement et brièvement, de convaincre ceux qui doutent que leurs craintes n'ont aucun fondement, de pouvoir être en désaccord dans la courtoisie et, par dessus tout, de savoir se taire quand ils n'ont rien à dire. »

C'est ainsi qu'Herbert Meyer résume, dans un article de *Fortune Magazine*, l'attitude des participants à une réunion.

La participation à une réunion est un travail et comporte une responsabilité. Les participants sont des éléments vitaux d'une équipe de travail qui tente d'atteindre un objectif commun. Pour être des participants habiles et capables, ils doivent faire preuve d'une variété de savoir-faire. Et il faut ajouter à la liste de Meyer quelques autres capacités : un bon participant doit savoir écouter, entrer dans un débat, y apporter sa contribution, se joindre à d'autres pour parvenir à une décision sans ambiguïtés et être en désaccord tout en demeurant constructif.

La responsabilité principale d'un participant est d'apporter sa contribution. Aucun participant ne devrait assister à une réunion en demeurant silencieux, jouant le rôle d'un spectateur plus ou moins intéressé, occupant un siège sans prendre part à l'action en cours. Comme nous l'avons indiqué dans les chapitres précédents, un participant a beaucoup de bonnes raisons pour être actif : (1) contribuer au succès de l'entreprise, (2) par cette contribution, être personnellement reconnu et obtenir des promotions éventuelles et (3) à travers cette participation active, acquérir de plus en plus d'informations sur son service, son entreprise et son industrie.

Quelques astuces utiles aux participants

Dans un article de *Supervisory Management*, Edward F. Konczal, alors directeur du département de la tarification et du budget de fonctionnement des communications à grandes distances de A T & T, a proposé une série d'astuces fort utiles aux participants aux réunions professionnelles.

- Examinez la nécessité de votre présence à toute réunion. Vous devez être capable de justifier le temps que vous y aurez passé. Si vous êtes convoqué à une réunion qui n'a pas beaucoup de rapport avec votre travail actuel, téléphonez au responsable pour savoir pourquoi vous avez été invité. S'il est nécessaire que vous participiez à une réunion mais que celle-ci se trouve en concurrence avec une autre, renseignez-vous davantage sur son objet de manière à déterminer à quoi votre temps sera le mieux employé.
- Préparez la réunion. Si vous pensez que vous avez quelque chose à y apporter, assurez-vous de bien en comprendre l'objectif et l'ordre du jour. Mettez votre réflexion en ordre et organisez les commentaires que vous entendez faire. Cette préparation améliorera votre performance et la productivité de la réunion.
- Intervenez. Posez des questions sur les points qui vous paraissent avoir besoin d'éclaircissements. Contrôlez la justesse des documents présentés. Il se peut que vous ayiez l'intuition ou la connaissance de données ou d'informations à même de corriger certaines idées fausses. Le mécanisme de la réunion a tendance à développer chez les participants une mentalité de « pensée de groupe » et votre intervention peut orienter la réunion dans une direction productive. Un climat légèrement conflictuel peut aider à casser la pensée de groupe mais, surtout, évitez des conflits qui font perdre du temps et créent des situations émotionnelles inutiles. Quand des désaccords apparaissent, posez des questions pour essayer de clarifier les positions et énoncez les points de vue adverses de manière à ce qu'il n'y ait pas de malentendus. Soyez assez adroits pour mettre en évidence la valeur des suggestions dont vous savez qu'elles sont bonnes. Reconnaissez vos erreurs et n'insistez pas sur celles

des autres. Battez en retraite et demandez la convocation d'une réunion nouvelle si le débat ne conduit à rien.

- Il faut insister sur la résolution des problèmes. Apportez des informations et des suggestions qui orientent la réunion dans un sens productif et ne perdez pas de temps sur des anecdotes sans pertinence et des monologues interminables. Le succès de la plupart des fonctions de management repose sur l'influence que l'on peut avoir sur les autres. Savoir où placer une pointe d'humour en est un des meilleurs outils. Dans une réunion où la tension monte, votre sens de l'humour peut être le meilleur moteur de la cohésion productive du groupe.
- Ne surprenez jamais le patron. Si vous êtes porteur d'une proposition qui influencera le travail de votre groupe, ne manquez pas de l'analyser avec votre patron ou supérieur hiérarchique avant la réunion. Votre proposition peut être phénoménale mais elle doit être revue avec le supérieur hiérarchique qui peut avoir une idée sur la manière dont elle peut s'intégrer à l'objectif de la réunion.

Comment écouter

Nous savons tous comment écouter, du moins nous croyons tous savoir. Après tout, nous le faisons tous les jours pendant tout notre temps d'éveil. Simultanément, pourtant, nous expérimentons des situations où nous parlons à des gens qui n'écoutent pas ce que nous leur disons. « Je lui ai dit ce que je voulais, mais il n'a pas écouté. » est un reproche que nous formulons tous très fréquemment. Cela montre que nous faisons clairement la distinction entre *entendre* et *écouter.* Entendre n'est pas forcément écouter. Entendre est un acte d'ordre physiologique, écouter est un acte physiologique couplé à la compréhension.

La capacité de bien écouter est le savoir-faire premier et le plus nécessaire à tout participant à une réunion, encore que sa valeur déborde le cadre de la réunion. C'est un atout utile à tous les points de vue aussi bien dans la vie professionnelle que dans la vie personnelle car tout le monde apprécie quelqu'un qui écoute. Ceux qui écoutent bien valorisent celui ou celle qu'ils écoutent. Ils lui disent, en effet : « Je vous écoute car ce que vous me dites mérite mon temps et mon attention. »

En général, il nous est facile d'écouter lorsque nous sommes détendus et calmes mais plus difficile lorsque nous sommes préoccupés —et dans ce dernier cas, l'écoute devient un dur travail. La manifestation de la bonne qualité d'écoute se révèle justement en ce qu'un individu peut fixer son attention et écouter attentivement bien qu'il soit préoccupé par ailleurs. Il est très difficile de mobiliser toute l'attention d'un esprit occupé pour longtemps. Cependant, il est possible d'apprendre à bien écouter, c'est-à-dire savoir stopper sa pensée et fixer son attention sur ce qui est dit. Avec de la pratique, cela finit par devenir une habitude.

Quelques conseils pour développer une bonne écoute.

L'inattention constitue le plus grand obstacle à l'écoute. Les quelques conseils qui suivent et qui sont destinés à améliorer l'écoute sont, en fait, des astuces pour être plus attentif.

1. *Croisez fréquemment le regard de l'animateur de la réunion ou celui des intervenants*. Cette pratique aide à fixer l'attention sur ce qui est dit et permet d'ignorer l'effet de toutes les distractions qui ne manquent jamais d'intervenir.

2. *Essayez toujours d'entendre les idées —et non les mots— exprimées.* Certains intervenants savent très bien faire passer les idées, mais ce n'est pas le cas le plus courant. Essayez de débrouiller l'écheveau verbal qui enveloppe très souvent une idée, de manière à arriver à une compréhension réelle.

3. *Faites taire toutes les pensées qui n'ont aucun rapport avec la réunion.* Le travail et les problèmes personnels sont toujours présents dans les coulisses de votre esprit et guettent l'occasion d'entrer en scène. Si l'attention que vous portez à l'objet de la réunion diminue un peu, ces pensées peuvent vous submerger et, il vous faudra manifester un acte de volonté consciente pour vous en débarrasser. Avec de la pratique, cette discipline mentale devient une habitude qui ne manquera pas d'affecter positivement toutes vos démarches.

4. *Améliorez votre temps d'attention*. Les psychologues ont fait diverses estimations du temps moyen d'attention dont nous som-

mes capables. Bien que leurs résultats varient, ils témoignent tous de ce que nos temps d'attention soient étonnamment courts. La raison n'en est pas que nous soyions intellectuellement déficients mais il y a tant de choses auxquelles nous devons ou nous souhaitons penser que nos esprits tendent à sauter du coq à l'âne. Comme des enfants dans une confiserie, nous ne savons plus où donner de la tête.

5. *Prenez des notes* . Le seul fait de prendre un crayon et de noter les mots-clés au cours d'un débat vous aide à fixer votre attention sur la réunion. Notez, en particulier, les idées ou les questions qui vous viennent à l'esprit pendant une discussion. Quand le débat est complexe, il est utile d'avoir un ensemble de notes qui permet de suivre le dédale dans lequel progresse le débat.

6. *Ignorez les bredouillements et les fautes de logique de l'orateur.* Il est très facile de distraire son attention en se laissant aller à des considérations sur l'inhabileté de l'orateur. Il vaut mieux tenter de comprendre ce qu'il est en train de dire même si c'est confus, puis de poser des questions ou de reformuler votre compréhension de ce qui a été dit après que l'intervention ait été achevée.

La discipline mentale qui consiste à rejeter toutes les pensées parasites exige des efforts. Au cours des premières tentatives, l'attention totale doit être fréquemment refixée. Mais avec de la pratique, notre temps d'attention s'améliore jusqu'à ce que nous arrivions à un contrôle raisonnablement bon sur notre esprit. Comme l'haltérophile qui accroît graduellement le poids de fonte qu'il soulève, vous accroîtrez votre temps d'attention à mesure que vous vous entraînerez et il vous faudra de moins en moins d'efforts pour contrôler les divagations de votre pensée.

Le dépassement

Un type subtil d'inattention apparaît quand les participants sont tellement pris par le débat qu'ils dépassent l'intervenant et examinent des idées nouvelles. Au cours de ce processus où leur esprit fait un bon en avant, ils sont souvent inattentifs à ce qui se passe au moment précis. Le dépassement est un bon signe qui indique que les participants souhaitent apporter leur contribution mais il doît être maîtrisé parce qu'autrement beaucoup trop d'éléments risquent d'être perdus. La meilleure solution est d'écouter attentivement ce qui se dit et de noter en un ou deux mots les idées à mesure qu'elles vous viennent. *Il est possible d'écouter attentivement et de penser en même temps* si votre attention ne se détourne pas de la réunion en faveur d'une de ces idées toutes neuves à l'exclusion de tout le reste.

Comment intervenir dans le débat

Les participants sont censés trouver les failles dans les mauvais projets, améliorer les bons et apporter des idées nouvelles. Un participant bien préparé remplit ces missions avec facilité. Le plus souvent le problème est de savoir *comment* entrer dans le débat pour rendre ces contributions effectives.

De bons participants interviennent quand ils ont quelque chose à dire qui s'ajoute à ce qui a été dit et entre directement dans le sujet traité. Au cours de la plupart des réunions, il y a très peu de temps à consacrer aux anecdotes, aux réminiscences, aux descriptions minutieuses et aux discours creux. Celui qui s'y laisse aller est immédiatement catalogué comme improductif. De plus toute contribution présentée sous l'une de ces formes n'a aucune influence. Le bon participant évite de faire des discours et intervient en faisant des remarques brèves et pertinentes qui ne font pas perdre de temps.

De bons participants évitent de se perdre dans des détails insignifiants. Un responsable que nous connaissons qualifie les vaticinateurs de « coupeurs de cheveux en quatre ». Il dit que l'on peut être sûr de les voir débattre pendant des heures de la signification d'un mot alors que le reste du groupe tente de formuler tout un paragraphe.

De bons participants n'interrompent pas l'intervenant en plein milieu d'une phrase pour introduire une idée nouvelle. Ce n'est pas seulement par politesse élémentaire mais aussi parce qu'il s'agit là d'écoute et de stratégie. Des idées introduites ainsi sont aussitôt rejetées car elles demandent trop d'efforts aux participants qui doivent passer du coq à l'âne.

De bons participants posent toujours des questions pour comprendre et entrer ainsi dans le débat. Si ces questions sont précises, brèves et pertinentes, tous les participants les apprécient.

De bonnes questions allant au cœur même du sujet aident à la compréhension de tous.

La technique de la bille-en-tête

Au moment où c'est votre tour de prendre la parole, vous avez deux manières d'introduire des idées, l'une bonne, l'autre mauvaise. La bonne peut être qualifiée de « technique de la bille-en-tête », la mauvaise, de « technique de la plaisanterie ».

La technique de la plaisanterie ne convient pas aux réunions. Un conteur d'histoires construit son histoire avec soin en faisant attention au moindre détail de manière à conduire son auditoire à la pointe contenue dans la dernière phrase. Celui qui écoute ne peut saisir la totalité de la chose avant que le dernier mot ne soit prononcé et un bon conteur peut tenir longtemps son auditoire en haleine. Quand cela se passe dans une réunion, les assistants attendent le nœud de l'affaire —et il semble qu'il n'arrivera jamais. Quand la pointe, enfin, est atteinte, leur intérêt a disparu, depuis longtemps remplacé par un sentiment d'impatience et il est probable que l'idée sera mal accueillie. La technique de la plaisanterie prend trop de temps et réduit la valeur de l'idée à exposer.

La technique de la bille-en-tête, par contre, constitue dans tous les cas la meilleure manière d'introduire une idée nouvelle. Le fond du problème est formulé dès les premières phrases, puis développé ou précisé dans les phrases suivantes. Dans ce cas, l'auditoire est à même de commencer à y réfléchir instantanément et d'approfondir le concept à mesure qu'il est expliqué et développé. Avec cette technique, les idées sont introduites plus vite et le débat progresse mieux.

Une manière de proposer des idées

Il existe une formule structurée très utile à la préparation d'une proposition à faire dans une réunion :

1. Etudiez la proposition à fond avant de l'exposer. Cherchez les défauts qu'elle peut avoir et assurez-vous qu'elle est praticable avant de la lancer.

2. Pensez à un exposé sec et cohérent. Commencez par quelques phrases qui expliquent l'idée, choisissez quelques avantages et quelques points qui illustrent sa valeur et si elle comporte quelques faiblesses, ne manquez pas de les indiquer en montrant que les avantages l'emportent sur les inconvénients.

3. Soyez prêt à la défendre dès le début du débat. Comprenez bien ses faiblesses et préparez des réponses aux questions possibles.

4. N'exposez pas seulement l'idée mais aussi la manière de la mettre en œuvre. Les autres participants la comprendront d'autant mieux qu'ils pourront imaginer son application.

Cette méthode ressemble à une recette mais quand elle est régulièrement appliquée elle devient une véritable méthode de pensée. Ceux qui sont entraînés à penser dans ce cadre logique sont capables de l'appliquer presque instantanément à n'importe quel sujet qui leur est présenté. Ils acquièrent rapidement la réputation d'être des « penseurs clairs ». En fait, l'entraînement ne consiste qu'à appliquer constamment ces quatre étapes à tout problème, dans une réunion ou ailleurs. A mesure que la méthode devient une habitude, la vitesse avec laquelle elle est appliquée augmente jusqu'à ce qu'elle atteigne le stade de la maîtrise.

La plupart d'entre nous suivent un processus mental identique avant de faire un exposé ou de prendre une décision —de la planification de nos vacances à une demande d'augmentation. Cependant, pour des raisons inconnues, la plupart des gens n'ont pas l'idée de scinder cette procédure en étapes et de réaliser qu'elle peut être suivie pour se préparer à une réunion ou à un débat.

L'art et la manière de faire des propositions

En milieu professionnel, les idées circulent dans deux sens : de haut en bas, à partir de la direction, et de bas en haut, à partir des cadres moyens. Trop souvent, l'intérêt d'une idée est plus déterminé par son origine que par sa valeur intrinsèque. C'est un fait permanent de la vie professionnelle. Quand le patron fait une proposition, elle est exaltée par son autorité et à moins qu'elle ne soit franchement minable, elle est immédiatement considérée. Quand une proposition naît des plus bas échelons, elle apparaît sans aura. Il faut vraiment qu'elle soit bonne, bien présentée, solide et défendue.

Cet état de choses indique que la direction, y compris l'animateur, doit être très prudente et ne pas introduire de proposition au cours d'une réunion avant que les participants aient eu l'occasion d'exprimer leurs suggestions. La proposition issue du haut peut peser un tel poids qu'elle écrase d'autres idées, meilleures, qui pourraient émerger au cours de la réunion.

Les participants, par ailleurs, doivent faire attention quand ils proposent des idées nouvelles. Premièrement, toute idée venue des derniers rangs doit avoir été examinée auparavant, généralement au cours d'un entretien avec le supérieur hiérarchique immédiat. Deuxièmement, elle doit avoir été très bien étudiée avant d'être exposée. Une idée partiellement étudiée ne tient pas et sera rejetée par le groupe. Troisièmement, elle doit être communiquée de manière à ce que tous la comprennent. Et, enfin, elle doit être introduite au moment approprié —généralement après que toutes les autres aient été exprimées et juste avant que ne commence le débat général.

Deux « tabous » pour participants

Il y a deux sortes d'idées dans une réunion. Les unes apparaissent et se développent pendant la réunion; les autres ont été préparées et sont offertes dans leur totalité au groupe afin qu'il les approuve ou les approfondisse. Les idées qui naissent au cours du débat n'ont généralement pas d'auteur. Cependant, quand quelqu'un propose une idée, il en est l'autcur, pour le meilleur et pour le pire. Si la proposition est retenue, son auteur en retire le mérite; ce fait est inhérent à l'idée de paternité.

N'acceptez jamais la paternité d'une proposition que vous n'avez pas faite. Supposez qu'au cours d'une réunion antérieure, quelqu'un ait introduit une idée nouvelle. Cela fait, quelqu'un d'autre s'en saisit, l'étudie et en fait une proposition qu'il ou elle présente comme sa propre contribution —au grand dam de tous les participants qui se souviennent bien qui avait été à l'origine de la chose.

Améliorer une proposition déjà faite est bon en soi, mais s'approprier l'idée originale ne l'est pas. La conduite la plus sage consiste à reconnaître ses sources. Cela peut se faire en une courte phrase du style : « La semaine dernière, Janine a introduit une excellente idée. » L'idée en question est alors brièvement rappelée, puis une version améliorée et plus étudiée est proposée. Ainsi, les bénéfices éventuels sont courtoisement partagés.

Ne jamais démolir ouvertement les idées des autres . Très souvent, un participant peut proposer quelque chose qui écrase une idée introduite antérieurement. Rien de pire dans ce cas que de dire : « Je pense que la proposition de Georges est franchement mauvaise et j'en ai une bien meilleure. » Non, la meilleure façon d'opérer est de dire : « La proposition de Georges présente beaucoup d'avantages et constitue une manière de traiter la situation. Cependant, je souhaite en suggérer une autre qu'il serait intéressant d'analyser. »

Conservez les notes que vous avez prises pendant la réunion

Les animateurs doivent préparer un compte rendu de réunion et en distribuer copie à tous les participants dans les quelques jours qui suivent. Ce peut être ou non le cas. Ne serait-ce que pour cette raison, il paraît sage que les participants conservent leurs notes qui pourront servir ultérieurement de références. Ces notes doivent mettre en évidence les points importants qui ont été traités, les décisions prises et les tâches distribuées.

Résumé

Un bon participant sait écouter, il sait participer à un débat, il sait intervenir et travailler en commun pour parvenir à prendre une décision claire. Il sait, enfin, comment exprimer son désaccord de manière constructive.

Les régles de l'écoute

Le premier savoir-faire du participant est la pratique de l'écoute. Les deux défauts les plus courants de l'écoute sont l'inattention et le dépassement. L'écoute peut être transformée en habitude par une pratique constante. L'inattention constitue le plus grand des handicaps. Voici les règles de l'écoute :

1. Rencontrez fréquemment le regard de l'animateur ou de l'intervenant.
2. Ecoutez toujours les idées —ne vous polarisez pas sur les termes utilisés.
3. Etouffez vos pensées qui sont sans rapport avec la réunion.
4. Entrainez-vous à accroître votre temps d'attention.
5. Prenez note des mots-clés au cours des débats de manière à fixer votre attention sur ce qui se passe à la réunion.
6. Négligez la forme des interventions ou les erreurs de logique qu'elles peuvent comporter.

Comment mettre en forme une proposition

1. Analysez complètement votre proposition et assurez-vous qu'elle est praticable.
2. Mettez au point une habile présentation de ses principaux avantages. Indiquez ses faiblesses mais montrez que les avantages l'emportent sur les inconvénients.
3. Préparez-vous à défendre vos idées. Prévoyez les points qui risquent d'être attaqués et imaginez les réponses aux questions qui peuvent être posées.
4. Précisez comment la proposition peut être mise en œuvre.

Comment intervenir

1. Un bon participant intervient quand il ou elle a quelque chose de pertinent à ajouter au débat. N'oubliez jamais qu'une réunion n'est pas le moment des anecdotes, des souvenirs, des descriptions détaillées ou des discours creux.
2. Un bon participant ne s'arrête pas à des détails insignifiants.
3. Un bon participant n'interrompt jamais un orateur au milieu d'une phrase pour introduire une proposition nouvelle.
4. Un bon participant intervient dans un débat en commençant toujours par poser des questions pour s'assurer d'avoir bien compris.

La technique de la « bille-en-tête »

La technique de la « bille-en-tête » constitue la meilleure manière d'introduire une proposition au cours d'une discussion. Le cœur de la proposition est présenté dans les deux premières phrases, puis développé ou expliqué dans les phrases suivantes.

La technique de la plaisanterie où les auditeurs sont tenus en haleine pendant que l'orateur prépare sa pointe finale ne convient pas à l'atmosphère d'une réunion. L'auditoire se désintéresse de l'exposé trop long ce qui réduit la valeur de la proposition.

Chapitre 8

Le rapport Wharton et ses suites

En 1981, 3M a demandé au Wharton Applied Research Center de l'Université de Pennsylvanie d'effectuer une recherche sur l'impact de la rétroprojection sur le déroulement des réunions professionnelles. En 1985, de nouveau, 3M a financé une étude menée par l'Université du Minnesota sur l'efficacité du traitement graphique informatisé dans la préparation des réunions.

Bien que nous ayons toujours été très favorables à l'utilisation de documents visuels et que nous ayons observé directement comment ils amélioraient les réunions, nos sentiments ne constituaient rien de plus qu'un bel ensemble d'anecdotes et il n'existait aucune recherche de laboratoire en mesure de les fonder scientifiquement. Les observations pragmatiques doivent être recoupées par des études méthodiques où des données reproductibles peuvent être mises en évidence. Bien évidemment, nous n'étions pas les seuls à ressentir la valeur de l'utilisation de bons documents visuels. La plupart des observateurs ayant une bonne connaissance des méthodes de conduite des réunions partageaient notre opinion. C'est pourquoi l'utilisation de ce type de documents a beaucoup augmenté ces dernières années. Cependant, il était nécessaire de mener une étude sérieuse sur leur impact.

C'est pour cette raison que nous avons pris contact d'abord avec le Wharton Research Center, puis, quelques années plus tard, avec l'Université du Minnesota. Le but de ces études était de déterminer scientifiquement si des corrélations existaient entre l'utilisation de documents visuels et l'efficacité de la réunion considérée.

Au cours des entretiens préliminaires, les chercheurs des deux institutions tinrent à bien insister sur le fait que nous financions des recherches et en aucune façon des résultats. Ils ajoutèrent, de plus, que bien que nous pensions que l'utilisation des documents visuels améliorait l'efficacité des réunions et augmentait leur productivité, ils ne pouvaient assurer qu'une recherche pourrait conduire à des résultats significatifs corroborant nos impressions. Il était parfaitement possible que nos observations puissent se révéler sans signification. Quoiqu'il en soit, des études sérieuses étaient nécessaires et nous étions décidés à les financer quels qu'en soient les résultats.

Le fondement des réunions professionnelles

A première vue, une réunion est un outil simple : un certain nombre d'hommes et de femmes se rencontrent dans une pièce afin de débattre d'un sujet relatif à l'entreprise dont ils font partie. Leurs savoirs et leurs expériences sont réunis afin d'être appliqués au traitement de certains problèmes et à la création de projets. Au cours de ces réunions, se produit un échange d'informations et d'expériences entre les participants. En fait, tout cela apparaît tout à fait simple. Mais notre expérience nous a montré que ce n'est pas aussi simple qu'il y paraît et que ce processus a été utilisé si mal, tellement souvent, qu'il y a gagné une épouvantable réputation de coûteux consommateur de temps et de calvaire des responsables.

Etant donné qu'une entreprise ne peut fonctionner sans réunions et qu'une des manifestations de son efficacité est la qualité des réunions tenues, la mauvaise réputation de celles-ci paraît être une anomalie. Dans la mesure où il est impossible de les supprimer, la seule démarche est de les améliorer.

Des réunions construites autour de la présentation de documents visuels nous ont toujours paru plus réussies. Quand nous comparions des réunions équivalentes, celles où des documents visuels avaient été présentés nous paraissaient plus productives. Les participants paraissaient plus motivés et plus concernés; les intervenants mieux préparés et les réunions semblaient progresser plus vite, avec moins de temps morts et de moments perdus.

L'étude Wharton

La recherche scientifique indépendante menée par le Wharton Applied Research Center de la Wharton School de l'Université de Pennsylvanie avait pour intitulé : « Une étude de l'influence de l'utilisation des transparents rétroprojetés sur le déroulement des réunions professionnelles. » Cette recherche avait pour objectifs de répondre aux questions suivantes :

1. Est-ce que l'utilisation de transparents au cours d'une réunion influence les décisions individuelles ou la décision finale du groupe ?
2. Est-ce que l'utilisation de transparents au cours d'une réunion influence la perception que les participants ont des intervenants ?
3. Est-ce que l'utilisation de transparents au cours d'une réunion a un effet sur certaines caractéristiques des réunions, sur la perception de leur efficacité ou de leur utilité ou sur les modes d'interaction entre participants ?

Pour étudier ces effets, des réunions ont été simulées au centre de recherche dans des conditions contrôlées. Les participants étaient avertis qu'ils se réunissaient pour prendre une décision relative à l'introduction d'un nouveau produit sur le marché. L'information nécessaire leur était apportée sous la forme d'un dossier d'étude de cas. Deux intervenants présentaient les arguments pour et contre l'introduction du produit. Les participants pouvaient questionner les intervenants, débattre entre eux et essayer de se mettre d'accord sur la décision appropriée.

Les participants étaient des étudiants préparant le MBA de la Wharton School et de l'Université Drexel possédant une certaine expérience de cas de marketing et/ou de l'entreprise. La recherche a porté sur un échantillon de 123 sujets répartis en 36 groupes de 3 ou 4 personnes.

La recherche a été menée sous trois montages expérimentaux. Dans le premier, le présentateur qui argumentait pour l'introduction du produit utilisait des transparents alors que celui qui argumentait contre n'en utilisait pas. Dans le second, ces rôles étaient renversés. Dans le troisième, aucun des deux n'en utilisait. Lorsque les transparents n'étaient pas utilisés, les présentateurs se servaient d'un tableau pour exposer leurs arguments. Douze groupes étaient exposés à chacun de ces montages expérimentaux. Chaque séance a été vidéoscopée et les bandes ont été analysées par la suite.

Les résultats obtenus

Cette recherche a mis en évidence quelques résultats importants (Figures 8.1 à 8.4). Elle a clairement montré que l'utilisation de documents visuels —en particulier de transparents de rétroprojection— a une très grande influence sur le déroulement d'une réunion professionnelle. Ce résultat joint à notre propre expérience, nous a conduit à recommander l'utilisation de documents visuels le plus souvent possible au cours de réunions. Les résultats les plus importants apportés par cette recherche sont les suivants :

> Les transparents rétroprojetés ont eu une influence sur les résultats de réunion, la perception des présentateurs et le déroulement de la réunion. (Tiré de la recherche Wharton, the Wharton Research Center, U. of Pennsylvania)

Les *intervenants* qui utilisaient des transparents ont été perçus comme : « mieux préparés, plus professionnels, plus convaincants, plus crédibles et plus intéressants. »

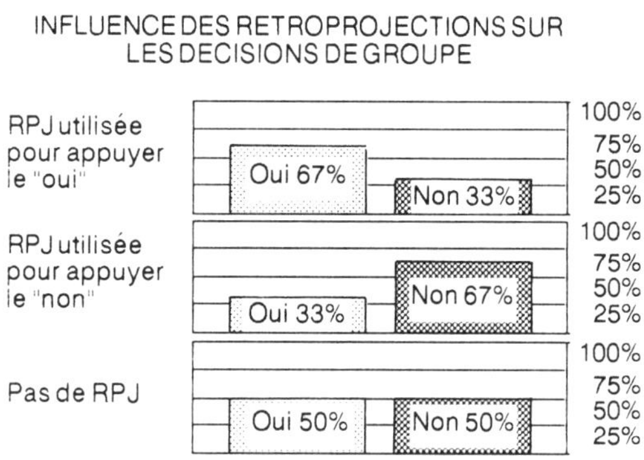

Figure 8.1

Les *décisions de groupe* ont été atteintes plus rapidement et les réunions ont été plus courtes lorsque des transparents ont été utilisés.

Davantage de réponses favorables aux propositions relatives à l'introduction du nouveau produit (soit pour, soit contre) ont été recueillies par les intervenants utilisant les rétroprojections.

Moins de temps a été consacré à des monologues sans fin alors que les échanges verbaux ont été multipliés. D'après l'étude, « les experts en communication estiment que l'efficacité d'une réunion est d'autant plus importante que la part de monologue est petite parce qu'il se produit davantage d'interaction réelle entre les diverses idées introduites. »

Les réunions ont été plus courtes quand des transparents ont été utilisés. Avec des transparents, la durée médiane des réunions a de 18,6 minutes contre 25,75 minutes sans utilisation de transparents. Ainsi, l'utilisation de transparents a réduit la durée moyenne des réunions de 28 %.

> ... l'utilisation des transparents peut avoir une influence sur la décision effectivement prise, à la fois au niveau individuel et à celui du groupe. (Tiré de la recherche Wharton, the Wharton Research Center, U. of Pennsylvania)

Il était demandé aux participants de prendre une décision à trois reprises : immédiatement après l'intervention, après discussion de groupe et après que le groupe ait pris sa décision. Dans tous les cas, la décision favorisait l'intervenant qui utilisait le rétroprojecteur. Comme vous pouvez le voir sur le graphique, l'intervenant (qu'il défende le pour ou le contre) l'a emporté dans 66 % des cas de la première décision, 72 % des cas de la seconde décision et 65 % des cas de la troisième décision.

Bien que la recherche ne se soit pas intéressée aux raisons pour lesquelles l'utilisation de la rétroprojection favorisait l'intervenant qui les utilisait, nous pensons qu'elles mettent en jeu plusieurs facteurs. Premièrement, les documents visuels organisent l'exposé et la réflexion de l'intervenant. On estime qu'en général, nous ne retenons que 10 % de ce qui nous est dit alors que ce pourcentage atteint 50 % lorsque des documents visuels sont ajoutés. Dans ces conditions, au moment de la prise de décision, les participants ont retenu davantage d'arguments —et, probablement, ce qui a été dit est l'objet de moins de malentendus et d'incompréhension. Deuxièmement, nous avons l'impression que la préparation des transparents oblige l'intervenant à organiser et synthétiser sa pensée avant la réunion. Il en résulte que l'intervention est meilleure, plus facilement assimilable et que les réunions en deviennent plus courtes et plus productives. Il peut y avoir une autre raison, moins évidente et plus subtile. Au cours d'un exposé avec rétroprojecteur, les intervenants font preuve de maîtrise et d'organisation. Ils tendent à suggérer le sentiment qu'ils savent ce qu'ils font. Ils deviennent ainsi plus convaincants et influencent plus leurs auditeurs.

> Les décisions prises par les groupes où la rétroprojection a été utilisée ont nécessité moins de temps pour des mises au point et plus de temps d'interaction active que celles prises en l'absence de rétroprojection. (Tiré de la recherche Wharton, the Wharton Research Center, University of Pennsylvania)

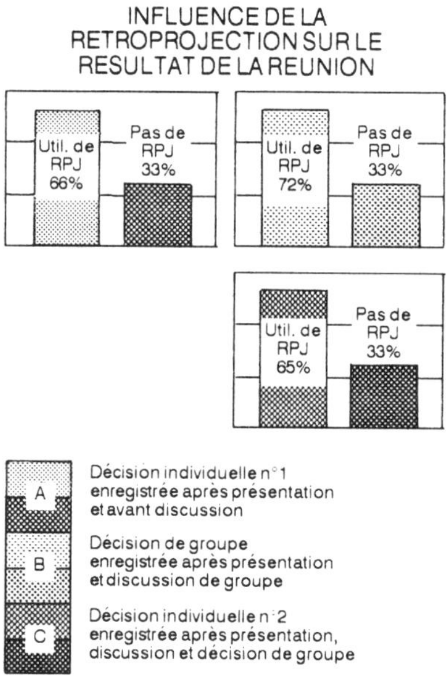

Figure 8.2

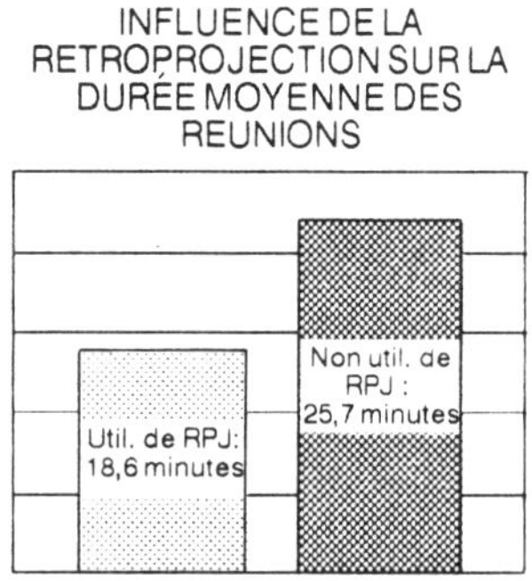

Résultats
L'utilisation du rétroprojecteur réduit la durée moyenne des réunions de 28%

Figure 8.3

Dans les groupes, la compréhension est d'autant plus grande qu'il y a plus d'interaction entre les participants. Un débat véritable élargit la compréhension de tous les participants à mesure qu'ils explorent les significations et les nuances, expriment de nouvelles idées ou interprétations et que les intervenants exposent leur raisonnement. Sans interaction, les idées n'évoluent pas et demeurent limitées à l'expérience individuelle. Au cours de toute réunion efficace, l'animateur s'efforce de développer des discussions interactives pour faire appel à l'expérience et la pensée collectives. Moins il y a d'interaction, moins cette ressource précieuse est utilisée.

Les groupes où la rétroprojection a été utilisée par l'un des intervenants avaient plus de chances de se mettre d'accord sur une décision que ceux où il n'avait pas été fait appel à cette technique. (Tiré de la recherche Wharton, the Wharton Research Center, U. of Pennsylvania)

La recherche a mis en évidence que les groupes où la rétroprojection a été utilisée avaient davantage de chances d'atteindre une décision ferme, rapide et positive. Le rapport indique que : « les participants individuels ont dit qu'ils prenaient leur décision plus vite quand des transparents étaient projetés que dans le cas contraire. »

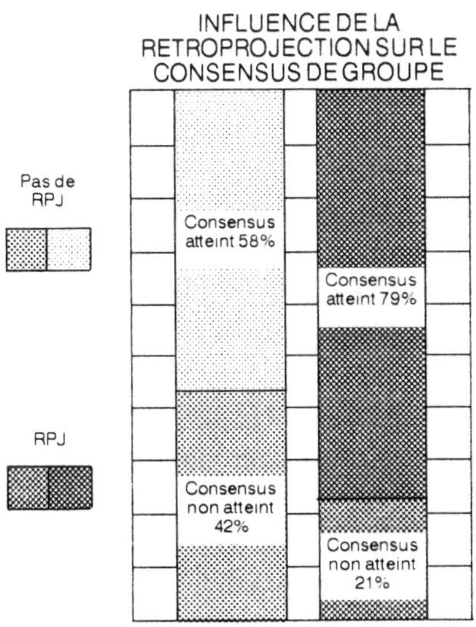

Figure 8.4

Ceci entraîne d'importantes implications : il est possible que les participants se soient sentis plus assurés parce qu'ils possédaient une meilleure appréciation des faits à la suite de la présentation visuelle. Il est clair que leur décision a favorisé le point de vue exposé verbalement et soutenu par la rétroprojection au détriment de l'exposé uniquement verbal. Bien que le rapport ne le mentionne pas, nous pensons qu'ils ont « favorisé » le point de vue soutenu par la rétroprojection parce que celle-ci améliorait leur compréhension des arguments présentés.

> 79 % des groupes où la rétroprojection a été utilisée sont arrivés à un accord. La proportion n'a été que de 58 % dans les groupes où celle-ci n'a pas été utilisée. (Tiré de la recherche Wharton, the Wharton Research Center, U. of Pennsylvania)

L'un des objectifs assignés à chaque groupe était de parvenir à un accord sur une décision dans les limites du temps qui leur était alloué. Les chercheurs ont indiqué qu'ils ont trouvé une différence statistique significative entre le nombre de groupes arrivant à un consensus suivant qu'ils utilisaient ou non des transparents.

> L'intervenant qui avait utilisé des transparents a été perçu comme nettement mieux préparé, plus professionnel, plus convaincant, plus crédible et plus intéressant que dans le cas contraire. (Tiré de la recherche Wharton, the Wharton Research Center, U. of Pennsylvania)

Le succès d'une réunion dépend dans une large mesure de la qualité des interventions et la manière dont elles sont perçues en est un élément critique. La tâche assignée à la réunion a de bonnes chances d'être effectuée plus vite et avec succès quand les participants perçoivent l'intervenant comme un professionnel bien préparé et crédible. Les conséquences de ce résultat en ce qui concerne les responsables les plus jeunes et les débutants sont très importantes. En effet, leurs carrières reposent dans une large mesure sur la manière dont ils sont perçus par leurs pairs et leurs supérieurs quand ils agissent en réunion.

L'étude Wharton met clairement en évidence l'influence de la rétroprojection sur le déroulement des interventions. Elle ne laisse aucun doute sur la nécessité de l'utiliser chaque fois que la situation le permet. Ces situations doivent, à notre avis, inclure aussi bien les réunions souvent considérées comme « trop petites » pour justifier des exposés avec appuis visuels. Toute réunion peut être construite autour de quelques documents visuels faciles à réaliser. Dans les chapitres suivants, nous examinerons les différents types d'intervention avec appuis visuels et la manière de les concevoir et de les préparer. Il y a cependant lieu de noter que le rapport Wharton traite spécifiquement l'utilisation de la rétroprojection et ne mentionne aucune autre technique. Les autres types d'illustration visuelle, telles que les diapositives, les graphes, les programmes vidéo-enregistrés, etc., n'ont pas été examinés et les résultats obtenus ne peuvent leur être appliqués.

L'étude de l'Université du Minnesota/3M

Bien que l'interprétation globale de l'étude de l'Université du Minnesota/3M relative au traitement graphique informatisé n'ait pas été achevée au moment où ce livre était mis sous presse, certains résultats importants ont déjà été mis en évidence.

Le premier révèle que les interventions qui font appel aux techniques visuelles (rétroprojection et diapositives) sont à 43 % plus convaincantes que celles qui ne s'appuient pas sur ces techniques.

Cette recherche a également montré que les intervenants qui utilisent des images générées par ordinateur sont perçus comme étant :

- plus brefs
- plus compétents
- plus clairs
- plus convaincants
- plus intéressants
- plus efficaces dans leur utilisation des données en jeu.

Les réactions de l'assistance en termes d'attention, de compréhension, d'accord et d'assimilation ont été évaluées comme meilleures dans le cas où les interventions étaient soutenues par ces techniques que dans le cas contraire.

Sous certains aspects l'étude de l'Université du Minnesota/3M a été plus loin que l'étude Wharton. Elle a montré, par exemple, que les documents en couleur ont plus d'impact que ceux en noir et blanc. Et, en ce qui concerne l'incitation des participants à l'action, les transparents en couleur semblent avoir eu la plus grande influence.

Mais les chercheurs du Management Information Research Center qui ont mené l'étude ont également relevé que les possibilités technologiques excèdent largement le niveau actuel de la compréhension qu'un utilisateur peut avoir des applications du traitement graphique par ordinateur. C'est pour cela que l'utilisation de ces techniques —en particulier, quand la densité d'images se révèlait importante— n'a été recommandée que dans des cas tout à fait déterminés.

- Pour augmenter la densité de l'information.
- Pour des projections à plusieurs dimensions.
- Pour ordonner des questions complexes.
- Pour appuyer l'exposé de concepts abstraits.
- Pour illustrer des tendances.

L'étude attirait l'attention des utilisateurs du traitement graphique par ordinateur sur l'application sélective et prudente de cette technique. Il s'agit, en effet, d'éviter de faire naître la confusion là où l'on pensait éclairer une assistance.

Et le rapport de recherche se termine par : « En cas de doute, utilisez seulement du texte. »

Une autre observation intéressante : l'utilisation de transparents n'est pas plus convaincante que celle de diapositives. Cependant, les publics les ont perçues différemment. Les diapositives renforcent les perceptions de professionnalisme, la rétroprojection rend un intervenant plus intéressant.

Résumé

L'étude Wharton a montré que l'utilisation de transparents en cours de réunion conduit aux résultats suivants :

1. Des réunions plus courtes.
2. Des décisions de groupe prises plus rapidement.
3. Une perception de l'intervenant comme plus professionnel, mieux préparé.
4. Une compréhension plus approfondie du sujet traité par les participants.
5. Moins de temps perdu par les participants en discussion hors sujet.
6. Un plus grand nombre de réunions se terminant de manière satisfaisante.

Résultats particuliers

1. Les transparents rétroprojetés ont une influence sur les résultats de réunion, les perceptions de l'intervenant et le déroulement des réunions. Les intervenants qui en font usage ont été perçus comme « nettement mieux préparés, plus professionnels, plus crédibles et plus intéressants. »

2. Les décisions de groupe ont été atteintes plus rapidement et les réunions ont achevé plus rapidement le travail qui leur était assigné quand il était fait appel à la rétroprojection. Les groupes où l'un des intervenants utilisait des transparents avaient plus de chances d'arriver à un accord sur une décision que dans le cas contraire.

3. L'utilisation de la rétroprojection par l'un des intervenants a rapporté plus de réponses favorables à la proposition qu'il défendait (pour ou contre).

4. Moins de temps a été consacré aux longs monologues alors que les échanges verbaux ont été plus nombreux. Les débats au sein des groupes où la rétroprojection a été utilisée comprenaient moins de longues mises au point et consacraient plus de temps à des interactions actives.

5. Les réunions étaient plus courtes quand il était fait appel à la rétroprojection. Avec des transparents, la durée médiane des réunions était de 18,6 minutes alors que dans le cas contraire elle était de 25,75 minutes. Par conséquent, l'utilisation de la rétroprojection a entraîné une diminution de 28 % de la durée moyenne d'une réunion.

6. L'utilisation de la rétroprojection peut avoir une influence sur la décision effectivement prise aux deux niveaux, individuel et collectif.

Bien que toutes les implications de la recherche Université du Minnesota/3M n'aient pas encore été explorées au moment où cet ouvrage a été mis sous presse, ses conclusions confirment généralement celles du rapport Wharton, tout en ajoutant des dimensions nouvelles.

1. Les interventions s'appuyant sur des aides visuelles (rétroprojection et diapositives) se sont révélées à 43 % plus convaincantes que les exposés classiques.

2. L'utilisation de la couleur dans la préparation des documents est nettement plus convaincante que celle du noir et blanc.

3. La rétroprojection et les diapositives sont également convaincantes. Cependant, les diapositives renforcent le professionnalisme de l'intervenant, la rétroprojection le rend plus intéressant.

Chapitre 9

Les modalités d'emploi des techniques visuelles

Tom Hope de la Hope Reports, Inc., un des consultants et des experts en recherche marketing les plus en vue dans le domaine de l'audiovisuel, fournit des données relatives à la croissance actuelle de l'utilisation des documents visuels au cours des réunions professionnelles. En 1985, plus de 4,5 milliards de dollars ont été dépensés aux Etats-Unis pour la réalisation de 500 millions de diapositives originales à usage professionnel. Tom Hope estime qu'en 1990, la production annuelle pourra atteindre 750 millions de diapositives originales, ce qui représente un investissement annuel de 10 milliards de dollars. Ces chiffres n'incluent pas le marché de la diapositive grand public.

Le marché des transparents de rétroprojection a enregistré une croissance du même ordre au cours des années récentes. Tom Hope écrit : « En 1985, plus de 400 millions de transparents ont été utilisés et le marché enregistre une croissance du même ordre que celui des diapositives. » La plus grande partie de ces transparents est réalisée sur des photocopieurs de bureau par les utilisateurs eux-mêmes, et non par des professionnels.

« Les rétroprojecteurs ont été mis sur le marché en 1945. Ils ont été immédiatement adoptés par les enseignants. L'utilisation des rétroprojecteurs à l'école a atteint un sommet en 1966, après quoi elle a diminué. Mais l'apparition du rétroprojecteur portable a entraîné la renaissance de son utilisation et le milieu des affaires a découvert son intérêt pour les réunions à peu près à ce moment là. Depuis plus de dix ans, l'utilisation de la rétroprojection a crû de manière constante. »

« Pour le reste de la décennie, nous envisageons une croissance explosive de l'utilisation du traitement graphique par ordinateur. En 1985, 7 % de toutes les diapositives étaient générés par ordinateur et vers 1990, la proportion pourrait être supérieure à 20 %. Ces chiffres incluent les diapositives commandées aux fournisseurs locaux par les services d'infographie, ou celles réalisées par les utilisateurs eux-mêmes. En outre, nous assistons à une nouvelle utilisation du micro-ordinateur de bureau qui est l'utilisation croissante de la présentation graphique immédiatement générée par le micro-ordinateur et affichée directement sur l'écran placé sur le bureau au cours des petites réunions. »

Et Hope de conclure : « Cette croissance de toutes les formes de présentations visuelles se produit parce que les professionnels ont découvert la valeur d'impact qu'elles possèdent. Les gens peuvent saisir la signification d'un graphique bien plus vite que celle d'un tableau de chiffres. La visualisation ajoute une touche colorée et vivante à des chiffres qui autrement paraîtraient diablement ennuyeux. »

Les graphiques simplifient et clarifient

La complexité croissante des opérations commerciales et le volume énorme des données traitées par les ordinateurs ont rendu nécessaire le passage aux représentations graphiques pour simplifier et clarifier les informations. Un graphique ou une affiche peuvent résumer brièvement l'essentiel d'un rapport aux pages nombreuses. Le Dr. Marshall Hatfield, vice-président de la Division audiovisuelle de 3M, écrit : « Je me souviens d'un cas où l'utilisation de l'infographie a permis de réduire un rapport mensuel de 100 pages en une seule feuille de graphiques. Le résultat a été une immense économie de temps et un accroissement de productivité. »

La nécessité de simplifier et de clarifier les données est la raison évidente de l'utilisation des documents visuels. L'étude Wharton a apporté un certain nombre d'autres raisons sous-jacentes qui n'étaient pas évidentes avant d'avoir été révélées par la recherche. Nous avons déjà vu que l'utilisation des transparents conduisait à des décisions plus rapides et que les intervenants qui y faisaient appel enregistraient plus de décisions favorables à leur point de vue. De plus, les interventions appuyées sur des rétroprojections entraînaient des réunions dont la durée était en moyenne raccourcie de 28 %, ce qui traduit une plus grande efficacité des réunions.

La plupart des réunions traitent des faits dans le cadre d'une procédure en trois étapes : l'étape de présentation des faits, suivie par une étape d'interprétation des faits présentés, suivie elle-même par une étape d'application des faits tels qu'ils ont été interprétés. Il est évident que plus les faits auront été présentés clairement, plus leur interprétation et leur application seront rapides et appropriées.

Quand les aides visuelles sont-elles nécessaires ?

Les aides visuelles deviennent absolument nécessaires quand un groupe doit traiter des données nombreuses : ventes, coûts et autres prévisions ou résultats, informations financières, matériel technique et graphiques, etc. Elles sont moins nécessaires au cours de réunions où l'on traite des politiques et de sujets analogues mais, même dans ces cas, des transparents de titres et de résumés maintiennent les participants attentifs et dans les limites de l'ordre du jour. La pratique des exposés avec appuis visuels, limitée autrefois aux grandes réunions s'est étendue à présent aux petites réunions courantes qui ne semblaient pas s'y prêter jusque là. Les dirigeants et les responsables ont découvert le pouvoir des présentations visuelles sur l'augmentation de productivité des réunions à tous les niveaux de l'activité de l'entreprise.

A cause de leur pouvoir d'améliorer l'efficacité des réunions, cette pratique s'est étendue aux réunions de « routine » mais aussi parce que le progrès de la technologie a permis l'introduction de toute une variété d'équipements de projection de diapositives et de rétroprojection de transparents bon marché et faciles à mettre en œuvre. Ce progrès a également apporté les moyens de créer des diapositives et des transparents rapidement et bon marché.

Types d'interventions

Il y a de multiples manières de présenter des documents visuels, du tableau de papier sur chevalet aux diapositives, aux transparents et aux interventions préenregistrées et présentées sur écran de télévision. Le choix du vecteur peut être guidé par la disponiblité de l'équipement, par l'adaptation au sujet, la taille de la salle et de l'assistance et par ce qui convient le mieux au style du présentateur.

Tom Hope se plaît à comparer l'intervention à un parcours de golf. « Vous ne jouez pas avec un club unique, » dit-il, « vous en avez toute une collection pour faire face à toute circonstance que vous pourriez rencontrer. C'est la même chose en réunion. Vous n'essayez pas de tout faire à l'aide de diapositives et de transparents. Vous choisissez le médium le mieux adapté à chaque situation. »

Le présent chapitre traite des différents types fondamentaux d'appuis d'intervention et introduit des repères pour le choix du mode adapté à chaque situation. Plus tard, nous présenterons un petit cours sur la création et la fabrication de documents efficaces relatifs à diverses situations et nous explorerons exhaustivement comment faire —et ne pas faire— pour créer des graphiques et des affiches.

Vous, l'intervenant

Chaque intervention comporte quatre éléments : les mots, les documents visuels, l'équipement et *vous*, l'intervenant. Vous n'êtes pas plus une machine qui « crache » l'exposé qu'un opérateur d'appareils de rétroprojection ou de projection. Vous constituez l'élément central de l'intervention. Son succès dépend de la manière dont l'assistance vous perçoit. Les participants doivent vous respecter, vous croire, être en rapport avec vous, et compter sur vous. En fait, les mots et les illustrations ne signifient pas grand chose sans le facteur « vous ». Nous insistons sur ce point parce que nous pensons que ce dont il faut tenir compte avant tout dans le choix d'un médium est la possibilité qu'il donne à l'intervenant de s'attacher l'assistance.

Apprendre à utiliser le matériel

Il est facile de se servir d'un rétroprojecteur ou d'un projecteur de diapositives de même qu'il n'est pas difficile d'acquérir la maîtrise d'un style d'intervention. Nous tous, qui intervenons dans les réunions avons besoin de prendre le temps d'apprendre à utiliser le matériel. Les intervenants qui trébuchent pendant leur exposé, incapables de passer harmonieusement d'un graphique à un autre, distraient l'assistance et réduisent l'efficacité de leur intervention. Un peu d'entraînement permet non seulement de faire un exposé parfaitement enchaîné mais aussi d'exploiter toutes les possibilités techniques offertes par le matériel utilisé. Dans le cas des rétroprojecteurs cela comprend les enchaînements, les surimpressions et les écritures immédiates; dans le cas des diapositives, les combinaisons de diapositives pour créer des effets de démasquages et d'enchaînement.

L'objectif de l'intervenant devrait être de rendre la manipulation du matériel si naturelle que l'assistance ne la remarque pas.

Méthodes modernes d'intervention

Le public actuel, conditionné par la télévision est habitué à des présentations visuelles puissantes et produites par des professionnels. Toute intervention importante qui n'utilise pas les vecteurs visuels modernes risque de conduire à un résultat négatif. Certaines méthodes classiques, comme le tableau de papier, peuvent encore être utilisées avec efficacité dans des circonstances particulières, aussi nous en parlerons, mais la plupart des interventions dans les réunions professionnelles devraient faire appel à la méthode la plus moderne disponible.

Voici une brève description de quelques types de matériel utilisés aujourd'hui pour illustrer des exposés.

Le tableau noir

Le tableau noir, qui date de l'époque de l'école communale, est probablement le matériel de communication visuelle le plus simple, le plus facile à utiliser et le moins cher. Quand les intervenants passent au tableau pour y inscrire leurs propositions à mesure qu'ils les énoncent, ils donnent un caractère de spontanéité à la présentation. Dans certaines situations, une conférence scientifique ou une discussion de développement entre ingénieurs, par exemple, le tableau noir peut être le meilleur outil. Cependant, quand il s'agit de réunions professionnelles, il présente des limites qui peuvent conduire à une perte d'attention de l'assistance. Les intervenants doivent tourner le dos aux participants pour écrire, ce qui affaiblit l'influence personnelle. Cela prend du temps d'écrire plus d'un mot ou deux et cela interrompt le cours de la présentation. La plupart des gens ont de la peine à écrire très vite et lisiblement. La craie peut casser ou couiner. Quand le tableau est couvert, le présentateur doit mettre la main sur le chiffon et effacer ce qui a été écrit tout en continuant à parler. Voilà qui peut distraire l'attention des participants.

Le tableau à feuilles arrachables

Ce type de tableau consiste en une liasse de grandes feuilles montée sur un chevalet placé en tête de la salle de réunion. L'intervenant écrit sur ce tableau au moyen d'un marqueur noir ou de couleur. Il présente les mêmes avantages de spontanéité et les mêmes inconvénients que le tableau noir —les intervenants tournent le dos à l'assistance, le courant du discours est interrompu et l'écriture souvent illisible. Un grand avantage est qu'il n'y a pas besoin d'effacer. Quand la page est remplie, il suffit de la rejeter en arrière pour découvrir une page blanche. A cause de leur taille, le tableau noir et le tableau à feuilles arrachables ne peuvent être utilisés que devant des petits groupes mais ils peuvent être parfaitement efficaces dans certaines circonstances.

La présentation de diagrammes

L'usage d'illustrer les exposés par des diagrammes imprimés sur de grandes affiches est répandu depuis longtemps. Celles-ci sont présentées sur un chevalet placé en face des participants et l'intervenant les enlève une à une en découvrant ainsi la suivante à mesure que son exposé se déroule. Ces diagrammes peuvent être parfaitement élaborés ou simplement constitués de dessins grossiers —les deux conviennent aussi bien. Cependant cette technique recule au profit des transparents ou des diapositives qui sont un moyen particulièrement approprié de projeter ces mêmes diagrammes. Ils sont faciles à manipuler, rapides à créer, bon marché et s'adaptent aisément aux différents types d'exposés. L'infographie couleur permet actuellement de concevoir, commander et livrer des diapositives représentant de magnifiques diagrammes en couleur de qualité professionnelle.

La rétroprojection

En rétroprojection, un transparent est placé sur la platine horizontale de l'appareil et son image est projetée sur un écran blanc mat (perlé) fixé au mur ou sur une potence. Les avantages présentés par cette méthode l'ont fait adopter par le monde des affaires et de l'éducation. Parmi ceux-ci, citons :

1. L'exposé peut s'effectuer dans une salle pleinement éclairée.
2. L'intervenant fait face à l'assistance, ce qui assure un contact visuel et facilite l'interaction.
3. Le projecteur est placé à côté de l'intervenant qui en a le contrôle complet et qu'il utilise sans aucune aide, à mesure que l'exposé avance.
4. Son utilisation permet l'application de techniques de projection intéressantes comme l'enchaînement de vues où un document est présenté ligne après ligne, la surimpression où le graphique est construit par superposition de transparents et l'écriture immédiate où le présentateur écrit directement sur le transparent pendant la projection. En utilisant ces techniques, il est facile, par exemple, de rendre intéressante la présentation d'un diagramme financier sur une période de 5 ans en superposant les résultats année par année puis en soulignant les chiffres significatifs.
5. Les transparents rétroprojetés sont facilement créés et réalisés en des temps très courts. La transformation d'un document en transparent est matière de secondes à l'aide d'un copieur ou d'une tireuse de transparents.
6. Les rétroprojecteurs sont silencieux.
7. Un intervenant peut facilement piloter deux rétroprojecteurs dirigés vers deux écrans distincts, ce qui rend son exposé plus vivant.

Le rétroprojecteur permet aux intervenants d'apparaître spontanés et impliqués. Ils peuvent, en effet, écrire sur un transparent vierge avec un marqueur et les mots apparaissent sur l'écran au fur et à mesure. Il leur est possible de souligner ou d'encercler certaines données pour marquer leur importance. Enfin, en superposant des transparents, ils peuvent bâtir un développement directement sur l'écran — additionner, par exemple, les ventes année par année de manière à concevoir un rapport complet.

Tout bien considéré, l'utilisation du rétroprojecteur, constitue le mode le plus souple de présentation de documents visuels à des assistances petites ou moyennes. Avec les unités portables maintenant disponibles, la rétroprojection convient très bien aux petites réunions quotidiennes.

Les diapositives

Les exposés appuyés par des projections de diapositives peuvent être vivants et intéressants. Ils conviennent particulièrement bien à des publics nombreux. Dans des installations du style salles de spectacles, les diapositives peuvent être projetées sous des formats de 2,5 m x 2,5 m ou supérieurs. La projection de séries de diapositives permet de réaliser progressivement un ensemble construit. L'utilisation de plusieurs projecteurs synchronisés permet d'organiser un quasi-spectacle qui ressemble au cinéma, à un moindre coût. Un grand nombre de problèmes traditionnels de production de transparents et de diapositives de grande qualité ont disparu depuis l'apparition de l'infographie. Les délais de production et de livraison sont passés de plusieurs semaines à quarante-huit heures.

Des diapositives de bonne qualité peuvent être projetées dans des salles où la lumière a été simplement mise en veilleuse. Cela rend un peu moins facile la prise de notes et l'intervenant peut avoir quelque peine à bien distinguer les participants. Cependant, la puissance et l'impact de diapositives en couleur, bien choisies, rend ce type d'intervention très efficace malgré ces quelques inconvénients. La projection de diapositives tend, quand même, à être un peu plus impersonnelle que celle des transparents au moyen de rétroprojecteur.

L'animation vidéo

D'après Tom Hope, l'utilisation de la vidéo dans les réunions continue à se développer et celle du vidéodisque, encore que dans une proportion assez faible, augmente de manière étonnante.

Les programmes sur vidéocassettes remplacent le cinéma dans le cas des petites réunions professionnelles. Ils sont faciles à manipuler puisqu'il n'est nul besoin de se servir d'un projecteur. La vidéocassette est simplement insérée dans le magnétoscope. Les programmes vidéoscopés présentent les mêmes avantages que le cinéma — intégration du thème, de la vision, du son, de la couleur et du mouvement. En outre, les programmes vidéo peuvent être facilement copiés si cela est nécessaire.

Les animations vidéo sont, pour le moment, limitées aux petites réunions compte tenu de la faible taille des écrans vidéo disponibles actuellement. Des projecteurs vidéo qui peuvent donner des images allant jusqu'à 2,5 m (diagonale) peuvent être utilisés au cours de réunions plus grandes mais les images obtenues sur ces grands écrans sont moins contrastées et leur résolution est inférieure à celle que donnent les écrans de télévision plus petits ou le cinéma en 16 mm. Elles tendent également à devenir invisibles si la salle est éclairée, aussi leur projection se fait dans la pénombre. Mais dans ce domaine la technologie est en progrès et il ne fait aucun doute que les conditions seront améliorées dans le futur.

Pour réaliser une animation vidéo importante, de qualité professionnelle, il faut une aide professionnelle pour le montage et le découpage. Autrement, l'animation risque d'avoir cet aspect de « film d'amateur » acceptable dans le cadre d'une réunion intérieure mais qui ne convient pas du tout à des interventions officielles devant des publics évolués. Des assistances de ce genre exigent des produits de haute qualité quand ils suivent une intervention sur écran et tendent à refuser des productions d'amateur.

Une fois que la préparation d'une animation vidéo est achevée, il n'est guère pratique de se livrer à une opération de montage de dernière minute, aussi est-il nécessaire de les prévoir suffisamment longtemps à l'avance pour que tout le travail dc production et de montage puisse se faire sans problèmes.

Projections de films

Lorsque les programmes sur vidéocassettes apparurent, on crut qu'ils allaient remplacer les films dans le cadre de conférences-exposés à l'échelle de l'entreprise. Cependant, l'augmentation des coûts de montage de ces productions a modifié ces appréciations.

Des producteurs de plus en plus nombreux reviennent au film classique. Il en résulte, selon Tom Hope, que le chiffre d'affaires de production de films par des producteurs indépendants, après une chute initiale, a augmenté de 11 % en 1984 et continue de croître depuis. Simultanément, l'utilisation de vidéocassettes pour des productions originales a chuté de 1 %. Cependant, lorsqu'un programme a été produit, la vidéocassette est plus facile à distribuer et à utiliser. Aussi un grand nombre de films sont-ils maintenant dupliqués sur vidéocassettes.

La réalisation de conférences filmées nécessite des opérations complexes de script, de tournage et de développement, aussi sont-elles coûteuses. Cependant, dans le cas de réunions visant un grand public ou quand le coût peut être amorti sur un grand nombre de réunions, ce type de présentation peut être très efficace. Par exemple, dans le cas de la présentation des ventes à un nouveau client, l'introduction d'un court métrage sur l'histoire de l'entreprise ou sur un procédé nouveau de production ajoute une touche de professionnalisme et en dit indubitablement plus long que des mots seuls ne pourraient le faire, ce qui justifie le coût de la réalisation.

Animations multimédias

Le « grand cirque » —cette extravagance généralement réservée à la réunion annuelle de motivation de la force nationale de vente ou aux grandes introductions de nouveaux produits— peut être une combinaison de deux ou plus des méthodes présentées ci-dessus, avec en prime un spectacle et un orchestre. L'industrie automobile raffole de ce genre de manifestations.

Dans un registre moins spectaculaire que cette présentation style Las Vegas, il est possible de réaliser une animation solide avec une combinaison de diapositives et de vidéocassettes ou de films organisée autour d'un rétroprojecteur. Un nombre quelconque de moyens audiovisuels peut toujours être intégré de manière à constituer une animation multimédia variée, dynamique et impressionnante. Plus l'animation est importante et complexe, plus il est nécessaire de faire appel à des professionnels aussi bien en ce qui concerne la réalisation elle-même que l'utilisation de l'équipement. Des systèmes de projections de diapositives comptant jusqu'à 40 projecteurs existent mais le nombre moyen mis en œuvre dans un cas de multiprojection est généralement de 9.

Même dans le cas de productions multimédia moins importantes, l'animateur doit toujours faire appel à des techniciens pour manipuler le matériel. De nombreuses répétitions minutées sont nécessaires pour parvenir à une réalisation qui tourne comme une mécanique bien huilée.

Choix de la meilleure technique d'animation

Quelle est la meilleure méthode à mettre en œuvre pour une animation ? Le choix dépend du type et de l'objectif de l'animation, de l'animateur, de la taille de l'auditoire et de la salle où aura lieu la conférence. Il dépend également dans une large mesure des préférences personnelles. Toutes les aides visuelles ne conviennent pas à l'environnement courant de la réunion professionnelle. Les films et les vidéocassettes demandent beaucoup de temps de préparation et peuvent coûter très cher. Il vaut mieux les réserver aux réunions à grands auditoires qui ont largement le temps d'être préparées ou à des réunions où un certain panache est nécessaire et où une animation multimédia sera appréciée. Tableaux à feuilles arrachables et tableaux noirs conviendront mieux à des groupes de 10 personnes ou moins et sont le plus adaptés à des sujets techniques.

Les tableaux noirs et les chevalets quoique faciles à utiliser et propices à la spontanéité, ont des limites certaines. Leur efficacité dépend de la capacité de l'intervenant à parler distinctement et écrire lisiblement en même temps et ils conviennent plus particulièrement à de petits auditoires homogènes. Les interventions organisées autour de diagrammes imprimés sont efficaces mais peuvent être chères, demander beaucoup de temps de préparation et l'aide de professionnels.

Tout ce qui peut être fait à l'aide des autres média peut être réalisé au moyen de diapositives et de transparents. Ils sont faciles à utiliser, apportent l'avantage de la couleur et laissent au présentateur la maîtrise de techniques telles que l'enchaînement, la surimpression et la construction de séquences.

La rétroprojection permet de faire des interventions devant un groupe de taille très variable dans une salle parfaitement éclairée.

L'intervenant fait face à l'auditoire, assure un meilleur contrôle de la réunion et est en mesure de sentir immédiatement les réactions du groupe. Si c'est nécessaire, il peut monter et modifier en temps réel son intervention. Les transparents sont peu coûteux et rapides à réaliser sur un photocopieur courant ou à l'aide d'une tireuse de transparents. Ils peuvent être générés par ordinateur, commandés par téléphone et préparés en quelques jours.

Pour la petite réunion courante, la rétroprojection est la méthode qui présente probablement le plus d'avantages. Sa souplesse et la possibilité d'une implication personnelle de l'intervenant la rendent supérieure aux autres techniques.

Les diapositives conviennent mieux à des publics de tailles moyenne et grande installés dans de vastes salles. Dans la mesure où l'éclairage doit être tamisé, la participation du groupe n'est pas aussi entière mais son attention et l'impact sont renforcés. Les entreprises de fabrication informatisée de diapositives ont permis de ramener le prix, le délai de production et la disponibilité de documents de qualité à des niveaux voisins de ce que donnent les transparents.

Préparation de la salle pour l'utilisation d'aides visuelles

Quelle que soit la qualité des documents visuels, l'animation n'aura d'effet que si l'auditoire peut la suivre sans difficulté. La salle de réunion doit être installée de manière à ce que l'équipement et le matériel de visualisation puissent être utilisés au mieux. Voici les règles à suivre en ce qui concerne la position des écrans et des projecteurs, l'orientation de la salle et les tailles d'écran qui permettent des interventions d'une efficacité maximum (Figures 9.1 à 9.3).

1. Pour des projections de diapositives et de films, placez l'écran dans un coin de la salle pour que tout l'auditoire puisse le voir clairement. L'animateur peut être sur une estrade faisant face à l'assistance. Si l'écran était placé devant et au centre, l'animateur étant sur le côté, l'attention se déplacera de l'animateur à la projection. Généralement, l'attention doit rester fixée sur l'animateur, la projection étant là pour renforcer ce qu'il ou elle a à dire.

2. Dans le cas d'utilisation de rétroprojecteurs, placez l'écran

selon un angle dans le coin gauche de la salle, l'animateur étant au centre droit (l'observateur étant supposé regarder du fond de la salle) et sur le devant de la salle. L'animateur se tient à côté du rétroprojecteur et fait face à l'auditoire, ce qui lui permet de rester en contact avec le groupe tout en changeant de transparents ou en écrivant sur la plage du rétroprojecteur.

3. Les écrans devront être mats à cause de l'angle sous lequel ils sont regardés par les participants. Nos tests nous ont montré qu'un écran mat fonctionne sous un angle de vision qui peut atteindre 130°. Les écrans perlés ou lenticulaires donnent des résultats médiocres sous ces angles. Reportez-vous au tableau illustrant les visibilités.

4. Les écrans doivent être inclinés le haut vers l'avant (ou le bas vers l'arrière) pour éviter la déformation de l'image où le haut de celle-ci est plus large que le bas. Pour éliminer cet effet de distorsion, le haut de l'écran doit être à la même distance de la lentille du rétroprojecteur que le bas de l'écran —c'est pourquoi l'écran doit être incliné.

Il existe dans le commerce des écrans montés sur tripodes qui comportent un dispositif éliminateur de distorsion pour ajuster l'écran à la verticale.

5. Les écrans fixes doivent être placés suffisamment loin du mur pour permettre de régler leur inclinaison.

6. Les intervenants doivent être placés à l'un des bouts de la salle dans le sens de la longueur pour gagner de la place. Si l'écran est placé au milieu du mur correspondant au grand côté du rectangle, les auditoires situés aux deux ailes risquent d'avoir une mauvaise vue sur les projections.

7. Le tableau en bas de la figure 9.2 indique un certain nombre de données techniques telles que la distance écran-dernière rangée optimale, la distance projecteur-écran, etc.

8. Les plafonniers ne doivent pas éclairer directement l'écran de projection. L'éclairage dans le secteur de l'écran doit être réglable et tamisé au cours de la présentation.

9. Les écrans pour projections de diapositives ou de films doivent être situés à une distance des projecteurs double de celle qui sépare l'écran et le rétroprojecteur. Les projections de diapositives et de films peuvent se faire du bout de la salle après avoir déplacé l'écran.

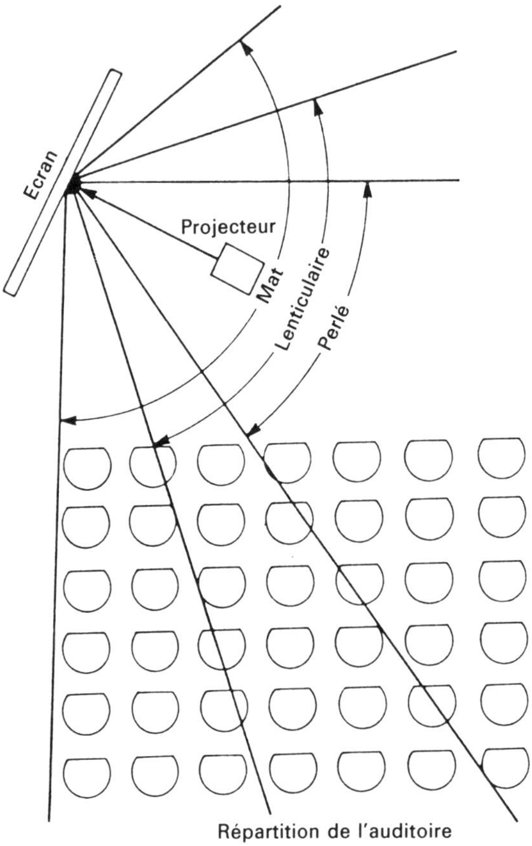

Figure 9.1 Réflexion image maximum

10. Les plafonds bas et les lustres posent toujours des problèmes pour les conférences-exposés devant un grand public. Evitez-les.

11. Dans une salle de conférence, des prises et interrupteurs électriques doivent être installés au moins tous les 2 m. Quand vous devez occuper une salle que vous n'avez jamais utilisée auparavant, commencez par repérer les prises et les interrupteurs. Dans certains cas, le déroulement prévu de la conférence doit être modifié en fonction des caractéristiques de l'installation électrique —ou la disponibilité de rallonges pour brancher le matériel.

Taille de l'écran

La taille de l'écran doit être fonction de la distance entre l'écran et la personne la plus éloignée.
La taille de l'écran commande la taille de l'image projetée.

Plus grande distance à l'écran	6 m	7,5 m	9 m	10,5 m	12 m	13,5 m	15 m
Taille de l'écran (au carré)	1,27 m	1,52 m	1,78 m	2,13 m	2,42 m	2,70 m	3 m

Taille de la salle par rapport à la hauteur de plafond

Distance de l'avant au fond	0 - 9 m	9 - 12 m	12 - 15 m	15 - 18 m	Plus de 18 m
Hauteur de plafond	2,7 m	3 m	3,3 m	3,6 m	Plus de 3,6 m

Distance du projecteur à l'écran

Les rétroprojecteurs standards tels que ceux commercialisés par 3M ont des lentilles de projection dont la distance focale est de 35 cm.
La distance du projecteur à l'écran dépend de la taille de l'écran; plus l'écran est grand, plus la distance nécessaire est grande.

Distance focale de 35 cm (avec une ouverture de 26,7 cm)

Distance projecteur à écran (m)	2,00	2,41	2,68	3,15	3,61	4,01	4,42
Taille de l'écran en m (au carré)	1,27	1,52	1,78	2,13	2,42	2,70	3

Distance focale de 27 cm (avec une ouverture de 25,4 cm)

Distance projecteur à écran (m)	1,60	1,85	2,43	2,51	2,82
Taille de l'écran en m (au carré)	1,27	1,52	1,78	2,13	2,42

Taille de l'écran par rapport à la distance du projecteur de diapositive de 35 mm (objectif de longueur focale 12,7 cm)

Distance projecteur à écran (m)	3,9	4,8	5,7	6,6	7,5
Taille de l'écran en m (au carré)	1,02	1,27	1,52	1,78	2,04

Figure 9.2

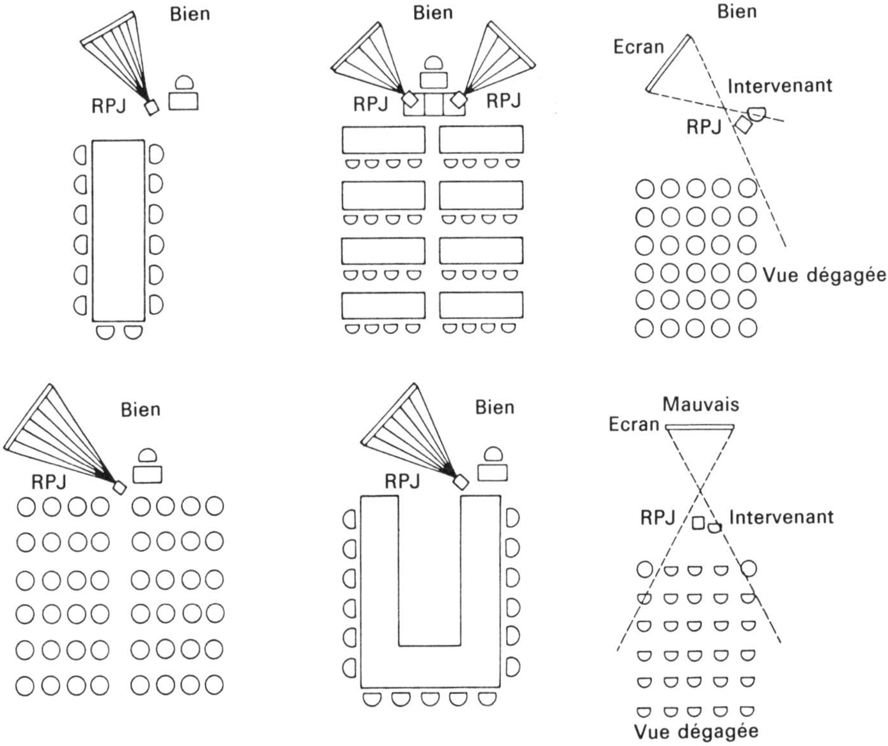

Figure 9.3 Un grand nombre de configurations de salles permettent de réaliser des interventions efficaces. Pour éviter de gêner la vue d'une partie de l'assistance, placez l'estrade et le projecteur d'un côté et n'installez jamais l'écran au milieu. Un écran mat installé comme sur la Figure 9.1 permettra de couvrir toute la salle si l'angle qu'il fait par rapport aux murs est bien choisi.

Résumé

Au cours d'une réunion, les documents visuels peuvent être présentés de diverses manières. Le choix du moyen dépend du matériel disponible, de l'adéquation au sujet de la réunion, de la salle, de la taille de l'auditoire et de ce qui convient le mieux au style de l'animateur. Les auditoires d'aujourd'hui sont habitués à des animations performantes et produites par des professionnels.

Toute intervention importante doit utiliser les techniques modernes de présentation, au risque de décevoir l'assistance. Les média courants, méthodes anciennes comprises, sont :

1. Le tableau noir.
2. Le chevalet.
3. Les diagrammes imprimés sur affiches.
4. La rétroprojection.
5. Les diapositives.
6. Les présentations de vidéocassettes.
7. Les films.
8. Les animations multimédia.

Chapitre 10

Comment réaliser de bons documents visuels

Presque tout le monde a été exposé au « syndrome de la note » qui atteint un grand nombre de réunions. L'intervenant projette sur l'écran une note tapée à la machine ou une lettre et annonce : « Comme vous pouvez le voir, nos plans, etc. » En fait, vous ne voyez rien du tout. Ce que vous *pouvez* voir, ce sont 25 lignes tapées à la machine et trop petites pour être lues. Ou, si par hasard, la taille de la frappe est suffisante, il vous faut au moins dix minutes pour lire le document. Le temps d'y arriver, et l'intervenant vous a déjà asséné une ou deux notes supplémentaires. L'attention et la participation qu'un groupe peut accorder à ce type d'intervention sont, pour ne pas en dire plus, minimes.

Quand nous parlons d'exposés illustrés par des documents visuels, ce n'est pas ce genre là qui nous vient à l'esprit. L'objectif de ce chapitre est de vous conduire à la réalisation de bonnes aides visuelles.

Les gens pensent en images et réagissent à celles qu'on leur présente bien. C'est pourquoi, chaque fois qu'il est possible, l'information et, plus particulièrement, les accumulations de chiffres doivent être mises sous forme visuelle. Mais les documents doivent être réalisés de manière à mettre en valeur l'exposé et lui donner de l'impact. Ils doivent être attrayants, faciles à lire et faire passer des messages clairs.

La première étape dans la réalisation de documents visuels pour toute présentation est la préparation d'un script. Les images elles-mêmes naissent de ce script.

Comment créer un scénario d'intervention

Quelle que soit votre intervention, commencez toujours par la création d'un scénario de travail. Ce ne sera pas nécessairement une partie de votre exposé. Il est fort probable, d'ailleurs, que vous connaîtrez suffisamment son contenu pour ne plus avoir à le lire. Ce scénario a deux fonctions principales : (1) mettre sur papier tous les sujets à traiter, et (2), servir de guide au choix des documents visuels à réaliser. C'est en fait un plan.

Ce scénario vous permet d'évaluer et de hiérarchiser les différents arguments à développer au cours de la réunion. Comment introduire l'exposé ? Quel est le point qui doit suivre logiquement cette introduction ? Quel temps faut-il attribuer à chacun des points ? Un peu d'imagination, votre auditoire bien clairement à l'esprit, vous aidera à ordonner les sujets de manière à les constituer en un ensemble logique, vivant et compréhensible. Dans le cas d'une courte intervention, le plan de travail devrait consister en un schéma de 8 à 10 énoncés. Dans le cas d'une réunion plus importante, le scénario serait plus long.

Commencez par établir simplement une liste des sujets à traiter. Pesez vos choix et réordonnez ces idées de manière à ce qu'elles partent d'un début qui se développera logiquement vers une conclusion. L'intervention idéale, qu'elle soit courte ou longue, est une intervention que l'auditoire trouve facile à suivre, qui progresse de manière convenable et qui ne dérive pas. Le résumé doit en identifier clairement et brièvement les points importants.

Inventaire des différents documents visuels

Une fois que vous êtes satisfait de votre brouillon de scénario, examinez-le à nouveau, cette fois pour voir où faire intervenir une illustration visuelle. Pensez à quatre types différents d'aides visuelles.

1. Diagrammes, graphiques et tableaux, c'est-à-dire des documents porteurs d'informations. Les chiffres de vente de l'an passé, par exemple, ou une comparaison graphique de statistiques relatives à dix ans d'exercice, sous forme de diagramme, ou une

prévision des ventes et des profits. Notez où il est nécessaire de faire appel à un quelconque document visuel.

2. Visuels « verbaux », le genre où vous citez le nom des six villes qui pourraient héberger une exposition universelle, ou la liste des cinq premiers constructeurs d'automobiles. De tels visuels sont constitués de lignes dactylographiées, souvent numérotées. En fait, il s'agit de diagrammes verbaux. Notez sur le scénario les endroits où ils sont nécessaires.

3. Visuels de titres, c'est-à-dire les documents qui présentent les différents titres de l'exposé en caractères gras, souvent accompagnés de sous-titres. Par exemple : « Le marché automobile en 1989. » Avec comme sous-titres, des références aux parts de marché respectives aux grosses et aux petites cylindrées, points qui seront traités au cours de la présentation.

4. Des illustrations, c'est-à-dire des documents qui n'ont de valeur qu'en tant qu'illustrations. Ils ne doivent être utilisés que lorsqu'ils sont parfaitement appropriés. Par exemple : une vue aérienne de l'entreprise projetée au moment où vous en décrivez l'implantation à l'auditoire, ou une photographie de votre produit le plus récent ou, tout simplement, une photo de votre PDG.

Les documents éventuels ayant été introduits, le scénario de l'intervention consiste à présent en une liste de sujets et de documents visuels dont vous pensez qu'ils sont nécessaires à celle-ci. En fait, vous avez en main l'ébauche d'un document de travail.

Quelques principes généraux

Voici quelques principes de base à garder en mémoire pendant que vous travaillez votre ébauche :

- Les documents visuels ne sont que des *porteurs* d'idées — et c'est l'idée elle-même qui est la chose importante. Un diagramme, par exemple, est la représentation d'une idée. Les ventes ont augmenté ou elles ont diminué, l'an prochain ça ira mieux. Pensez à l'idée que le diagramme doit véhiculer. A ce stade, ne pensez ni aux types de graphiques ni aux astuces de présentation. Focalisez-vous sur l'idée à faire passer. *Chaque document visuel devrait être décrit dans le*

scénario de travail sous la forme d'une phrase qui énonce l'idée qui doit être transmise à l'auditoire.
Ne notez pas, par exemple, qu'un « diagramme de profits » est nécessaire. Ecrivez : « présenter un diagramme qui indique une augmentation des profits espérés pour l'an prochain. » Dans ces conditions, au moment où il faudra réaliser le diagramme, les mots à traduire seront « augmentation des profits ». Et c'est cette idée-là qu'il faut faire passer. Et la note guidera la conception du diagramme afin qu'il représente l'idée.

- Les documents visuels doivent mettre en évidence les points importants et apparaître sur l'écran dans le bon ordre. Des documents présentés de manière désordonnée désorganisent l'exposé et le rendent difficile à suivre.
- N'envisagez pas de présenter trop de documents. Il est impossible de laisser une image sur l'écran assez longtemps pour qu'elle soit appréciée si vous en avez trop à présenter. Illustrez seulement les points importants, pas chacune des phrases de l'exposé.
- Les documents ne constituent pas l'intervention à eux seuls. Ils ne font que la renforcer et la rendre plus claire. L'intervention réelle est dans les mots *et* dans les images. Comme pour un article de magazine : l'histoire est dans le texte et les illustrations la renforcent. L'auditoire écoute ce qui est dit et, suit simultanément les images projetées sur l'écran et qui signifient la même chose. C'est ce renforcement qui inscrit les points importants de l'exposé dans la mémoire des participants. Le rôle clarificateur des aides visuelles est particulièrement important. Quand un intervenant se fraye un chemin difficile à travers des accumulations de statistiques sans aucune illustration, l'auditoire doit lutter pour essayer de comprendre les chiffres. Au moyen d'une projection bien étudiée, l'intervenant peut exposer sans difficulté un ensemble compliqué de statistiques en pointant, une à une, les lignes d'un tableau projeté sur l'écran et en donner, ainsi, une image claire et globale.

De l'ébauche à la forme définitive du scénario

Chaque intervenant possède sa propre façon d'exposer. Certains s'appuient sur un plan parfaitement rédigé qu'ils lisent ou auquel ils se réfèrent à mesure que la réunion se déroule. D'autres opèrent à partir d'une note de quelques lignes où sont définis les sujets à traiter. Un grand nombre d'intervenants, enfin, utilisent les documents visuels eux-mêmes comme squelette de leur exposé. L'aspect « verbal » du scénario doit correspondre au style de l'intervenant. L'exposé le plus convaincant est, en général, celui qui fait le moins appel au scénario soit en le lisant, soit en y faisant référence. L'intervention est d'autant meilleure que les intervenants donnent plus le sentiment qu'ils s'appuient sur leur propre connaissance du sujet.

La version définitive du scénario peut être très simple ou très détaillée selon le besoin. Dans sa forme la plus simple, il est une suite d'énoncés de sujets. Il doit également indiquer où se situent les projections. Dans le cas d'une réunion standard, le scénario devrait comporter une ou deux pages, pas plus.

Une façon commode de préparer ces notes en utilisant la rétroprojection consiste à en écrire le résumé sur le rabat des pochettes qui protègent les transparents. Il est alors facile de s'y référer tout en plaçant les transparents sur la plage du rétroprojecteur.

Qu'est-ce qu'un bon document visuel ?

Un bon document visuel a pour objet d'aider à établir une bonne communication et non pas de remplacer l'intervenant. Le document visuel rend plus clair, renforce et complète le texte de l'exposé pour que celui-ci ait un impact plus grand et qu'il soit mieux retenu.

Un bon document visuel met en évidence les *informations essentielles.* C'est comme le titre d'un article de journal : il ne peut que souligner le sujet le plus important.

Un bon document visuel est consacré à *une* idée claire. L'attention de l'auditoire doit être fixée sur une idée, une formule, un fait essentiel. S'il ne fait rien d'autre, le groupe doit assimiler cette idée-là, au moins. Si trois ou quatre idées apparaissent en même temps sur l'écran, l'auditoire peut être en train d'en lire une, alors que l'intervenant parle d'une autre, ce qui a pour effet de détruire tout phénomène de renforcement.

Un bon document est simple et précis, mais pas obligatoirement détaillé. Présentez à l'auditoire le coeur de l'idée et complétez oralement.

Un bon document visuel est clair et vivant, il apporte de l'information et il est facilement lu. Il est suffisamment bref pour être lu d'un coup d'œil.

Quand utiliser des aides visuelles ?

Le meilleur moment pour planifier les projections est celui qui suit la description globale du contenu de l'intervention. Cette opération est facilitée par la préparation d'un scénario qui ordonne les points qui seront introduits au cours de la présentation. Une fois les idées alignées, les moments où les documents visuels sont nécessaires apparaissent d'évidence. Les meilleures raisons de faire appel à une aide visuelle sont les suivantes :

1. Pour commencer l'intervention. Utilisez un titre percutant ou une image attrayante pour attirer l'attention du groupe.

2. Pour orienter la réflexion. Choisissez des documents qui guideront la réflexion de l'auditoire vers les conclusions que vous souhaitez lui voir tirer.

3. Pour souligner des points essentiels.

4. Pour présenter des données statistiques ou financières sous une forme compréhensible. De grands ensembles de chiffres peuvent perdre leur sens s'ils sont transmis oralement. Représentés sur un graphique, ils retrouvent leur sens.

5. Pour établir des comparaisons. (Cette année par rapport à l'année passée, par exemple.)

6. Pour mettre des relations en évidence.

7. Pour simplifier des processus complexes. La technique de construction progressive ou de l'enchaînement sont très utiles à ce stade. Commencez par la première étape du processus et construisez les autres échelons au fur et à mesure que vous en expliquez le fonctionnement.

8. Pour expliquer de nouveaux concepts. Les images et les graphiques peuvent être très utiles pour expliquer certains détails.

9. Quand un objet est trop petit ou trop volumineux pour être matériellement présenté à une réunion, projetez-en des photos. Par exemple : une machine à vapeur ou une puce électronique.

La couleur

La couleur a une influence. Elle fait appel à l'émotion. Les gens y répondent. S'ils ont le choix, ils vont préférer la couleur au noir et blanc, comme ce fut le cas quand la télévision couleur a été introduite. La couleur rend une présentation plus brillante et l'auditoire y est plus attentif. De plus, la couleur peut être utilisée pour insister sur une idée importante. Quand on projette quatre lignes dactylographiées en bleu suivies d'une ligne dactylographiée en rouge, cette dernière hurle littéralement : « ceci est important ».

Le Bureau de la Publicité a mené une étude destinée à définir les avantages de la couleur sur le noir et blanc dans le cadre de la publicité dans les magazines. Celle-ci a montré, entre autre, que la lecture d'une annonce en couleur était de 80 % plus élevée, que les ventes des produits recommandés augmentaient de 50 à 85 % quand la couleur était utilisée et que la mémoire du contenu de l'annonce en couleur passait de 55 à 78 %. Il est raisonnable de penser que les mêmes avantages peuvent être espérés dans le cadre des présentations visuelles en couleur.

Les psychologues ont constaté que lorsque les auditoires sont habitués à la couleur, ils consacrent moins d'attention aux présentations en noir et blanc. Dans le monde d'aujourd'hui où règnent l'impression et la télévision couleur, tout le monde pense en couleur, ce qui rend obligatoire de faire appel à la couleur quand on prépare des interventions que l'on veut efficaces.

Critères de bonne conception de documents visuels

Pour que les documents visuels présentent les propriétés que nous venons d'exposer, appliquez les règles suivantes qui concernent particulièrement les documents qui affichent des mots et des titres. Dans le prochain chapitre, nous examinerons comment choisir les bons diagrammes, graphiques et tableaux.

1. N'introduisez qu'une idée par document.
2. Ecrivez des lignes de 6 ou 7 mots au maximum.
3. Concevez des documents qui n'auront pas plus de 6 ou 7 lignes.
4. Quand vous utilisez des illustrations, n'en utilisez pas plus d'une par document.
5. Exprimez-vous dans un langage clair et distinct. Choisissez le mot le plus court. Evitez d'utiliser un jargon technique.
6. Ecrivez avec des caractéres *grands* et *lisibles*. L'intervenant ne devrait pas avoir à lire le texte à voix haute. Celui-ci devrait être lisible de tous les points de la salle. La taille convenable pour les titres des chapitres et des paragraphes principaux est de l'ordre de 8 cm en projection dans une salle de réunion courante.
7. N'utilisez pas plus de trois tailles de caractères par document. Une certaine uniformité rend le document plus facile à lire.
8. Utilisez de la couleur même pour du texte, mais n'introduisez pas plus de quatre couleurs par document.

Examen critique des documents visuels

Pour l'examen final de tout document, évaluez son efficacité en appliquant les critères suivants :

- Est-il simple ?
- Est-il clair ?
- Est-il visible ?

La simplicité

Documents ou graphiques fonctionnent comme les éléments soulignés dans un livre. Ils insistent sur certains points. Pour ce faire, ils doivent être simples, concis et lisibles, ne présentant que le point important. Quand vous êtes en train de concevoir un document, condensez-le, organisez-le, pensez à son rôle dans la communication. Supprimez tous les éléments qui ne relèvent pas de l'idée principale. Rappelez-vous que quand le document est projeté, explications et développement peuvent être exposés oralement. L'intervenant peut élargir son sujet plutôt que de se contenter de lire les mots projetés sur l'écran.

La clarté

L'objectif est de transmettre le message dans une clarté absolue et au moyen d'un nombre minimum de mots. Ciselez chaque ligne. Choisissez les données avec soin. Résumez. Simplifiez. Faites la chasse aux expressions ambigües. Recherchez les mots qui donnent la compréhension immédiate la plus claire.

La visibilité

Chaque lettre d'un document doit pouvoir être lisible par tout participant. Chaque image doit être clairement identifiable. Nous avons examiné quelques règles à appliquer pour arriver à ce résultat. Certains disent que les images dessinées sur un transparent doivent être visibles à l'œil nu à 6 m, d'autres, que la plus petite image sur l'écran devrait mesurer 2,6 cm de haut par unité de distance de vision de 9 m. En ce qui nous concerne, nous avons trouvé que tout cela dépend de la nature de l'image et de la conception du document, aussi toute règle d'expérience doit-elle être adaptée selon le cas.

Examen critique de l'intervention

L'intervention finale est une combinaison équilibrée de texte et d'images qui permet d'atteindre l'objectif fixé au moment où le scénario a été conçu. Son exposé doit apparaître comme un tout cohérent, organisé de manière à présenter une introduction, un développement et une conclusion. Elle doit transmettre un sentiment de progression continue à mesure qu'elle se déroule. Les points importants doivent être soulignés au moyen des documents visuels. Une fois que la présentation est presque mise au point, elle doit être analysée de manière à vérifier que :

1. Elle forme un tout cohérent . Elle doit être consacrée à un objectif unique. Elle doit le poursuivre et l'atteindre sans dévier. Généralement, lorsqu'un exposé manque d'unité, c'est que des éléments non pertinents se sont introduits dans le texte. Elaguez-les.

2. Elle doit être équilibrée. Une durée et une attention convenables doivent être accordées à chaque point. Parfois, un point complexe peut prendre plus de temps qu'il n'en a été prévu. Certaines parties peuvent être développées par inadvertance et devenir plus importantes qu'elles ne devraient. Vérifiez que certains points ne soient appuyés par trop de documents visuels.

3. Les points soulignés sont les bons. Posez-vous la question : « Quel est l'objet de cette intervention ? Que doit ressentir le groupe une fois qu'elle est finie ? » Généralement, s'il y a problème c'est que la logique de l'exposé nécessite que trois ou quatre points soient soulignés mais l'un d'entre eux a été sous-estimé ou surestimé au moment de l'intervention. Cherchez la partie faible et ajoutez un document qui la renforce.

4. L'intervention donne le sentiment d'une progression et suit un mouvement logique vers une conclusion. Quand un exposé ne donne pas le sentiment d'une progression, il arrive souvent que le problème réside dans la conclusion. Une intervention ne devrait jamais pouvoir se terminer en queue de poisson. Elle doit conduire à une conclusion où sont clairement énoncés les résultats obtenus. Dans le cas d'une transmission d'informations, celle-ci doit se conclure par un bref résumé. Dans le cas d'un exposé sur les ventes, la conclusion doit résumer les avantages qui ont été mis en évidence et *conduire à des décisions d'action* .

Résumé

La première étape de la préparation d'une intervention est la conception d'une ébauche de scénario qui recense les idées à transmettre.

L'étape suivante est de noter dans la marge tous les documents visuels possibles pour illustrer le scénario. Il faut y ajouter ce que chaque document est censé accomplir. Ainsi la note devrait être rédigée sous la forme : « L'augmentation des profits sur cinq ans » et non sous la forme : « Diagramme des profits. »

De bons documents

De bons documents aident la communication. Ils clarifient, renforcent et complètent le texte de l'intervention.

Un bon document visuel souligne les informations *essentielles* comme le titre d'un article dans un journal.

Un bon document visuel souligne une *seule* idée claire.

Un bon document visuel est simple et précis —mais pas obligatoirement détaillé.

Un bon document est net, vivant, informatif et facile à lire d'un seul coup d'œil.

Rôles des documents visuels

Introduire l'intervention.
Orienter la réflexion.
Souligner les points essentiels.
Présenter des statistiques sous une forme compréhensible.
Etablir des comparaisons.
Simplifier des processus complexes.
Introduire des concepts nouveaux.
Aider l'auditoire à comprendre et à retenir.

Critères de réalisation

Une idée par document.

Au maximum six ou sept mots par ligne.

Au maximum six ou sept lignes par document.

Quand des illustrations sont utilisées, en introduire une seule par document.

Employer un langage simple avec les mots les plus courts.

Eviter l'emploi de jargons.

Pour qu'il y ait uniformité, ne pas utiliser plus de trois tailles de caractères par document.

Employer la couleur chaque fois qu'il est possible —mais pas plus de quatre couleurs par document. La couleur fait de l'effet et a une influence émotionnelle. Les gens y sont sensibles.

Critères d'appréciation des interventions

Sentiment d'unité.
Sentiment d'équilibre.
L'insistance est appliquée aux bons endroits.
Donne un sens de la progression.
Se termine par un appel à l'action.

Chapitre 11

Diagrammes, graphiques et tableaux

Un tableau est un outil visuel de présentation de données. Un diagramme ou un graphique est un outil d'explication ou de comparaison de données. Un tableau représente des faits et des chiffres ; un diagramme ou un graphique clarifie et fait ressortir les relations essentielles qui existent entre les faits et les chiffres. Bien que les tableaux, les diagrammes et les graphiques existent depuis de nombreuses années, ils sont encore plus utiles aujourd'hui parce qu'ils représentent le meilleur moyen de retenir et d'interpréter l'avalanche de données que les ordinateurs nous fournissent.

Bert Auger, dans une précédente édition de *Réussir vos réunions* a énuméré quelques uns des problèmes associés à l'utilisation des diagrammes, des graphiques et des tableaux au cours des présentations. « Aussi utiles qu'ils puissent être, » écrit-il, « ils sont, fréquemment, trop et mal utilisés. Bien souvent, ils constituent plus un obstacle qu'une aide à la compréhension du groupe réuni. Une de mes cibles favorites est l'intervenant qui utilise les diagrammes comme de « jolies images », histoire d'embellir l'exposé. L'intervenant dont les diagrammes sont imprécis et mal dessinés est pire encore. Des graphiques de ce genre ne sont pas seulement une perte de temps, ils donnent à l'auditoire une idée incorrecte de l'information. »

L'objectif de ce chapitre est de montrer :

1. Comment construire des tableaux significatifs.
2. Comment utiliser les diagrammes, graphiques et tableaux de manière efficace —et non pas comme des illustrations inutiles.
3. Comment choisir le type de diagramme ou de graphique approprié aux nécessités de la présentation.

La règle essentielle dont il faut se souvenir

Quand vous préparez des diagrammes, des graphiques ou des tableaux, n'oubliez jamais qu'aucune de ces images n'est utile en soi. Elles n'ont d'utilité qu'en relation avec l'idée qu'elles illustrent. C'est la même chose qu'avec la photo de votre grand-mère : quand votre mère vous tend un vieil instantané représentant une jeune fille, ce geste n'a aucun sens —une vieille photo qui ne correspond à rien. Mais quand elle vous annonce que cette jeune fille est votre grand-mère et qu'elle a été prise en photo à quinze ans, dans la cour de la vieille ferme de famille, cette photo sans intérêt devient soudain très précieuse. Une relation s'est introduite.

Quand vous projetez un diagramme à barres sur l'écran et que vous annoncez : « Ce graphique représente les profits réalisés par notre entreprise au cours des dix dernières années, » vous tendez à l'auditoire une photo de votre grand-mère. Ce graphique n'a d'autre utilité en ce qui concerne votre propos, que de faire perdre du temps ou de prouver que vous avez accès aux archives de la maison. Cependant, si vous analysez le diagramme en faisant remarquer, par exemple, que les croissances les plus importantes sont intervenues quand de nouveaux produits ont été introduits sur le marché, vous donnez un sens au diagramme et vous le mettez en relation avec des faits.

Vous pouvez vous assurer que les documents visuels qui illustrent votre présentation ont un sens en décrivant chacun d'entre eux dans le scénario par une phrase *qui énonce l'idée* qu'ils doivent transmettre. Ainsi, le graphique que nous avons introduit pourrait être décrit de cette façon : « Graphique illustrant l'augmentation des profits au cours des années où de nouveaux produits ont été introduits par rapport aux autres années. » Le simple fait de mentionner que la société a fait du profit sur dix ans n'aurait pas été aussi significatif.

Peu importe la nature de l'image que vous prévoyez, posez-vous toujours les questions : « Pourquoi cette image est-elle projetée ? Quelle conclusion l'auditoire va-t-il en tirer ? » Si vous ne pouvez pas définir l'idée et la relier à l'idée directrice de votre exposé, éliminez ce graphique.

Tableaux

Un tableau est une manière commode de résumer un grand nombre de données et de les comparer (Figures 11.1 à 11.3). Cependant, les tableaux projetés pendant une intervention ne sont visibles que pendant un temps court. Aussi est-il fondamental d'organiser l'information qu'ils contiennent en un format simple et facile à lire. L'auditoire n'a pas beaucoup de temps pour assimiler l'information et percevoir les comparaisons nécessaires. Voici quelques règles d'utilisation de tableaux.

- Utilisez un minimum de texte. Au moment où le tableau est projeté, l'auditoire dirige son attention sur le texte qui accompagne le tableau et ne vous écoute plus. Il ne vous écoutera plus tant qu'il n'aura pas fini de lire. Plus il lui sera facile de saisir la fonction du tableau et de suivre le texte, plus vite vous reprendrez le contrôle de la salle.
- Minimisez les chiffres. Arrondissez les grands nombres. Il est plus facile de lire 430 000 F que 429 826,30 F. N'utilisez pas plus de chiffres qu'il n'est nécessaire pour atteindre votre objectif. N'affichez pas les chiffres de ventes pour dix années consécutives s'il suffit de donner ceux d'il y a dix ans, cinq ans et d'aujourd'hui.
- Ne faites appel à des tableaux que lorsqu'il n'est pas possible d'utiliser les autres types de diagrammes. Les tableaux sont nettement moins vivants qu'un graphique à secteurs ou une courbe.
- Des colonnes longues et étroites, bourrées de chiffres, sont difficiles à lire de loin. Aérez vos tableaux. Utilisez des titres simples —un mot par colonne si possible.
- Utilisez la couleur pour insister sur certaines parties d'un tableau.
- Alignez les colonnes de nombres sur la virgule, de manière à ce qu'ils puissent être facilement comparés.
- Quand le tableau est projeté, développez votre pensée oralement en pointant les chiffres appropriés. Ne laissez pas l'auditoire tirer ses propres conclusions.

Les diagrammes à barres

Les diagrammes à barres servent à comparer et à décrire des évolutions. Ils peuvent être présentés verticalement ou horizontalement. Ils sont particulièrement efficaces quand ils sont réalisés dans une couleur qui contraste fortement avec le fond. Il existe quatre types fondamentaux de diagrammes à barres.

1. Des colonnes et des barres simples.

2. Des barres ou des colonnes où l'information à comparer est « empilée » sur l'information initiale. Par exemple, les ventes d'un produit A seront au bas de la colonne, les ventes du produit B seront reportées au dessus dans une couleur différente, de manière à constituer des données cumulées et permettre des comparaisons.

3. Des barres et des colonnes groupées. Chaque colonne est constituée de deux barres individuelles ou plus, de couleurs différentes et groupées ensemble. Un groupe, par exemple, pourrait comprendre trois colonnes qui représenteraient les ventes annuelles, les profits annuels et les coûts de revient pour 1 an. Trois groupes ainsi formés, présentés conjointement, pourraient permettre une comparaison claire sur une période de trois ans.

4. Les diagrammes à barres normés présentent une ligne centrale de part et d'autre de laquelle s'étendent les différentes barres. La ligne centrale représente la norme et les longueurs des barres de chaque côté expriment les déviations des données par rapport à la norme dans les deux sens. Par exemple, si la température moyenne dans une usine doit être de 21 °C, les barres pourraient indiquer les laps de temps pendant lesquels la température a été supérieure ou inférieure à la valeur imposée.

Pour que les graphiques soient lisibles, limitez le nombre de barres à cinq. Dans tous les cas, dessinez des barres épaisses pour qu'elles soient bien visibles.

Les graphiques à secteurs

Les « camemberts » sont commodes pour mettre en évidence les rapports entre les parties et le tout à un moment donné. Un graphique à secteurs, par exemple, donne une image visuelle rapide de parts de marché.

DIVISION ________________

Millions de francs

	1987	1988 Act.	1989 Prév.	1992 Prév.
France Ventes				
Bénéfices				
%				
Étranger Ventes				
Bénéfices				
%				
Monde Ventes				
Bénéfices				
%				

Figure 11.1

DIVISION____________ U.S.A.

Millions de francs

	1986	1987	1988 Act.	1989 Prév.
Ventes				
% augmentation				
Bénefices				
% augmentation				
Bénéfices % ventes				
Rendement sur capital investi				
Fonds de roulement				
Disponibilités avant distribution des dividendes				

Figure 11.2

DIVISION

Profits et pertes consolidés

Millions de francs

	1988 Actuel	1989 Prév.	1989 Prév.Act.	1990 Prév.
Ventes nettes				
Fabrication				
%				
Laboratoire				
%				
Conception				
%				
Coûts des ventes				
%				
Administration				
%				
Transport				
%				
Bénéfices				
%				

Figure 11.3

Le « camembert » représente le marché total, la part de chaque compétiteur est représentée par une part de camembert. Pour être clair, un graphique ne doit pas avoir plus de six secteurs. Donnez une couleur différente à chacun d'eux. Pour une meilleure mise en évidence, vous pouvez aérer le graphique en extrayant légèrement le secteur sur lequel vous souhaitez insister. Dans le cas de comparaisons, vous pouvez présenter simultanément plusieurs camemberts sur l'écran mais pour que la visibilité soit bonne, limitez-en le nombre à deux ou trois. Sinon, il faudra beaucoup trop de temps à l'auditoire pour étudier et comparer les graphiques.

Les graphiques

Les graphiques conviennent bien à la représentation des évolutions sur de nombreuses périodes de temps. Les uns sont constitués d'une ou plusieurs courbes, les autres prennent l'aspect de chaînes de montagne parce que l'espace entre les courbes et l'axe horizontal a été colorié.

- Limitez le nombre de courbes à six. Moins il y en a, plus le graphique est lisible.
- Les courbes doivent être dessinées en traits suffisamment épais pour être visibles de loin.
- Lorsque le graphique comporte plusieurs courbes, utilisez des couleurs différentes pour chacune d'elles.
- Quand vous coloriez l'espace sous les courbes, utilisez des couleurs contrastées pour améliorer la lisibilité.

Les cartes et autres affiches

Pour pimenter une présentation, il existe des moments où vous pouvez faire appel à l'art graphique pour remplacer les barres ou les courbes. Par exemple, une affiche représentant l'augmentation des effectifs ouvriers sur un site industriel pendant une période de dix ans pourrait utiliser trois silhouettes de travailleurs, l'une, petite, pour matérialiser le nombre d'ouvriers il y a dix ans, une deuxième, plus grande, pour matérialiser le nombre d'ouvriers il y a cinq ans et, enfin, une plus grande encore qui correspondrait au personnel d'aujourd'hui.

Les affiches artistiques sont à la fois une bonne et une mauvaise chose. Bonne, parce qu'elles peuvent être différentes et rafraîchissantes et apporter un aspect moderniste à l'intervention. Mauvaise, parce que le dessin décrit l'information de manière souvent imprécise puisqu'il n'est pas possible de créer des images artistiques qui traduisent une véritable comparaison. Sur un graphique à barres, une barre est visiblement le double de la taille d'une autre et celui qui regarde apprécie immédiatement le rapport. Par contre, quand une figurine représentant un travailleur est de la taille double d'une autre, elle apparaît, en fait, bien plus grande parce que l'observateur n'apprécie pas seulement la hauteur mais également le volume. Optiquement, la silhouette la plus grande peut apparaître comme trois fois la taille de la plus petite. En outre, les affiches de ce type sont plus chères et exigent beaucoup plus de temps de réalisation que les diagrammes et les graphiques.

Les cartes, par contre, sont véritablement des supports d'exposition. Elles permettent de s'y reconnaître instantanément et de repérer rapidement une localisation géographique. Pour être efficaces, il faut qu'elles soient suffisamment grandes pour être lues du fond de la salle et, de préférence, en couleur. Quand il s'agit de présenter des territoires spécifiques —des régions de vente, par exemple— chaque surface devra être représentée avec une couleur différente de manière à attirer l'attention. Les lignes représentant des routes ou des voies de communication doivent être tracées en traits épais et contrastés. S'il y en a trop, la carte perd sa signification pour l'auditoire.

Une manière de simplifier une carte consiste à la diviser en plusieurs éléments. Par exemple, pour illustrer la couverture nationale des ventes d'une entreprise organisée en six divisions régionales des ventes, chaque document pourrait représenter une région. Après quoi, une vue synthétique reconstituerait la couverture nationale où chaque région serait représentée dans une couleur différente. Une telle présentation apporte tout d'abord une information détaillée puis une vue générale qui permet de maîtriser l'ensemble.

Les schémas

Les schémas sont une manière concise de représenter des structures complexes et de les rendre compréhensibles d'un seul coup d'œil. L'organigramme d'un groupe industriel, commercial ou financier en est un bon exemple. En effet, on peut y voir non seulement le nom et le titre de chacun de ses responsables mais, également, la structure hiérarchique de l'ensemble. Parmi les diagrammes utiles, notons les organigrammes, les diagrammes PERT, les arbres de décisions—tous ces derniers se réfèrent à ce qui est difficile à décrire verbalement mais simple à exprimer sous forme de schéma. Il n'est pas difficile de créer un diagramme dans la mesure où vous rappelez que chaque diagramme possède une logique qui doit être exprimée. La logique d'un organigramme est la chaîne de commandement qu'il représente, la logique d'un arbre, l'ordre des évènements. Le graphe doit exprimer la logique sans distorsion. En toute logique, le Président ne peut être placé en bas de la pyramide de commandement, de même un diagramme décrivant un processus doit commencer à sa première étape.

Les schémas doivent être aussi simples que possible. S'ils sont trop compliqués, ils deviennent difficiles à lire et absorbent trop longtemps l'attention de l'auditoire. Si vous arrivez à un schéma trop compliqué, scindez-le en parties que vous présenterez à la suite l'une de l'autre. Projetez, par exemple, les diagrammes représentant chaque grand service de la Société, plutôt que sa structure entière. S'il est nécessaire de représenter toute l'entreprise, faites-le sur le dernier document de la série quand l'auditoire aura déjà vu tous les détails de l'organisation.

Le texte sur les graphiques et diagrammes

Le texte joue un rôle important sur tous les graphiques et diagrammes. Un graphique ou un diagramme sont avant tout des images et la première impression qu'on en tire est celle d'une image. Ensuite, le spectateur a besoin d'une explication et son œil cherche le texte qui lui permettra de comprendre. Grosso modo, le cerveau du spectateur suit la séquence suivante.

1. Un « camembert ». C'est une comparaison. Je vois différentes parts.
2. A quoi correspond ce diagramme ?
3. Que représente chaque secteur ?
4. Quelle est la signification générale ?

Ce train de pensées se déroule en quelques microsecondes mais l'ordre de ce déroulement est très important. Au moment où le spectateur, ou la spectatrice, identifie le type d'image, son œil devrait pouvoir se fixer sur un titre lui donnant clairement la signification de ce qu'il, ou elle, regarde. Généralement, la meilleure place pour ce titre est en tête. Ce titre doit être en gros caractères faciles à lire et comprendre le minimum possible de mots. « Part de marché » est un bon titre, net et précis. « Part de marché de chaque concurrent » n'est pas un bon titre. Réduisez chaque titre aux mots les plus simples et les plus clairs qui décrivent ce que l'image représente. Si des explications supplémentaires sont nécessaires, donnez-les oralement au moment de l'exposé.

L'erreur la plus commune commise en réalisant le texte des graphiques et diagrammes est le choix de caractères trop petits pour toutes les informations inscrites, mentions en face des colonnes, chiffres sur un graphique, dates, etc. Certes, ils ne doivent pas être aussi importants que ceux utilisés pour les titres mais suffisamment grands et gras pour être lus par tous les participants. Le texte doit être aussi court que possible et ne comprendre que les mots et les chiffres importants. Utilisez des abréviations chaque fois que c'est possible. Il est préférable, par exemple, d'écrire un grand FEV qu'un petit février. Les textes ou chiffres doivent toujours être écrits horizontalement. Ne les écrivez jamais verticalement sur le côté de l'image car vous obligez les lecteurs à tordre le cou et pencher la tête pour essayer de les lire.

La légende est la partie d'une image qui indique à l'observateur la signification des couleurs ou des ombrages ou l'échelle. Par exemple, le jaune pourrait correspondre aux ventes réalisées par la division chargée des opérations à l'est du pays, le gris, au centre.

Certains diagrammes sont mieux adaptés à certains tableaux. C'est pourquoi, il en existe de types différents. Voici quelques considérations qui vont vous aider à faire des choix selon les circonstances. (Ces considérations sont illustrées sur la figure 11.4.)

1. Pour présenter *une* chose, *une seule* fois. Pour montrer les parties d'un tout, utilisez le diagramme à secteurs (exemple 1) ou le graphique à barres horizontal (exemple 2).

EXEMPLE : Pour illustrer le coût des déplacements en pourcentage du prix de vente concernant une succursale régionale, le « camembert » peut être divisé en secteurs comme suit : immobilier, salaires et commissions, téléphone, frais généraux, déplacements et loisirs. Chaque secteur peut être d'une couleur différente. Le secteur « déplacements » peut être légèrement décalé.

Figure 11.4
QUATRE TYPES DE COMPARAISONS

1. Pour présenter *une* chose, *une seule* fois :

- **Utilisez le diagramme à secteurs ou le graphique à barres horizontal.**

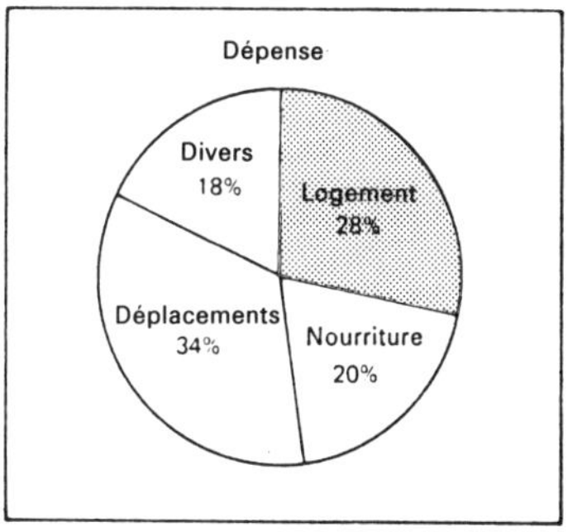

Exemple 1

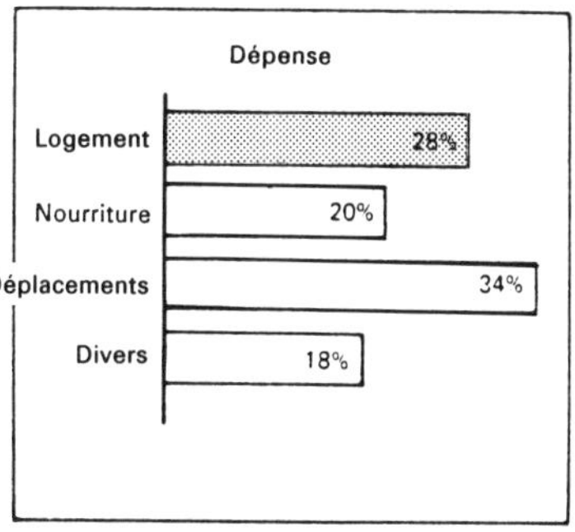

Exemple 2

Notez que le diagramme à secteurs considère chaque élément comme une partie d'un tout alors que le diagramme à barres insiste sur chaque élément relativement aux autres. Remarquez comment l'ombrage attire l'attention sur les secteurs les plus importants, « logement » dans chacun des cas.

2. Pour présenter *plusieurs* choses, *une seule* fois :

- **Utilisez le diagramme à barres horizontal.**

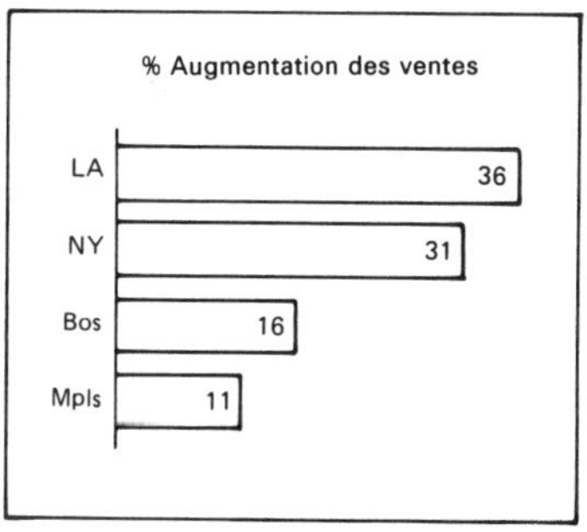

Exemple 3

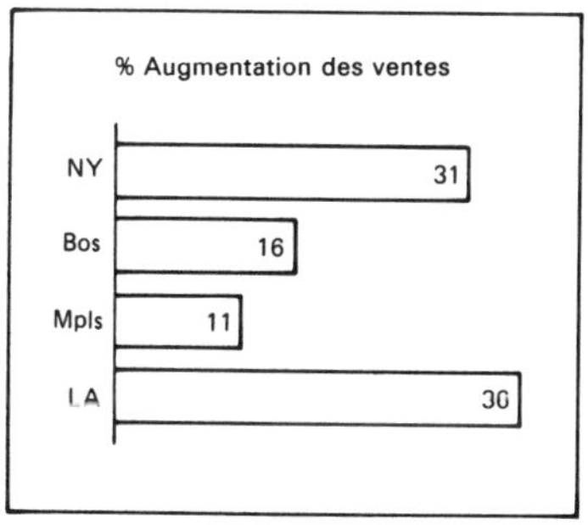

Exemple 4

L'exemple 3 est consacré aux performances relatives de quatre marchés. Supposez qu'un nouveau programme de ventes ait été introduit sur le marché de New-York, il y a 4 ans, sur le marché de Boston, il y a 3 ans, il y a 2 ans à Minneapolis et il y a 1 an à Los Angeles. L'exemple 4 montre que la description chronologique de l'évolution des ventes fait ressortir le succès de la nouvelle politique de vente à Los Angeles.

• **Utilisez le diagramme à double barres pour illustrer deux relations.**

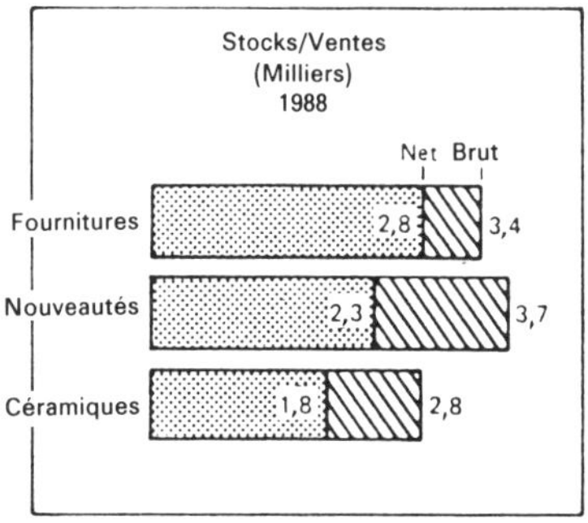

Exemple 5

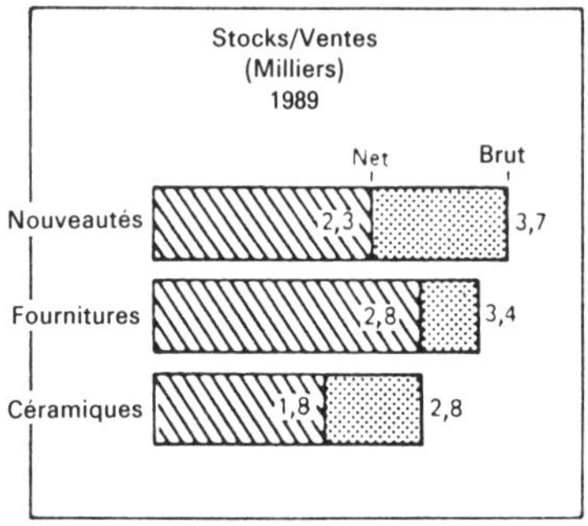

Exemple 6

Comparez les exemples 5 et 6. Sur l'exemple 5, les barres relatives à l'investissement sont placées en premier, ce qui leur donne plus d'importance alors que sur l'exemple 6, c'est le contraire.

• **Utilisez des diagrammes à barres à ligne médiane pour illustrer plusieurs relations.**

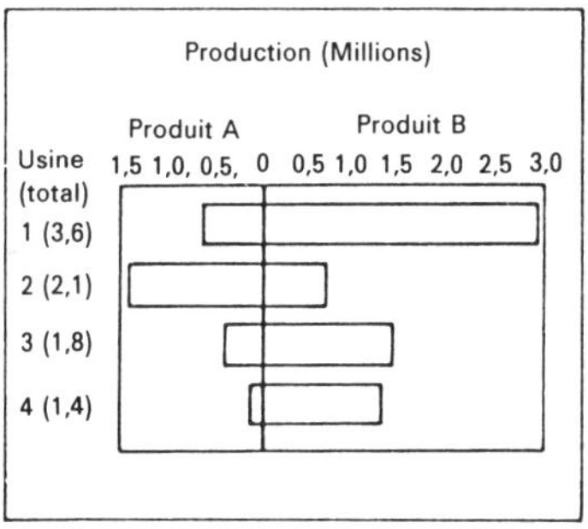

Exemple 7

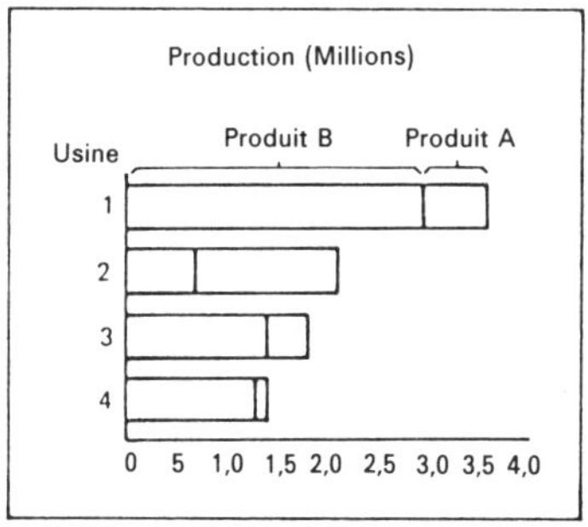

Exemple 8

L'exemple 7 fait ressortir les relations qui existent entre les productions relatives des produits A et B de quatre usines d'un groupe industriel. L'importance donnée à la production totale de chaque usine est secondaire et est représentée à la fois par la longueur totale des barres et les chiffres entre parenthèses. Comparez à l'exemple 8 où ce qui est important est la production totale.

3. Pour présenter *une* chose, *plusieurs* fois :

- **Utilisez des diagrammes à barres verticales ou des courbes.** (Notez l'usage : comparaisons à un moment donné, barres horizontales; comparaisons dans le temps, diagrammes à barres verticales)

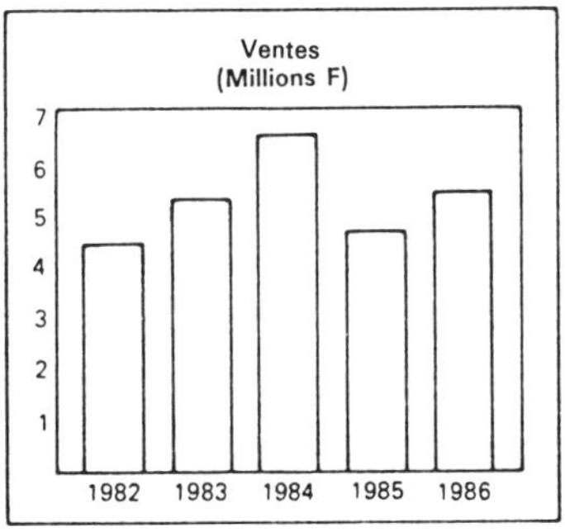

Exemple 9

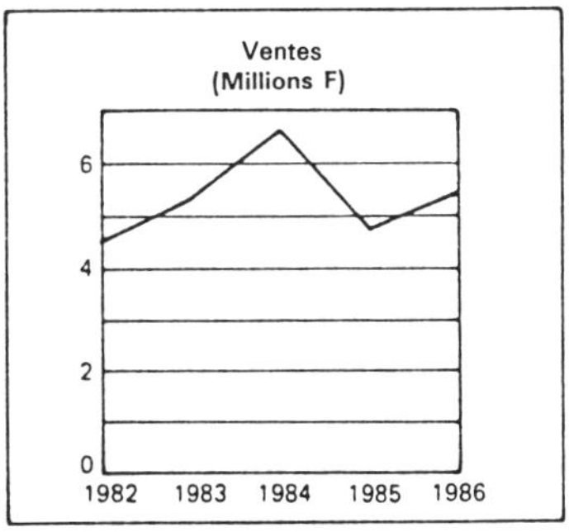

Exemple 10

Les exemples 9 et 10 montrent que si le « plusieurs fois » n'est pas « énormément de fois », les diagrammes à barres sont préférables aux courbes. L'exemple 9 illustre l'augmentation des ventes année par année de 1982 à 1984. L'exemple 10 aussi. Mais le tracé de la courbe suggère une augmentation continue des ventes au cours de ces deux années. Cela peut ne pas être vrai et, d'ailleurs, en consultant l'exemple 9, nous constatons que c'est effectivement le cas.

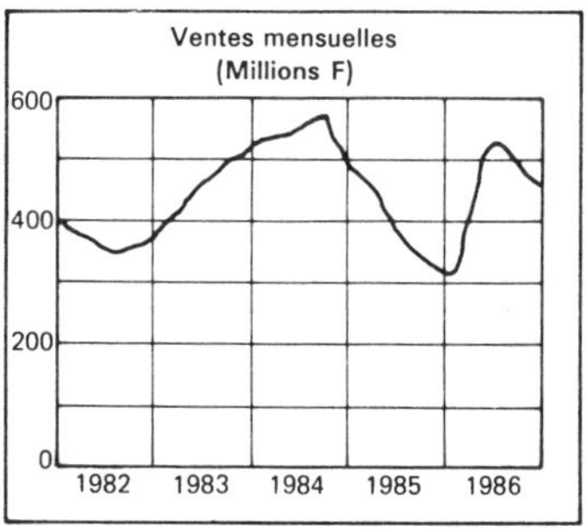

Exemple 11

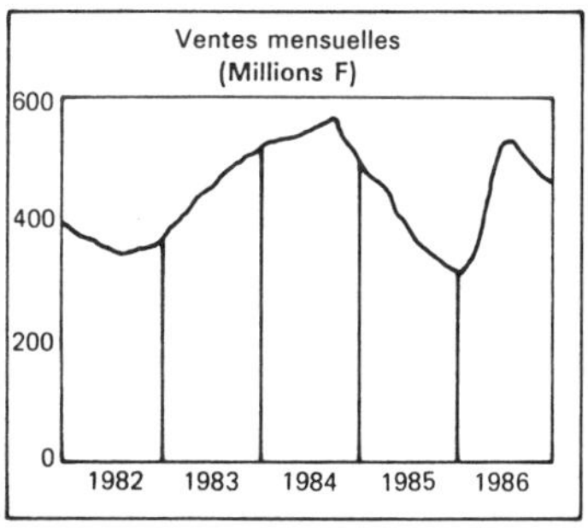

Exemple 12

Pour faire ressortir une comparaison annuelle, utilisez le diagramme à barres comme dans l'exemple 9. Pour mettre en évidence des tendances mensuelles, faites comme dans l'exemple 11. La variante de l'exemple 11, présentée dans l'exemple 12, met l'accent à la fois sur les comparaisons annuelle et mensuelle.

4. Pour montrer *plusieurs* choses, de *nombreuses* fois :

- **Utilisez des diagrammes à barres verticales ou des courbes.**

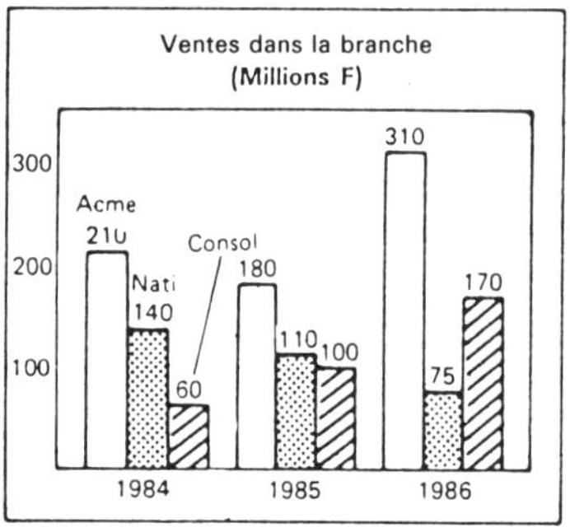

Exemple 13

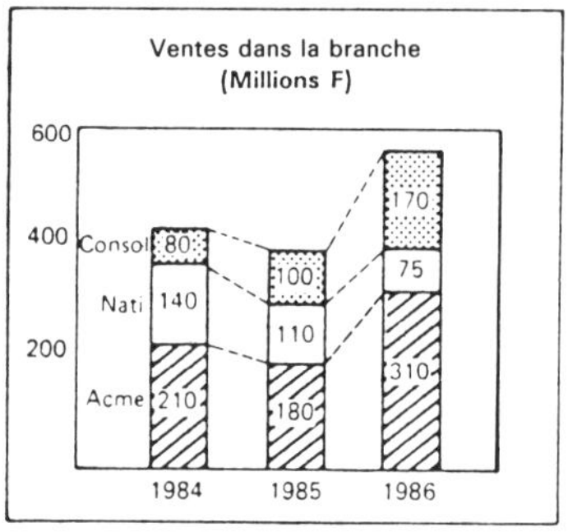

Exemple 14

L'exemple 13 montre comment utiliser les hachures et regrouper les barres pour mettre en évidence (1) l'évolution des ventes de chaque entreprise, (2) la suprématie d'Acme et (3) le rattrapage de l'entreprise National en perte de vitesse par la Consolidated, plus performante . Les mêmes données sont présentées dans l'exemple 14 mais dans ce cas, les barres sont superposées. Remarquez le changement de point de vue : l'accent est mis (1), sur la tendance présentée par l'ensemble des ventes de la profession et (2), sur la part de marché relative de chaque entreprise. Remarquez également, les différents types de hachures.

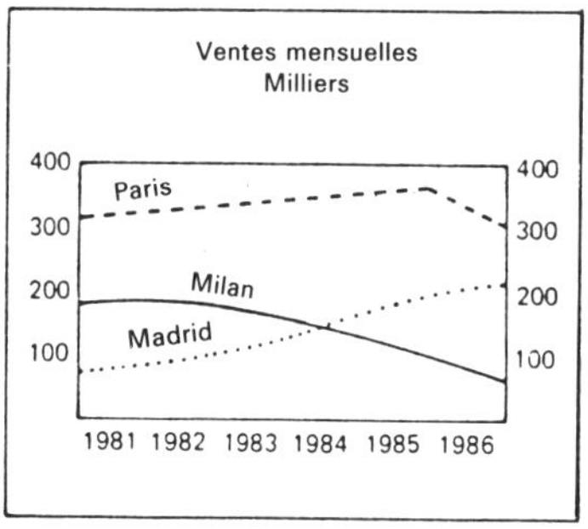

Exemple 15

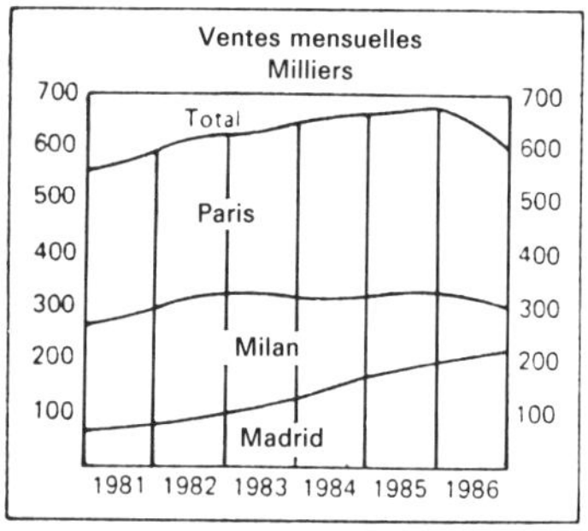

Exemple 16

Les graphiques qui se réfèrent à une chronologie montrent en général des courbes comme l'illustre l'exemple 15. Remarquez l'utilisation de traits interrompus et de pointillés pour éviter des confusions lorsque les courbes se coupent. Les courbes peuvent s'empiler, comme s'empilent les barres. C'est ce que montre l'exemple 16 qui représente les mêmes données que l'exemple 15. Les traits verticaux facilitent les comparaisons annuelles.

2. Pour présenter *plusieurs* choses, *une seule* fois. Pour comparer de nombreux éléments entre eux à un moment donné, utilisez les diagrammes à barres horizontales (exemples 3 et 4).

EXEMPLE : Quatre points de vente ont augmenté leurs ventes l'année dernière. Utilisez un diagramme à barres horizontales, chaque barre représentant l'augmentation relative en pourcentage de chaque point de vente. Vous pourrez, ainsi, illustrer rapidement la comparaison.

- Pour faire ressortir *deux relations ou davantage*, utilisez des diagrammes à barres empilées (exemples 5 et 6). Représentez une relation par la longueur des barres, les autres par les divisions internes de chacune des barres.

EXEMPLE : Pour exprimer le rapport entre l'état du stock et les ventes pour trois types de produits, utilisez une barre pour chacun d'entre eux. La partie inférieure de chaque barre représente le stock et la partie supérieure, les ventes. On voit bien et on comprend vite les rapports entre les chiffres.

- Pour faire ressortir *plus d'une relation.* Lorsqu'il existe des facteurs antagonistes, utilisez des diagrammes à barres à ligne médiane ou diagrammes normés (exemple 7).

EXEMPLE : Pour comparer la production de deux produits dans quatre usines utilisez un diagramme normé (exemple 7). La barre à droite de la ligne centrale pourrait représenter une augmentation de production du produit B, la barre à gauche, du produit A. Utilisez une barre par usine. Le diagramme fera apparaître au premier coup d'œil (1), l'augmentation de la production des deux produits et (2), la production des deux produits dans les différentes usines. Ce type de diagrammes convient bien chaque fois qu'il est nécessaire de comparer entre eux des facteurs antagonistes : par exemple, ventes les jours de pluie/ventes les jours sans pluie dans un magasin de détail ou règlements par cartes de crédit/règlements en espèces.

Le même type de données peut être présenté soit par des barres horizontales empilées, soit par des barres verticales empilées (exemple 8).

3. Pour montrer *une* chose de *nombreuses* fois. Pour suivre la modification de la valeur d'un élément sur plusieurs années, utilisez un diagramme à barres (exemple 9) ou une courbe (exemple 10).

EXEMPLE : Pour comparer les chiffres de ventes sur 5 ans, utilisez (1) un diagramme à barres avec une barre par année. Ce diagramme indiquera instantanément si les ventes ont augmenté, diminué ou sont restées stables. Les mêmes données peuvent être représentées sur un graphique par une courbe (2).

4. Pour montrer *plusieurs* choses, *plusieurs* fois. Pour comparer de nombreux éléments sur une période de plusieurs années, utilisez un digramme à barres groupées (exemple 13), un diagramme à barres empilées (exemple 14) ou un graphique à courbes (exemples 15 et 16).

EXEMPLE : Cinq grandes entreprises sont en concurrence sur un marché. Pour montrer l'évolution de la part de marché de chacune d'entre elles au cours des 3 dernières années, utilisez :

a. Des barres groupées —conviennent très bien sauf si les paramètres sont trop nombreux. Dans ce cas, cinq composantes peuvent être difficiles à discerner. Envisagez de n'étudier que les trois entreprises les plus importantes pour simplifier.

b. Des graphiques —en traçant des courbes de différentes couleurs pour chaque entreprise. Dans la mesure où il y a assez de distance entre les courbes, le graphique est une présentation convenable. Quand les courbes sont trop voisines, changez d'échelle. Remplacez, par exemple, les dizaines de millions par des millions.

5. Pour *comparer plus d'une catégorie* de données précises, utilisez un tableau.

% Ventes totales par secteurs

	U.S.A.	EUROPE	ASIE
1985	85	11	4
1986	83	11	6
1987	80	14	6
1988	79	12	9
1989	81	11	8

EXEMPLE : Pour présenter les ventes aux U.S.A., en Europe et en Asie et montrer la part de chacune de ces régions dans le chiffre total des ventes sur plusieurs années, utilisez un tableau dont les colonnes représenteront les chiffres de ventes en dollars ou en pourcentage pour chaque année, et les lignes, les ventes dans chaque région et le total des ventes. En lisant ce tableau, l'auditoire pourra rapidement faire les comparaisons nécessaires et comprendre le rôle de chaque segment de profit dans le profit total. Constituez toujours des tableaux simples et faciles à lire.

Il existe d'autres types de diagrammes, mais nous vous recommandons ceux que nous venons de présenter parce qu'ils ont prouvé leur efficacité au cours de nombreuses réunions, qu'ils sont connus de tous et qu'ils sont faciles à créer et à réaliser. Quand un groupe est soumis à une forme de diagramme qui ne lui est pas familière, sa première réaction est d'examiner le diagramme lui-même au détriment de son contenu —une distraction dont vous pourriez vous passer.

Dans la mesure où le choix de diagrammes utilisables est vaste, il est utile d'en choisir un nombre suffisant de différents types pour que la présentation soit vivante et intéressante. Utilisez également la couleur pour que les diapositives ne soient pas identiques. Choisissez des fonds sombres pour les unes et des fonds clairs pour les autres.

Distribution de copies de documents visuels

Nous avons constaté que la distribution de photocopies des documents visuels présentés à l'auditoire était une bonne chose. Un des avantages de la rétroprojection est que les copies de transparents se font très vite au moyen d'un photocopieur. Cependant, il faut éviter de distribuer ces copies avant ou pendant l'intervention pour deux raisons. Les participants accorderont davantage d'attention au déroulement de la réunion s'ils n'ont pas vu les documents d'avance et —encore plus important— votre interprétation des documents peut être différente de celle que le groupe pourrait adopter avant de vous entendre. Il faut d'abord que le groupe écoute ce que vous avez à dire.

Ne distribuez des documents avant ou pendant une réunion que s'ils sont nécessaires pour prendre des notes ou pour permettre à l'auditoire de réagir. Dans tous les autres cas, les documents doivent être distribués après la réunion pour que le message soit renforcé.

Les diagrammes et les graphiques peuvent induire en erreur

Si tous les chiffres sont justes, comment se fait-il qu'un diagramme ou un graphique puissent donner une image fausse de faits exacts ? La plupart de ces documents semblent n'être que des représentations directes des données ou de l'information.

Lorsque nous manipulons des documents visuels, nous devons nous souvenir que la première et la plus importante des impressions que ressent l'audience *n'est pas* celle d'une présentation de chiffres. C'est celle d'une relation transmise par les éléments du document présenté. Les observateurs perçoivent d'abord une relation et les situations respectives des éléments comparés. Cette impression est durable et c'est probablement la seule qu'ils conservent à la fin de la réunion. Par rapport à elle, les chiffres n'ont qu'une importance secondaire et ne sont même pas retenus.

Aussi en réalisant le document, pensez à l'*impression* qu'il va créer. Si vous illustrez, par exemple, une diminution des profits au cours des mois d'été de l'année passée, la manière dont vous concevrez le diagramme peut déterminer l'appréciation qu'en tirera le groupe. Ainsi, et selon la forme qui est donnée au graphique, elle apparaîtra comme une chute dramatique, une diminution importante ou un simple accident de parcours. Aussi, la première chose à faire au moment où vous vous apprêtez à construire un graphique est de choisir soigneusement les échelles des axes vertical et horizontal. Les échelles choisies peuvent modifier de façon significative l'aspect du document comme le montre la figure 11.5.

Les données représentées sur les trois graphiques sont les mêmes mais constatez combien les figures sont différentes. Il n'existe pas, à notre connaissance, de règles qui permettent de traduire des données de manière équitable. C'est matière de jugement de l'auteur. Mais chaque document doit être examiné de manière critique avant présentation pour éviter qu'il n'induise les observateurs en erreur. Est-ce que le diagramme décrit véritablement la situation qu'il représente ? Exagère-t-il ou minimise-t-il les faits ? Modifier un graphique non pertinent n'est souvent affaire que de reconsidération de l'échelle des axes vertical ou horizontal.

Résumé

Aucune représentation graphique n'est utile en elle-même. Son utilité n'apparaît qu'en relation avec l'idée qu'elle illustre.

Figure 11.5
Pièges à éviter

1. Décalage de l'origine des axes

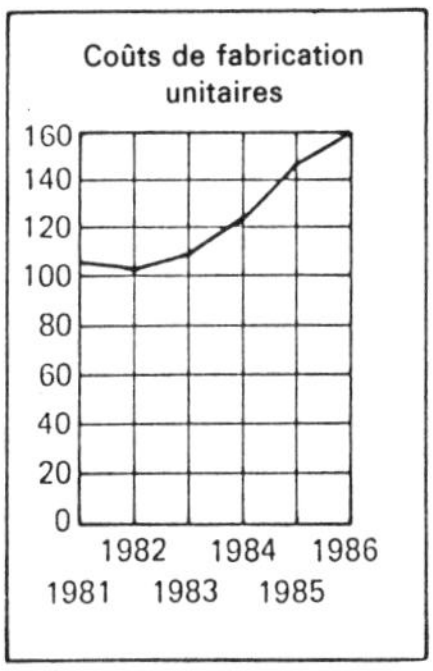

Exemple 1

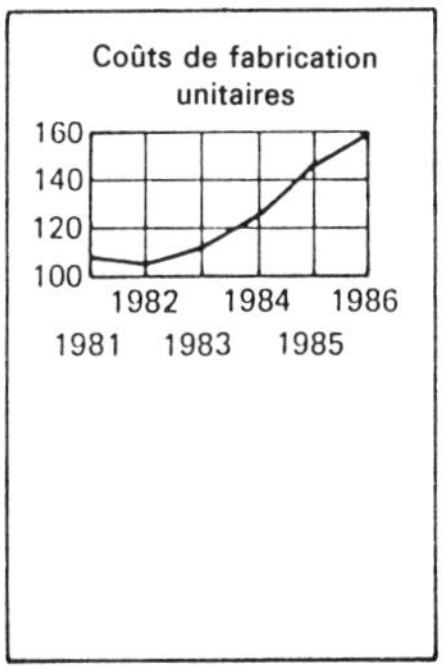

Exemple 2

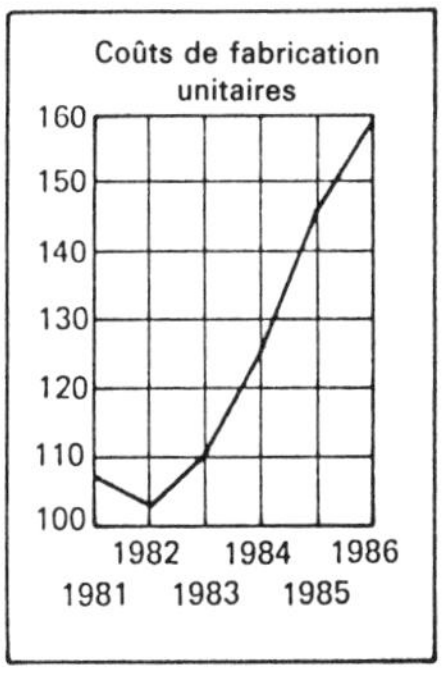

Exemple 3

L'exemple 1 représente une augmentation de prix de 49 % (de 107 à 159). Puisque tout se passe dans la partie haute du graphique, pourquoi ne pas décaler l'origine de l'axe vertical à 100, de manière à se débarrasser de la partie basse du dessin ? Le résultat obtenu est celui de l'exemple 2. Les données sont les mêmes mais l'œil compare des ordonnées (distances verticales) et voit une augmentation de 743 % (de 7 à 59). Enfin, si nous avons de la place, nous pouvons étaler l'échelle verticale pour obtenir l'exemple 3. Les trois graphiques présentent les mêmes données, seul le premier transmet une impression correcte.

2. L'échelle incohérente

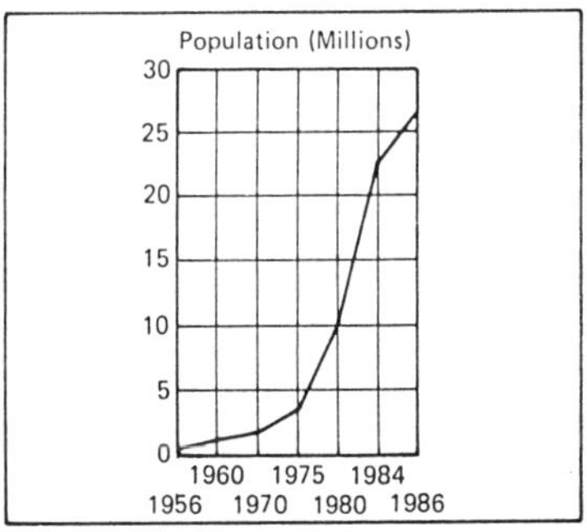

Exemple 4

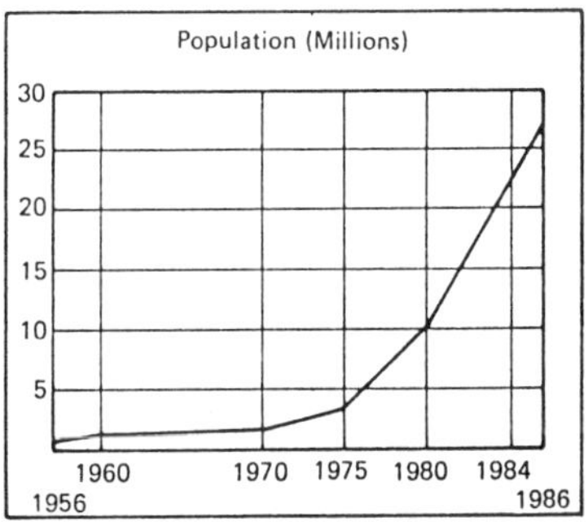

Exemple 5

Sur le premier document, exemple 4, les années pour lesquelles il n'existe pas de données ont été omises. Résultat : la même distance peut représenter 2, 3, 5 ou 10 ans. Sur le second graphique, exemple 5, nous utilisons une échelle de temps cohérente. Résultat : l'accent est mis de manière plus précise sur la relation la plus importante : une croissance saine au cours des 20 premières années et une croissance spectaculaire dans les 10 dernières années.

3. Les représentations imagées

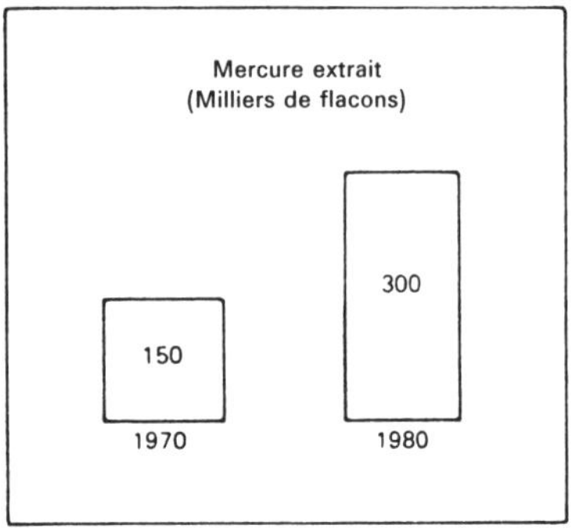

Exemple 6

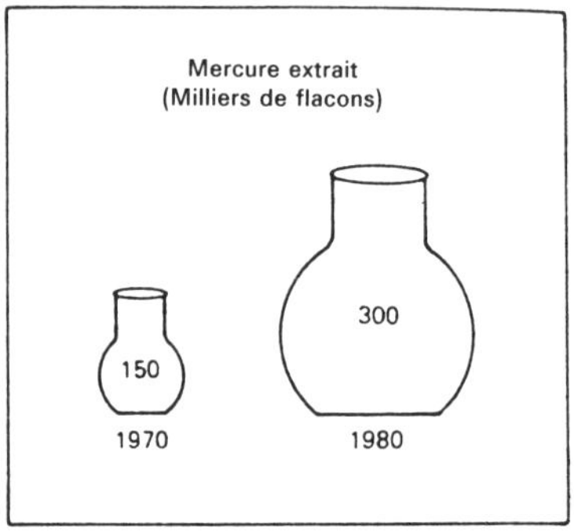

Exemple 7

Sur le premier document, exemple 6, le doublement de la quantité de minerai extrait est simplement et précisément mis en évidence par deux barres dont l'une est deux fois plus grande que l'autre. Pour rendre la présentation plus attrayante le second document, exemple 7, a été réalisé avec des figurines, dont l'une est censée être le double de l'autre. En fait, comme le diamètre de la seconde est aussi le double de celui de la première, son volume est huit fois plus grand. Par conséquent, ne compliquez pas les choses, utilisez des barres.

4. Les échelles multiples

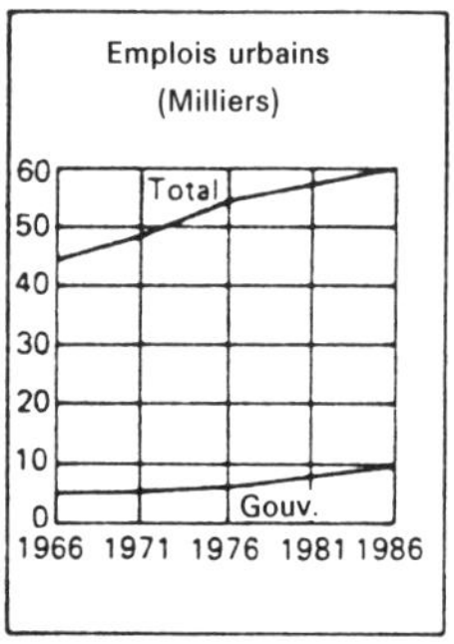

Exemple 8

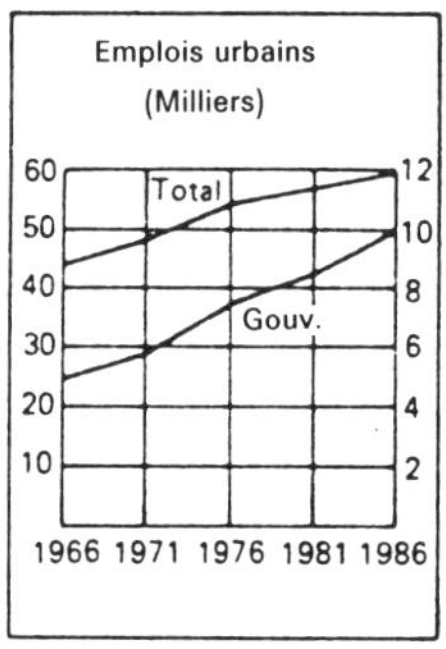

Exemple 9

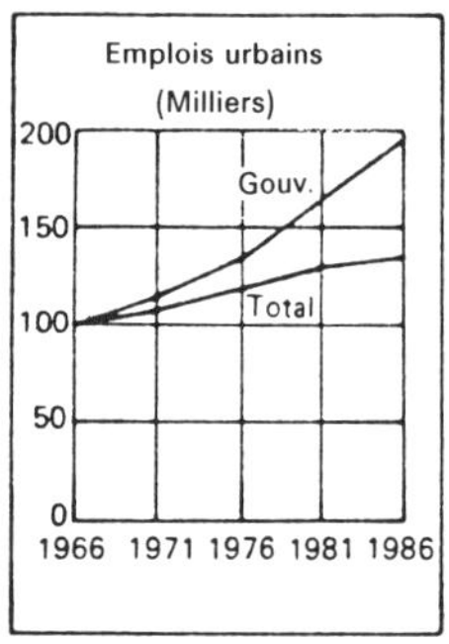

Exemple 10

Le premier graphique, exemple 8, ne convient pas si la relation clé entre les deux types d'emplois est leur croissance, parce que l'une des grandeurs est beaucoup trop petite par rapport à l'autre. Souvent, ce type de problème est résolu en utilisant deux échelles comme sur le second graphique, exemple 9. Cependant, cette approche complique le graphique sans mettre en évidence la relation recherchée. La comparaison offerte à l'observateur porte encore sur des quantités présentées de manière confuse. Dans le dernier cas, exemple 10, les données sont indexées. Le graphique est plus simple, il met en évidence l'augmentation relative et l'origine commune des deux courbes rend la comparaison plus claire.

Types de documents

Les *tableaux* résument les données et permettent des comparaisons.

Les *diagrammes à barres* présentent des comparaisons et décrivent des changements.

Les *graphiques à secteurs* mettent en évidence les relations des parties au tout, à un moment donné.

Les *graphiques à courbes* représentent les évolutions en fonction du temps et mettent les tendances en évidence.

Les *visuels graphiques* peuvent être parfois utilisés à la place des diagrammes à barres.

Les *cartes* sont des supports de présentation et elles permettent de repérer très vite les localisations géographiques.

Les *schémas ou diagrammes* sont un moyen concis de présentation de structures complexes. Sous ce nom sont désignés les organigrammes et les arbres de décision.

Le texte

L'erreur la plus communément commise au cours de la réalisation de documents visuels est d'utiliser des tailles de caractères trop petits pour tous les textes : titres de colonnes, chiffres, dates, etc.

Quel type de diagramme utiliser

1. Pour présenter *une* chose *une seule* fois, des parties d'un tout par exemple, utilisez un graphique à secteurs ou un diagramme à barres.

2. Pour présenter *une* chose *plusieurs* fois, l'évolution de la valeur d'un élément sur une période de plusieurs années par exemple, utilisez un graphique à courbes ou un diagramme à barres.

3. Pour présenter *plusieurs* choses *une seule* fois, comparer plusieurs éléments sur une période de plusieurs années, par exemple, utilisez un diagramme à barres horizontales.

4. Pour présenter *plusieurs* choses *plusieurs* fois, utilisez un empilement de barres, un groupement de barres ou une courbe.

5. Pour faire ressortir *deux ou plusieurs relations*, utilisez des empilements de barres. Mettez en évidence l'une des relations par la grandeur des barres et l'autre par les divisions de chaque barre.

6. Pour faire ressortir *plus d'une relation* où interviennent des facteurs antagonistes, utilisez un diagramme normé.

7. Pour comparer *plus d'une catégorie* de données précises, utilisez des tableaux.

Chapitre 12

La création et la commande de documents visuels

Le développement explosif de l'utilisation de documents visuels au cours des réunions, ces dernières années, est dû pour une large part aux progrès de la technologie audiovisuelle. Celle-ci a permis de créer les diapositives et les transparents plus facilement, moins cher et de les produire plus rapidement. Nous avons vu se mettre en place une synergie intéressante : à mesure que la demande de documents visuels croissait, les opérations de recherche et de développement qui leur étaient consacrées se multipliaient, ce qui rendait les documents plus accessibles et par voie de conséquence, entraînait une augmentation de la demande.

Dirigeants et reponsables, plongés dans leurs préoccupations, ne sont généralement pas au courant des progrès de la technologie audiovisuelle. C'est pourquoi ce chapitre est consacré à la description de l'état actuel de l'art en ce qui concerne la création et/ou l'offre des diapositives et des transparents pour rétroprojection.

Tous ceux qui ont eu à faire face à la préparation d'une réunion savent que le premier problème qu'ils ont rencontré, a été : « Comment créer les documents visuels ? » Dans le passé, cela signifiait, tout au moins dans les grandes entreprises, qu'il fallait avoir recours au service spécialisé dans la préparation des documents visuels. Dans le cas des PMI-PME, cela signifiait qu'il fallait prendre contact avec un dessinateur, un photographe et un fabricant pour assurer la production des documents nécessaires. Ainsi, une intervention ordinaire était promise au rang de grand projet, compte tenu du temps nécessaire à sa préparation et de son prix. Bien souvent, il était plus simple de se passer de documents que de subir ce processus.

Aujourd'hui, la production de documents visuels pour une intervention est une procédure simple, facile et bon marché :

1. Les transparents pour rétroprojection peuvent être réalisés électroniquement directement au bureau au moyen de tables traçantes, à logiciels incorporés, de la taille d'une machine à écrire (Figure 12.1).

2. Les transparents de rétroprojection peuvent être réalisés manuellement au bureau, au moyen d'un photocopieur et de kits qui contiennent tout le matériel nécessaire à la création d'originaux de haute qualité.

3. Les diapositives et les transparents peuvent être fabriqués informatiquement et fournis par des entreprises spécialisées. Ils peuvent être commandés par téléphone, à un représentant ou par un réseau informatique et livrés, prêts à l'emploi, en deux jours.

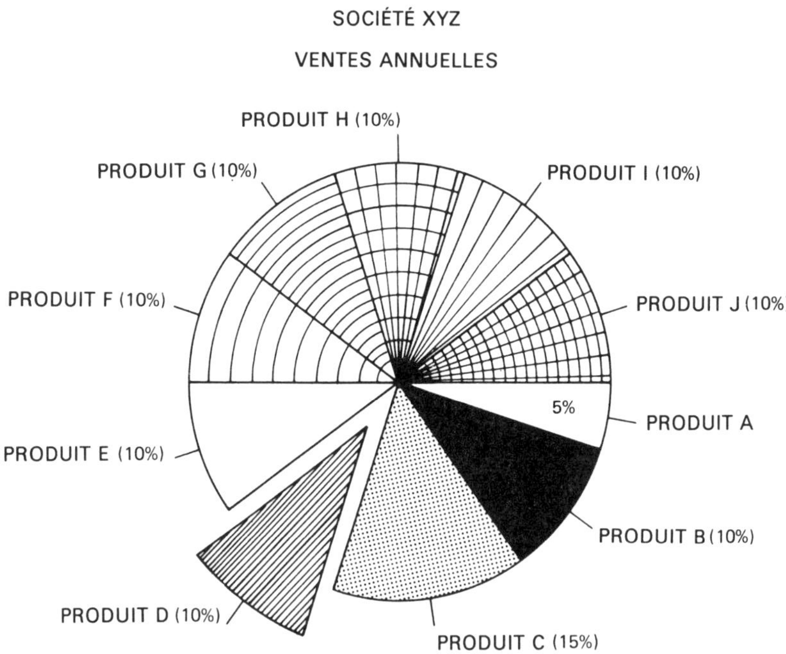

Figure 12.1 Exemple d'un transparent pour rétroprojection créé sur une table traçante utilisant un film 3M. La plupart des tables traçantes sont conçues pour opérer au moins en quatre couleurs.

4. Les diapositives peuvent être générées par un système micro-informatique de traitement graphique dans votre bureau même et fabriquées immédiatement ou dans les quelques heures d'après photographie de l'écran.

L'ensemble micro-ordinateur, logiciel graphique et imprimante, en plein développement, apporte en effet une aide nouvelle et nécessaire à la création de transparents surtout avec l'opération d'imprimantes couleur alliant qualité et rapidité d'exécution.

Les tables traçantes tout d'abord, les imprimantes à impact, les imprimantes à transfert thermique créent une révolution dans le domaine de la préparation de transparents (Figure 12.2). Les imprimantes laser à impression noir et blanc offrent une qualité de reproduction de haute définition et leurs tirages papiers fournissent d'excellents originaux pour la fabrication de transparents colorés réalisables à partir de tireuses de transparents de type Thermo-Fax (Figure 12.3). De plus, le développement de logiciels graphiques simples, tel *Trumpet* de 3 M, ou plus élaborés tel *Mirage* de Zénographics, permettent de réaliser en quelques minutes ou quelques dizaines de minutes des images percutantes en couleur.

L'arrivée très récente des premiers copieurs laser en couleur permet de prédire qu'une nouvelle étape vers la production aisée, rapide et économique des transparents quadrichromie va être réalisée.

5. Des ensembles intégrés de traitement graphique qui permettent la production complète de visuels —de la création au document achevé et prêt à l'emploi— peuvent être installés si nécessaire.

Des transparents « faites-les vous-mêmes »

En commençant par le bas de gamme de la technologie visuelle, il existe des kits simples qui contiennent tout le matériel nécessaire pour fabriquer manuellement des transparents pour rétroprojection. Ces ensembles contiennent des originaux de diagrammes types et de graphiques standards, des lettres spéciales à transformer, des films adhésifs pour introduire de la couleur, des cadres, des rubans colorés pour les courbes, etc, ainsi que des modèles de symboles courants. Les originaux sources de diagrammes et de graphiques courants sont déjà préimprimés,

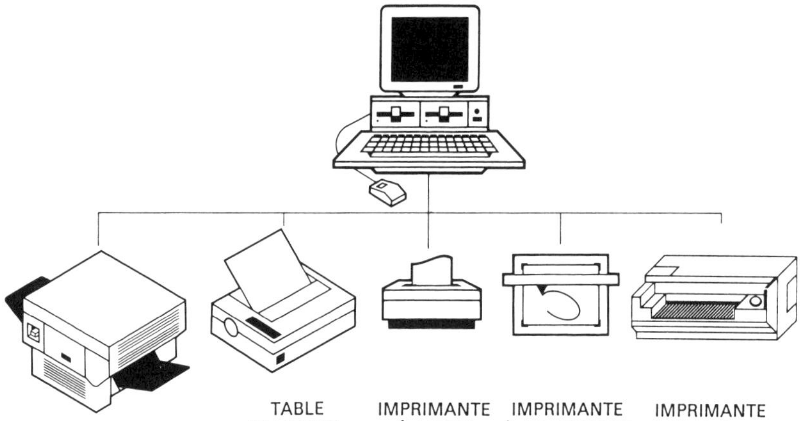

Figure 12.2 Transparents péri-informatiques

prêts à être reproduits sur un photocopieur de bureau. On peut alors y inscrire les titres, numéros et données appropriés. L'original est ensuite photocopié sur un film spécial pour transparent au moyen du photocopieur à papier —et est prêt à l'emploi. Dans ces conditions, il est possible de fabriquer de l'ordre d'une douzaine de transparents en deux heures.

Des composeurs-titreurs peuvent réduire le temps nécessaire à la fabrication manuelle des transparents en produisant des lettres parfaitement alignées et espacées de divers types, grandeurs et couleurs. Leur utilisation élimine un long procédé de calque des lettres une à une sur l'original. Les titres et les légendes sont frappés sur le clavier de la machine qui fabrique un ruban adhésif qu'il suffit alors de mettre en place sur le document. Une tireuse de transparents peut simplifier l'opération encore davantage. Peu encombrants (ils tiennent sur un coin de bureau), ces appareils réalisent un transparent à partir d'un original en 4 secondes.

Cependant, la fabrication manuelle de visuels commence à être dépassée. Certes, ces matériels continueront à être disponibles pour les cas d'urgence mais la réalisation des documents, diapositives ou transparents, s'est dorénavant informatisée. Ces techniques offrent tellement d'avantages qu'elles sont devenues l'usage courant pour la plupart des entreprises. Les documents ainsi

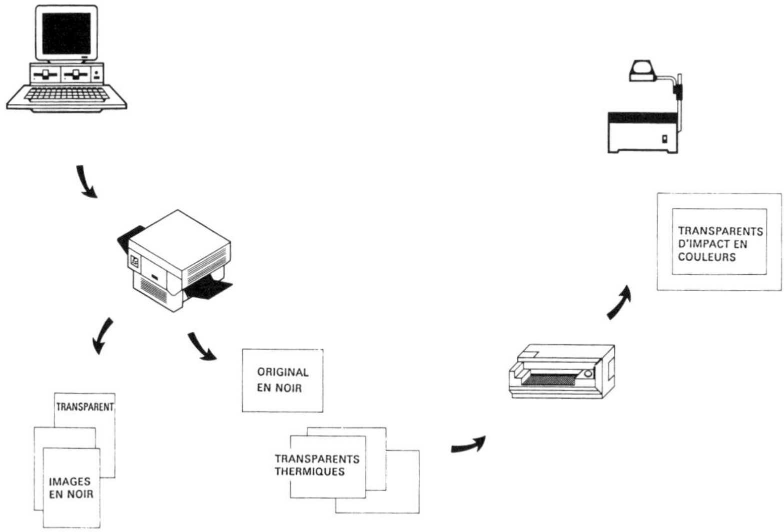

Figure 12.3 Vos présentations sur transparents couleur.

réalisés ont un aspect très professionnel et peuvent être fabriqués en moins de temps qu'il n'en faut généralement pour en produire de qualité similaire dans la plupart des cas en utilisant les méthodes traditionnelles.

Les transparents fabriqués électroniquement

Les appareils électroniques à fabriquer des transparents sont des machines qui réduisent à quelques minutes le temps nécessaire à la réalisation de transparents représentants tableaux, graphiques et diagrammes. Semblables à des tables traçantes qui permettent la reproduction de graphiques affichés sur un écran, ces petites unités comportent un micro-ordinateur incorporé. Leur logiciel contient un grand nombre de diagrammes types et de modèles de graphiques. Il suffit à l'opérateur de répondre à quelques questions posées par le micro-ordinateur puis de rentrer les données. L'appareil sélectionne automatiquement les types de caractères, les couleurs, la disposition et la mise en place de chaque diagramme —l'opérateur peut, d'ailleurs, s'il le souhaite, faire cette sélection lui-même.

Des plumes dont le réservoir contient des encres de couleur, pilotées par le logiciel du micro-ordinateur tracent le document sur un film transparent déposé sur la platine de la table traçante. Tout diagramme peut être stocké en mémoire ou sur bande et rappelé pour être reproduit au dernier moment. Le tracé automatique du document ne demande que quelques minutes et le transparent obtenu est prêt à l'emploi.

Figure 12.4 La production de transparents pour rétroprojection sur table traçante est une méthode de production des documents graphiques en couleur, vivants et d'allure professionnelle.

Ces appareils de bureau sont portables et peuvent être utilisés par n'importe qui, moyennant un court apprentissage. Les transparents nécessaires à une intervention courante peuvent être exécutés en une heure à peu près —mais pendant que le traceur travaille, l'opérateur est libre de faire autre chose.

Les appareils électroniques à fabriquer des transparents (Figure 12.4) peuvent également produire des copies papier en couleur des transparents à distribuer aux participants. Ils peuvent aussi être connectés par téléphone à un service d'infographie si bien qu'il est possible de commander des diapositives relatives aux mêmes données.

Diapositives générées par ordinateur

Les diapositives de diagrammes, de tableaux et de graphiques générées informatiquement sont devenues aujourd'hui d'un usage courant et peuvent être produites sur un micro-ordinateur ou commandées à une entreprise d'infographie. Si votre micro-ordinateur possède des capacités graphiques et le logiciel adapté, les diapositives peuvent être créées sur l'écran, puis photographiées au moyen d'un équipement spécial sur du film 35 mm. Après un traitement photographique classique, les diapositives sont prêtes à l'emploi. Les logiciels disponibles aujourd'hui prennent en charge la plus grande partie du travail de création et simplifient le système. Le temps habituel de la commande à la livraison est de l'ordre de un à deux jours.

Dans le cas de réunions tenues dans des bureaux où se trouvent des micro-ordinateurs, on observe un développement de l'utilisation de graphiques directement affichés sur l'écran pour illustrer les interventions. Cela élimine le besoin de diapositives ou de transparents. Compte-tenu de la dimension des écrans, ce type d'illustration n'est valable que pour des réunions qui ne regroupent pas plus de six ou sept personnes. Il est nécessaire de programmer la machine à l'avance pour créer les graphiques et ordonner leur affichage, ce qui peut demander beaucoup de temps. Cependant, cette méthode est une étape de plus sur le chemin qui mène à l'utilisation d'images à toutes les réunions, afin d'augmenter leur efficacité et leur productivité. L'apparition récente d'écrans à cristaux liquides, connectés sur micro ou placés sur rétroprojecteur, rend cette méthode plus attrayante.

Centres de traitement graphique informatisé

La croissance extraordinaire du marché des documents visuels pour réunions professionnelles a conduit à la création de centres de traitement graphique informatisé. Leur fonction principale est de produire des diapositives et des transparents sur commande. Ces diapositives sont de haute qualité et le service est rapide, cela dépend du centre bien sûr. Généralement, les documents peuvent être livrés, prêts à l'emploi, dans des délais de un à dix jours, en fonction de l'urgence.

Selon les centres, les diapositives sont commandées par téléphone à travers un terminal d'ordinateur ou un traitement de texte au moyen d'un modem —ou traditionnellement par téléphone— ou, tout simplement par ordre donné à un représentant qui passe le prendre au bureau. De toute manière, la commande est facile à passer. Les types de diagrammes ou de graphiques sont choisis parmi des échantillons et le consommateur fournit les données. L'information est saisie sur un ordinateur au centre de services et les diapositives sont automatiquement créées et traitées.

Equipement de fabrication automatisée de transparents

Si le besoin de transparents pour rétroprojection et de copies papier couleur est suffisant en volume, il est possible d'installer des équipements automatisés dans les bureaux eux-mêmes. Des unités dont la taille est analogue à celle d'un photocopieur de bureau (Figure 12.5) peuvent exécuter jusqu'à 50 impressions couleur ou 40 transparents par heure. Ces machines sont pilotées par microprocesseur, autonomes et pas plus difficiles à utiliser qu'un photocopieur. Les copies et les transparents sortent de la machine prêts à l'emploi. Ces machines réalisent des transparents entièrement en couleur à partir de diapositives de 35 mm et de tout matériel imprimé de dimensions allant jusqu'à 22 x 28 cm environ.

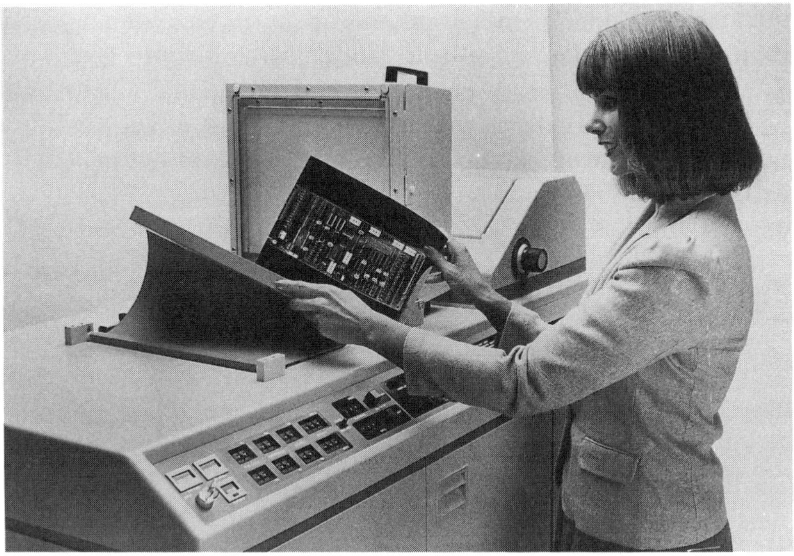

Figure 12.5 Plusieurs constructeurs proposent des machines à fabriquer des transparents photographiques entièrement en couleur. Ces documents produisent un très grand impact lors des présentations. Dans la mesure où de tels équipements sont très chers, les documents graphiques de ce type peuvent être commandés auprès de différents centres de services dans tout le pays.

Services internes de fabrication de documents en couleur

Il existe, à l'heure actuelle, des équipements qui offrent la gamme complète des productions, diapositives, transparents pour rétroprojection et copies couleur. Ces équipements conviennent bien aux grandes entreprises où la demande de documents visuels est très développée. Ils comportent des capacités de conception informatisée et un poste de travail complet de création et de traitement automatisé pour la production des documents. Ils peuvent produire des diapositives, des transparents et des copies couleur. Certes, un opérateur compétent est nécessaire mais un poste de travail interne capable de produire un tel ensemble de documents offre beaucoup d'avantages à une entreprise dont les besoins quotidiens sont importants et pouvant avoir des impératifs de sécurité.

Dans certains cas, des graphiques peuvent être commandés à partir du poste de travail par l'intermédiaire d'un clavier qui communique avec un ensemble de production situé ailleurs. Un tel schéma permet d'éviter d'installer l'équipement sur place. La livraison des documents se fait alors par poste ou par un service express.

L'avenir

L'infographie a fait de grands progrès au cours de ces dernières années et ces progrès continuent à mesure que l'utilisation de documents visuels croît. Le but des chercheurs a été de produire des documents visuels de tous genres, ayant une meilleure apparence, de les mettre plus rapidement à la disposition des utilisateurs et de diminuer les coûts de production. Quiconque utilise ce type de documents doit suivre avec attention les progrès qui ne manqueront pas de se produire dans ce domaine. Les services et les équipements que nous avons examinés dans ce chapitre ne font qu'indiquer le sens de l'évolution.

Résumé

Les diapositives de type professionnel et les transparents pour rétroprojection peuvent, aujourd'hui, être fabriqués facilement, rapidement et à bon marché par :

Production manuelle de transparents. Des kits complets contenant le matériel de base nécessaire pour une production « faites-le vous-même » de documents visuels. Leur rendement peut être amélioré par l'utilisation de compositeurs titreurs et d'appareils de bureau de fabrication de transparents.

Production électronique de transparents. Les appareils de bureau de fabrication de transparents tracent automatiquement des diagrammes, des graphiques et des titres en couleurs sur des films transparents en quelques minutes.

Réalisation informatisée de diapositives. Les diapositives et les transparents peuvent être réalisés par ordinateur dans des centres spécialisés, commandés par téléphone à un représentant ou par un micro-ordinateur ou au moyen d'un terminal via un modem et une ligne téléphonique et livrés en deux jours.

Poste interne de production de transparents. Des unités intégrées qui fabriquent des transparents et des copies couleur et qui se manipulent aussi facilement qu'un photocopieur de bureau.

Poste interne de production de diapositives, de transparents et de copies couleur. Pour ceux qui ont de très gros besoins, il existe des postes de travail qui sont de véritables « usines » à documents visuels.

Chapitre 13

Interventions techniques et spécialisées

Si vous êtes un professionnel : ingénieur, scientifique, économiste, auditeur, statisticien, biologiste, mathématicien, programmeur ou autre technicien, vous appartenez à ce groupe sans cesse croissant de gens qui transforment le monde. Vous êtes membre d'une force puissante qui mène les affaires. Vous appartenez au nouvel univers de la communication. Vous portez un message que les autres attendent. Vous êtes un élément de la vague scientifique et technologique qui a créé des industries nouvelles et qui a remodelé ou détruit des industries anciennes. Vous êtes l'avant-garde !

Votre talon d'Achille, si vous en avez un, est que vous n'avez pas appris à communiquer au-delà des limites de votre spécialité. C'est bien si vous vous contentez de rester dans votre laboratoire ou à votre console d'ordinateur. Mais si vous voulez atteindre l'univers du management, vous devez assumer la responsabilité d'une communication avec ceux qui sont à l'extérieur de votre spécialité, aussi bien pour vendre que pour communiquer. Vous devez être capable de maîtriser aussi bien les interventions non-techniques que techniques.

Les jargons professionnels

Selon le *Webster's New College Dictionary*, un dialecte est une variété régionale de langage qui se distingue des autres variétés régionales par des éléments de vocabulaire, de grammaire et de prononciation. Le dictionnaire ajoute que la variété de langage pratiquée par un groupe socio-professionnel est également un dialecte. C'est là, la manière académique de décrire ce que la plupart des gens appellent un jargon professionnel. Il y a, dans toute langue, autant de jargons qu'il y a de disciplines scientifiques ou autres. Chaque profession possède le sien et il est difficile, voire impossible, à des personnes extérieures de le comprendre. Il apparaît naturel et simple aux spécialistes ou aux techniciens mais lorsque ceux-ci font des exposés devant des auditoires extérieurs à leur discipline, ce jargon constitue une importante barrière à la communication.

Un jargon comporte un grand nombre de mots et de phrases qui ont un sens particulier et qui constituent des raccourcis de langage. L'utilisation d'un jargon et de sa terminologie spécialisée peut être attribuée à diverses raisons —l'habitude, le désir d'impressionner les autres ou, tout simplement, le désir conscient ou inconscient d'être incompréhensible. Quelles qu'en soient les raisons, l'utilisation d'un jargon au cours d'une intervention non-technique a pour effet une absence de communication et coûte cher. L'auditoire est rarement impressionné et presque toujours plongé dans la confusion. Par contre, tout le monde apprécie l'éclair de la compréhension qui jaillit lorsque l'inconnu est expliqué et devient clair.

Auditoires non-spécialisés et auditoires scientifiques

On opère parfois une distinction entre auditoires « non-spécialisés » et auditoires « scientifiques » sur la base du « jargon » qu'ils peuvent comprendre. C'est faire l'hypothèse que tous les auditoires scientifiques comprennent tout exposé fait dans un langage plein d'expressions scientifiques complexes. C'est une simplification abusive dans la mesure où le problème posé par le langage est bien plus profond. Un chimiste pratiquant son jargon peut communiquer avec d'autres chimistes mais ne sera, très probablement, pas capable de communiquer avec des biologistes, des informaticiens ou des ingénieurs. D'où la première règle de discours pour un spécialiste :

> Parlez toujours le langage de l'auditoire. Adaptez tout exposé fait devant un auditoire qui n'est pas de votre spécialité de manière à ce que celui-ci puisse le comprendre.

Le spécialiste bilingue

Un spécialiste qui utilise un jargon pour s'adresser à un public non-spécialisé doit s'interrompre et expliquer les termes spécialisés qu'il emploie. S'il opérait de même au cours d'une réunion scientifique, il passerait pour peu sérieux. C'est pourquoi, le spécialiste se doit d'être bilingue, c'est-à-dire pratiquer à la fois la langue commune et le langage technique de sa spécialité. D'où la seconde règle de discours pour un spécialiste :

> Utilisez toujours le jargon de votre spécialité quand vous vous adressez à un auditoire de collègues. La communication s'établira mieux et sera plus crédible. De même, parlez un langage naturel simple, sans termes techniques, lorsque vous vous adressez à des auditoires extérieurs à votre spécialité et ne manquez pas d'expliquer tous les termes de votre jargon lorsque vous ne pouvez pas les éviter.

Vendre au cours d'une intervention de spécialiste

Les scientifiques et les techniciens font souvent des interventions, en particulier des communications rendant compte de leurs travaux de recherches, devant leurs pairs. Il en résulte que nous avons tendance à les considérer comme des intervenants confirmés. Il existe, cependant, une différence importante —à part celle du langage— entre un groupe de scientifiques et un groupe de commerçants. Celle-ci réside dans le but assigné à l'intervention.

Dans presque toute intervention de type commercial, il existe un élément de persuasion ou de *vente.* L'intervenant vend une idée, un plan d'action, une modification de plan, etc. Une réunion est pleine de persuasion, à la fois directe et indirecte. Les décisions sont prises à force de persuasion, même les interventions « comptables » vendent, car elles persuadent le groupe que les objectifs ont été, ou non, atteints.

Pourtant, quand un scientifique quelconque, ingénieur, biologiste, informaticien ou tout autre membre de la communauté scientifique présente une communication à un symposium ou un congrès, il existe des règles non-écrites qu'il est nécessaire de suivre. D'abord, la communication ne doit jamais *vendre.* L'intervenant doit s'efforcer de supprimer toute emphase inutile ou inhabituelle. Un biologiste, par exemple, lorsqu'il expose ses travaux de recherches doit expliquer sa méthodologie pas à pas dans le plus grand détail. L'idée de base étant que tous ses collègues travaillant dans le même domaine devraient être en mesure de reproduire son travail. Toutes les conclusions sont très prudemment énoncées, rarement sous une forme positive en des termes vendeurs. Essentiellement, une communication scientifique exprime le message suivant : « Voici les résultats du travail que nous avons effectué et ce que nous pensons de leur signification dans l'état actuel des choses. »

Quand ce même biologiste fait un exposé à d'autres responsables de l'entreprise, peut-être sur le même sujet, ces règles de « congrès scientifique » ne peuvent plus s'appliquer. A l'intérieur de l'entreprise, l'intervention a des raisons probablement économiques : pourquoi le budget affecté à cette recherche doit-il être prorogé une année de plus ou pourquoi le produit qui sera l'application de cette recherche sera-t-il une réussite ? En faisant son exposé devant d'autres responsables, le technicien spécialiste est presque toujours en position de vendeur d'une idée, de l'opinion que la recherche engagée, bien que progressant lentement, évolue dans la bonne direction, de la nécessité d'engager des recherches dans une nouveau domaine. Dans la mesure où les techniciens sont sans cesse confrontés à des situations de « vente » et de « non-vente » —souvent relatives aux mêmes sujets mais devant des groupes différents— ils doivent être très conscients de la nature des deux types d'intervention et de leurs différences.

La communication scientifique. Profil bas, fondée sur les faits, un exposé sans passion de données et de méthodes exprimées dans le langage technique de la discipline.

L'intervention d'affaires. Le plus souvent orientée vers un objectif, basée sur les faits mais avec l'accent mis sur la vente, la persuasion ou l'atteinte de l'objectif.

En résumé, les spécialistes doivent savoir comment tenir deux types de discours en deux langues différentes et deux méthodologies —l'un pour leurs pairs et l'autre pour tous ceux qui sont en dehors de leur discipline.

Les comptables et les juristes sont également des spécialistes

Souvent les comptables et les juristes, pour quelque obscure raison, ne se considérent pas comme différents des autres membres du monde des affaires et, dans ces conditions, tombent fréquemment dans le piège du « jargon ». Cela devient évident quand des membres de l'une ou l'autre profession font des exposés devant des cadres dirigeants. Ils ont tendance à employer librement des termes légaux ou comptables comme si ceux-ci constituaient une partie normale du langage de chacun. Il en résulte en général, à la suite de leur intervention, de grandes discussions le plus souvent dues au fait que le groupe n'a pas compris certaines choses qui ont été dites.

Sachez à qui vous parlez

Un intervenant doit connaître son auditoire et tailler son intervention à ses mesures. Cela signifie, non seulement, que l'intervenant est prêt à utiliser le langage qui convient mais, aussi, qu'il sait pourquoi cet auditoire est réuni. En général, une réunion se déroule sur les « intérêts particuliers » du groupe, que ce soit l'évolution des profits, dans le cas du management, des caractéristiques de produits nouveaux, dans le cas du service des ventes et de la publicité ou des matériaux rares, dans le cas de la production. L'intervention doit porter spécifiquement sur l'intérêt particulier retenu. L'auditoire doit pouvoir partager le savoir du spécialiste en relation avec son intérêt propre, rien de plus.

Les spécialistes, et les techniciens en particulier, tendent à fournir plus d'informations qu'il n'est nécessaire. Un comptable analysant le coût d'un nouveau programme, exprimera celui de l'année précédente qui lui sert de modèle sous la forme 9 986 875,98 F, qui détaillera la somme en sous-rubriques. Cependant, l'auditoire de responsables de marketing ou de spécialistes de la fabrication n'a besoin comme information que d'un ordre de grandeur —dans ce cas, 10 millions de francs. Les juristes, parlant d'un problème légal, aiment à s'étendre sur la jurisprudence. Leur idée est que plus il y a accumulation d'antécédents, plus la position de l'entreprise est forte. Mais ceux qui assistent à la réunion n'ont besoin que de savoir que le cas est solide et qu'il est fondé sur des précédents. Ainsi, l'auditoire évite-t-il des détails sans fin.

Les ingénieurs et autres techniciens aiment à souligner l'histoire d'un projet parce que le pourquoi et le comment sont des données qui sont importantes à leurs yeux. L'auditoire, cependant, n'a besoin que d'un rapide survol dans la mesure où il ne partage pas l'intérêt du présentateur pour les tenants et les aboutissants de la chose. L'auditoire *ne doit savoir* du sujet que ce qui affecte le travail de chacun.

La conception d'un exposé technique

Pour construire une intervention technique destinée à un auditoire non spécialisé, commencez par préparer un plan de travail. Posez-vous les questions suivantes :

1. Que doivent croire les auditeurs quand ils sortiront de la réunion ?

2. Dans quelle action ai-je le désir qu'ils s'engagent à la suite de mon intervention ?

3. Quelle est l'information que je possède et qui va les aider à croire ce que je dis et les conduire à entreprendre la démarche que je souhaite ?

Si vous répondez à ces trois questions et que vous construisez votre intervention autour de ces réponses, la « vente » sera incluse dans votre plan d'exposé. Le mot clé est *croire* . Vous pouvez désirer que les financiers croient que votre projet de recherche est solide et qu'il doit être poursuivi ou que les vendeurs croient que le produit préparé par la recherche va faire un malheur dans le monde entier. A partir de cette croyance, vous voulez qu'ils vous attribuent des fonds supplémentaires. Quel que soit votre objectif, fixez-le vous dans la tête dès le départ. Votre intervention tendra à s'organiser d'elle-même autour de celui-ci.

La présidence d'une réunion technique pour non-spécialistes

Si vous êtes un animateur, la meilleure manière d'ouvrir une séance —et de calmer le trac que chaque intervenant ressent— est de projeter l'ordre du jour sur l'écran. Cela permet de fixer très rapidement l'attention de l'auditoire sur le travail à faire et de vous laisser en paix un moment. Cela indique également à l'assistance que vous êtes organisé, que vous avez un tas de choses à exposer et que vous avez besoin de son attention.

Ensuite, rappelez-vous que votre auditoire est constitué de non-spécialistes. Préparez une introduction qui comprendra un bref exposé technique —assez pour les « mettre dans la course » et leur apporter une compréhension générale du sujet. Quand ils assistent à une réunion technique, les non-spécialistes n'osent généralement pas poser de questions alors qu'ils ignorent tout de la technologie. Ils ne tiennent pas à avoir l'air stupide. Il suffit de voir les sourires de soulagement qui fleurissent sur toutes les lèvres quand quelqu'un manifeste suffisamment de courage pour poser une question stupide. Tous souhaitent la réponse à cette question mais personne n'osait la poser.

Dans l'introduction, souvenez-vous de l'intérêt particulier de l'auditoire et reliez à celui-ci le domaine technique considéré. Montrez aux participants que vos intérêts et les leurs coïncident. Cela fait, laissez la réunion progresser.

La construction d'une intervention technique devant un public de non-spécialistes

Si vous êtes chargé d'une intervention mais que vous ne présidez pas la réunion, vous arrivez sur scène dans l'une des deux ambiances suivantes. Soit le président a préparé le groupe qui comprend le contexte dans lequel vous allez intervenir, soit vos auditeurs sont complètement étouffés sous une avalanche de concepts techniques et de jargon. Des techniciens, intervenants confirmés, nous ont dit qu'ils arrivaient prêts aux deux éventualités. Si la réunion s'est bien déroulée jusqu'à leur arrivée, ils prennent le train en route et interviennent. Si l'assistance est dans le brouillard au moment où ils montent sur scène, ils débutent par une brève introduction préparatoire, celle-là même que le président aurait dû commencer par faire, avant d'aller plus loin. Les bons intervenants disent qu'ils ont dans leur poche une introduction de ce type, prête à l'emploi en cas de besoin.

Vous remonterez le moral d'un auditoire de non-spécialistes si votre premier document visuel n'est pas technique. Cela lui donnera une chance de s'échauffer pour être prêt à recevoir le matériau plus compliqué qui ne va pas manquer de suivre. Au moment où vous y arriverez, n'oubliez jamais ce vieil adage qui dit qu'un bon croquis vaut mieux qu'un long discours. *Dans la plupart des interventions, les documents visuels sont censés compléter ce que l'intervenant a à dire. Au cours des exposés techniques, c'est le contraire qui est souvent vrai*. L'image peut être la clé, les paroles de l'orateur n'étant qu'un complément.

Par exemple, si un mécanicien doit présenter un problème technique relatif à des vis —et donner les raisons pour lesquelles un nouveau modèle fonctionnera mieux sur un produit donné— il est possible de projeter des croquis simples pour introduire la technologie des vis (Figure 13.1). Le discours pourrait être : « Une vis a un corps cylindrique sur lequel est taillé un filet hélicoïdal continu. Au moment de concevoir une vis, il est nécessaire de considérer le pas, les diamètres maximum et minimum —tous paramètres qui affectent les caractéristiques de la vis. Le pas est déterminé en comptant le nombre de révolutions complètes du filet par unité de longueur. L'inverse du nombre de filets par mm est le pas. En plus du pas, nous devons nous intéresser à la grandeur du filet taillé sur le corps de la vis. Ce qui est fait en comparant les diamètres maximum et minimum correspondant, respectivement au sommet et à la base du filet. »

Pendant que l'orateur s'exprime, l'auditoire doit trouver son jargon incompréhensible. Les yeux des participants suivront le pointeur qui désignera sur une figure projetée sur l'écran les différentes parties d'une vis au fur et à mesure qu'elles seront décrites. Le groupe entendra les mots mais la plus grande partie de ce qu'il absorbera proviendra du document visuel. Sans celui-ci, l'auditoire aurait trouvé ce discours impossible à suivre. Le document simple illustre les points principaux (pas, diamètres maximum et minimum) et rend la technologie facile à comprendre.

Au moment où le dessin sera rangé, l'auditoire non-spécialisé en saura suffisamment sur la conception d'une vis pour être prêt à passer au document suivant où le présentateur explique les avantages que présente la modification de la conception de la vis pour la fabrication du produit considéré.

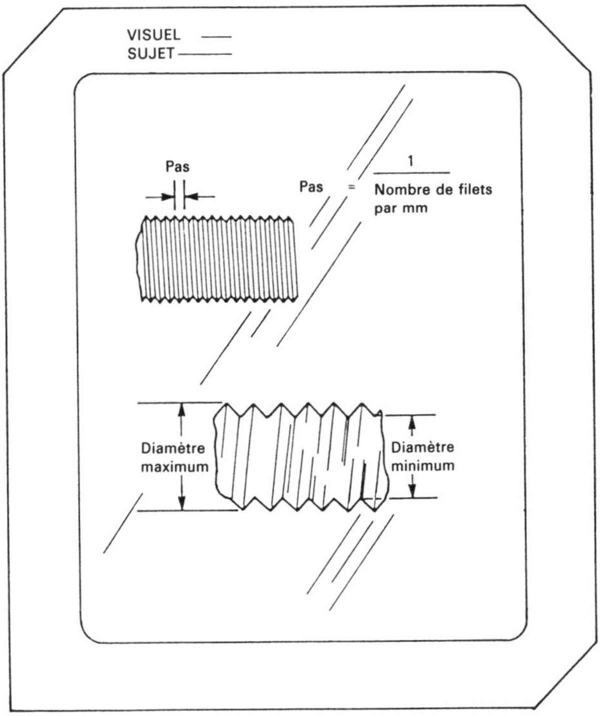

Figure 13.1

Caractéristiques principales du document visuel technique pour non-spécialistes

Le document simple donné ici comme exemple illustre plusieurs points fondamentaux relatifs aux bons documents techniques pour non-spécialistes.

1. Il prouve que l'intervenant reconnaît l'absence de savoir technique de son auditoire. Ce document ne devrait pas être présenté à des mécaniciens. Il est trop élémentaire.

2. Il est suffisamment simple pour être compris en un clin d'œil même par des non-spécialistes.

3. Il utilise des termes techniques mais il les *explique* en même temps.

4. Il ne contient que peu de texte, aussi celui-ci peut-il être lu rapidement.

5. Il ne traite que des caractéristiques que l'auditoire doit connaître. L'intervenant n'entre pas dans le détail des différentes têtes de vis, les différents métaux qui pourraient être utilisés ou tout autre élément technique. Il ne parle que de pas et de diamètres parce qu'il entend montrer comment leurs modifications vont affecter le produit.

6. L'idée illustrée par le document peut être rapidement exposée et un autre visuel peut être projeté. Plus un document technique reste longtemps sur l'écran, plus il est difficile de conserver l'attention du groupe.

Les diagrammes et tableaux techniques

Les règles de conception de bons diagrammes et de tableaux, exposées au chapitre 11 s'appliquent également aux documents visuels pour les présentations techniques. Dans la mesure où le matériau à présenter peut être plutôt lourd et statique pour l'auditeur non-spécialiste, il est sage, quand cela est possible, d'introduire quelques documents visuels pour alléger l'exposé. Des dessins avec des bulles ou des photographies, astucieusement utilisés, peuvent aider à aérer une longue présentation de diagrammes. D'autres aides visuelles, servant aux exposés techniques, peuvent être considérées.

Les schémas

Les schémas sont une manière brève de présenter un sujet complexe qu'il serait presque impossible de décrire par des mots seuls. Faites-y appel librement quand vous vous adressez à des techniciens mais utilisez-les avec prudence —sinon pas du tout— avec des non-spécialistes. Seuls des techniciens sont capables de comprendre le symbolisme d'un schéma. La présentation d'un schéma à un public de non-spécialistes nécessiterait une explication de chaque symbole utilisé, ce qui transformerait votre intervention en l'unité de valeur J122 pour étudiants de première année universitaire. Mais, même dans le cas de techniciens, faites attention à ne pas surcharger l'écran. En présentant la circuiterie d'un poste de télévision, n'essayez pas de représenter tout le circuit électronique sur un seul document. Divisez-le et montrez-en les différents constituants.

Diagrammes de blocs

Différents types de diagrammes de blocs peuvent être utilisés pour illustrer les étapes d'un processus, le flux du travail le long d'une chaîne, etc. Parce qu'ils sont très souples d'utilisation, ils constituent un excellent moyen de clarifier des systèmes ou des processus. Ils conviennent aussi bien pour des auditoires techniques que non-spécialisés. Mais comme dans le cas des schémas, si un diagramme de blocs couvre un sujet trop vaste, il devient inefficace. S'il faut présenter un système complexe, utilisez plusieurs diagrammes successifs de blocs. S'il est nécessaire d'avoir une vue d'ensemble du système, réservez sa présentation jusqu'à ce que le groupe ait vu tous les diagrammes correspondant aux diverses parties. L'auditoire n'aura plus à lire toutes les légendes et pourra considérer cette dernière image comme la vue d'ensemble.

Maquettes

S'il cst possible de présenter une maquette du sujet de votre exposé, pensez à le faire. Cependant les maquettes ne peuvent être vues que par un nombre restreint de participants et doivent être présentées au reste de l'auditoire après la séance. Une meilleure manière d'opérer, si une maquette est disponible, serait de la filmer sur bande puis de présenter le film au groupe. Une telle bande n'a pas besoin de ressembler à une superproduction —juste quelques minutes— et peut être tournée sans assistance technique onéreuse.

Les interventions techniques devant des auditoires de techniciens

Rien ne peut être plus désespérant pour un spécialiste de l'audiovisuel que de suivre un congrès scientifique national ou international quelle qu'en soit la discipline et d'assister à l'exposé des communications. Certes la nature même de ces dernières exclut tout aspect théâtral et les participants n'en attendent pas. Mais ils s'attendent à voir et comprendre les documents visuels qui accompagnent les interventions. Malheureusement, en ce qui concerne la présentation de ces documents, elles est trop souvent médiocre et, en règle générale, fort peu satisfaisante.

Les scientifiques auxquels nous en avons parlé semblent avoir un sentiment inné qu'un bon document visuel est quelque chose comme une superproduction et qu'un bon vieux document « fait-à-la-maison » avec un aspect un peu spartiate présente un caractère d'authenticité. Mais quand vous en parlez à des membres de l'auditoire, c'est une autre chanson où ne s'expriment que des récriminations. Un médecin chercheur, assistant à un congrès au Japon, interrogé sur une communication à laquelle il venait d'assister, disait : « Il est possible que le travail soit bon. Je ne sais pas. J'ai aimé l'idée mais je n'ai pas pu voir les données. Peut-être que je pourrai mettre la main sur une copie de la communication. »

Nos recommandations à ceux qui présentent des communications : Suivez les conseils du chapitre 11 et concevez les meilleurs documents visuels possibles. Ceux qui assistent à la séance seront très heureux de comprendre votre travail, même s'ils ne sont pas d'accord avec vous.

L'équipement pour les interventions techniques

Il est évident que le rétroprojecteur est la méthode retenue pour la plupart des interventions techniques. Les transparents sont vite réalisés et les rétroprojecteurs permettent de bonnes techniques de présentation. Il est très souvent intéressant de pouvoir distribuer des copies des documents présentés après la séance

—et celles-ci peuvent être réalisées rapidement d'après les transparents. Au cours des réunions où se déroulent des discussions techniques, la possibilité d'écrire sur les transparents en cours de projection peut être très utile. Des modifications suggérées sur un schéma, par exemple, peuvent être exécutées sur le champ.

La présentation de diapositives est presque aussi utile. Bien que moins souple que la rétroprojection, la présentation de diapositives est extrêmement puissante et impressionnante. Probablement la meilleure méthode est de faire appel aux deux techniques en utilisant deux écrans. Le programme principal peut se dérouler sur l'écran de rétroprojection, les diapositives étant présentées sur un autre écran quand elles sont un meilleur moyen d'illustrer un point.

Résumé

N'utilisez du jargon qu'avec les spécialistes. Quand vous vous adressez à des gens qui n'appartiennent pas à votre spécialité, parlez un langage simple, commun.

Les spécialistes doivent savoir faire deux types de présentations : l'un destiné à leurs pairs dans leur propre spécialité et l'autre, au monde des affaires extérieur à leur domaine de compétence.

L'exposé technique s'appuie sur des faits, des données et des méthodes et est exprimé dans le jargon de la discipline.

L'exposé destiné au monde des affaires est orienté vers un objectif, l'accent étant mis sur la vente, la persuasion ou l'atteinte de l'objectif.

Connaître l'auditoire

Un intervenant doit connaître son auditoire et concevoir l'intervention à sa mesure. Ceci signifie qu'il sait pourquoi les participants sont réunis et qu'il utilisera leur langage.

Les réunions se déroulent autour des « intérêts particuliers » et l'intervention doit s'adresser particulièrement à ceux-ci.

Comment construire une intervention technique

Pour concevoir une intervention technique pour un auditoire de non spécialistes, préparez un plan de travail. Posez-vous les trois questions suivantes et organisez l'intervention autour des réponses à celles-ci :

1. Que doivent croire les participants quand ils sortiront de la réunion ?
2. Dans quelle action aimerais-je qu'ils s'engagent à la suite de mon intervention ?
3. Quelle est l'information que je possède et qui va les aider à croire ce que je dis et les conduire à entreprendre la démarche que je souhaite ?

Caractéristiques d'un document visuel technique pour public non spécialisé

- Il doit indiquer que l'intervenant reconnaît le manque de connaissances techniques du groupe.
- Il doit être suffisamment simple pour être compris rapidement par les non-spécialistes.
- Il doit éviter l'emploi de termes techniques et expliquer ceux qui sont inévitables.
- Il doit contenir peu de texte de manière à être rapidement lu.
- Il ne doit contenir que l'information strictement nécessaire à l'auditoire —pas l'exposé de toute la technologie.
- Il doit mettre l'accent sur une idée simple qui peut être rapidement traitée. Plus un document visuel doit passer de temps sur un écran, plus il est difficile de conserver l'attention du groupe.

Chapitre 14

Les rapports financiers

Le président d'une grande entreprise américaine comparait un jour les rôles respectifs du contrôleur de gestion et du manager à ceux des spécialistes dans le domaine de la médecine. « Le contrôleur formule des diagnostics, » disait-il « qui établissent quand et où l'entreprise est malade. Le manager est le chirurgien qui opère sur ces recommandations. » C'est, sans aucun doute, la description de fonctions la plus brève et la plus claire qu'il nous ait jamais été donné d'entendre.

Le rapport financier est le moyen de communication entre le porteur de diagnostic et les chirurgiens. Celui-ci doit être capable de communiquer ses conclusions de manière précise, rapidement et simplement afin que ceux-là puissent entreprendre d'appliquer la cure nécessaire.

Dans le monde d'aujourd'hui où tout se passe très vite, le besoin de conscience de la direction est encore plus grand qu'il n'a jamais été et le rôle du directeur financier a évolué et s'est développé. Le rapport financier joue à présent un rôle plus actif dans le processus de direction.

« Aujourd'hui le management ne vit que de chiffres, » dit le Dr. Marshall Hatfield, vice-président de la Division audiovisuelle de 3M. Et il ajoute : « mais les données financières et les analyses peuvent être souvent complexes et difficiles à comprendre. Elles peuvent constituer des barrières à une communication efficace. Le directeur financier ou le responsable doivent être capable d'insuffler de la vie aux chiffres —leur permettre d'exprimer leur signification et de capturer l'attention de tous les participants à une réunion. Bref, ils doivent être des financiers compétents aussi bien que des professionnels de la communication. »

L'information financière doit être communiquée à tous les niveaux de responsabilité. Le détail et les points importants de l'information elle-même varient selon ces niveaux mais une chose demeure de manière permanente : la nécessité que toute l'information présentée soit comprise. Le danger réel est que le rapporteur financier noie son auditoire sous des avalanches de chiffres et d'analyses telles, que l'information dont le groupe a réellement besoin se perde. Après une réunion de ce type, le rapporteur financier peut, bien sûr, se sentir satisfait d'avoir fait un exposé exhaustif ; les participants, eux, peuvent quitter la salle dans un brouillard de chiffres, sans idée claire de ce qu'ils étaient venus apprendre.

Le rapporteur financier, quels que soient ses titre et niveau de responsabilité, est un spécialiste. Il doit se plier aux règles qui gouvernent les interventions à caractère technique et qui ont été exposées au chapitre précédent. Essentiellement il doit *connaître* le niveau exact de compréhension de son auditoire —ainsi l'information qu'il apporte doit être faite dans un langage et dans des termes que le groupe comprenne sans avoir besoin d'un traducteur. Elle doit fournir l'information spécifique nécessaire. Si le groupe reçoit une masse de données dont il doit extrapoler l'information, le rapporteur financier n'a pas réussi à remplir sa mission.

Les publics concernés par les rapports financiers

A l'intérieur d'une entreprise, il existe un grand nombre de publics différents. Au niveau de la direction, la présentation des rapports financiers doit permettre aux dirigeants d'examiner et de formuler la politique de l'entreprise et les plans à long terme. Les dirigeants à ce niveau doivent connaître le résultat d'exploitation détaillé et vérifié par services et par produits. Toute intervention qui brouillerait cette vue générale rend un mauvais service à l'équipe dirigeante.

Les cadres moyens ont un autre problème. Ils font face aux problèmes quotidiens : niveau de production, coûts unitaires, heures de travail, temps morts, heures supplémentaires, etc. Leur responsabilité première est de maintenir ces chiffres à leur niveau et/ou les améliorer. De plus, ils occupent une position charnière. Chaque jour, ils reçoivent des informations de leurs subordonnés. Ils traduisent ces informations en termes de pertes et profits et les transmettent sous forme de rapports à leurs supérieurs. Ils doivent être financièrement « bilingues », interprétant d'un niveau à un autre et vice-versa. Les interventions qui leur sont destinées doivent prendre en compte la moindre étendue de leurs besoins et celui, si particulier, de traduire les données qui transitent soit dans un sens , soit dans l'autre, le long de la chaîne hiérarchique.

Chaque responsable, selon son niveau dans la hiérarchie, a besoin d'un genre différent d'information financière, présentée de manière particulière. Le travail du rapporteur financier est de savoir exactement quels sont ces besoins et de présenter les données et les interprétations pertinentes de façon à ce qu'elles soient parfaitement comprises.

Les autres auditoires sont le conseil de direction, l'assemblée des actionnaires et les analystes financiers extérieurs à l'entreprise. Chacun d'entre eux a des raisons différentes de rencontrer les responsables financiers de l'entreprise. Le meilleur rapport est celui qui est conçu pour répondre aux besoins du public quel qu'il soit.

Il n'est pas de limites à la quantité d'informations financières qui peut être transmise à un auditoire quel qu'il soit. Il existe, par contre, une limite à la quantité d'informations qu'un auditoire, fût-il constitué de vos propres dirigeants, peut absorber et utiliser à un moment donné. Les présentations de rapports financiers ont la réputation d'être fastidieuses. D'une part un grand nombre de données ne peut être absorbé facilement et détourne l'attention des auditeurs, d'autre part, les données elles-mêmes sont ennuyeuses à moins qu'elles ne prennent sens dans un exposé qui les rend vivantes.

Règles pour préparer un bon rapport financier

La clé d'un bon rapport financier est de savoir exactement pourquoi il doit être présenté. Le groupe de responsables qui va l'écouter a un besoin spécifique d'information et le bon rapport est celui qui va le satisfaire exactement —juste ce qu'il faut et pas plus.

En d'autres termes, les chirurgiens attendent un diagnostic, pas un cours d'anatomie.

Parfois, dans un effort d'exhaustivité et ressentant le besoin de présenter au management la vision d'ensemble, les responsables financiers réunissent de grandes quantités de données. Malheureusement, ces rapports donnent mal à la tête aux responsables qui ne sont intéressés que par quelques centimètres carrés de la fresque. Le groupe doit assister à une intervention où il perd son temps, puis doit essayer d'en extraire l'information nécessaire.

Un des moyens les plus sûrs de mesurer la valeur d'un rapport financier est le nombre de questions qui suivent l'intervention ou les coups de téléphones qui viennent plus tard. Si les membres du groupe éprouvent le besoin de demander des explications supplémentaires, peu importe la beauté de l'intervention, elle a manqué son but initial : apporter aux participants des données compréhensibles et organisées pour qu'ils puissent continuer à travailler.

Voici quelques règles pour préparer un bon rapport financier quel que soit le niveau de responsabilité de l'auditoire.

- Déterminez précisément ce que le groupe souhaite savoir. Quels sont les chiffres essentiels, quelles sont les analyses et interprétations nécessaires ?
- Préparez un exposé qui ne comporte que ce qui est nécessaire. Eliminez toute information superflue.
- Préparez des documents visuels qui mettent l'accent sur les points importants. Ne projetez pas de pages de listings informatiques. Evitez de projeter des documents comptables remplis de chiffres. Réduisez chacun à l'essentiel présenté dans le plus petit nombre possible de lignes et colonnes. Bien que nous ayons recommandé qu'un document visuel ne comporte jamais plus de six ou sept lignes, cette disposition n'est généralement pas possible pour des bilans ou tout autre document financier. Cependant, avec un peu d'astuce, il est toujours possible de simplifier.
- Arrondissez les nombres pour simplifier la présentation. Laissez tomber les centimes. Transformez 502 345 F en 500 000 F, à moins qu'il n'y ait une raison fondamentale d'exprimer les sommes au franc près. Ecrivez 54 millions de francs au lieu de 54 000 000 de francs.
- Parlez le langage normal des affaires pendant la présentation. Utilisez au minimum la terminologie comptable.

• Dans votre rôle de conseiller financier de la direction, signalez les tendances ou les déviations. Vous pouvez être en mesure d'avertir les responsables d'ennuis futurs et leur donner ainsi la possibilité de prendre des mesures correctives.

Choisissez les données

Plus l'exposé est simple et dense, meilleur il est. Le rapporteur financier dispose de centaines d'informations, pourtant une poignée d'entre elles seulement correspond à une situation donnée. Le travail le plus créatif que le rapporteur financier peut effectuer est de choisir les données pertinentes et les présenter sous une forme précise. Cela rend les rapports plus courts et plus vivants et prépare mieux les responsables à leur fonction de chirurgiens.

Analysez les données de manière à les faire vivre

Les rapporteurs financiers doivent s'entraîner à ne pas penser au volume de données qui peut être exposé mais à la quantité d'informations utiles qu'il est possible d'extraire de chaque élément de données. Les diagrammes comptables ou de résultats, par exemple, permettent de faire des comparaisons mais celles-ci ne reflètent pas toute la réalité. Elles peuvent indiquer que, par rapport au mois précédent, les ventes ont augmenté tandis que les profits sont restés inchangés. Les statistiques ont moins de sens par elles-mêmes que les causes de l'événement qu'elles reflètent.

Après avoir analysé les données financières, un rapporteur pourrait imaginer plusieurs documents visuels qui, présentés à la direction, raconteraient une histoire.

1. Au moyen d'un compte de profits et pertes simplifié et schématisé, le rapporteur montrerait que l'amélioration des ventes a été neutralisée par une nette augmentation des coûts de production (Figure 14.1a).

2. La figure 14.1b montre une rupture dans les coûts de production. Il apparaît clairement que les coûts des coulages ont dévié de la norme.

SOCIÉTÉ ABC
ÉTATS FINANCIERS

MILLIONS DE F

	MAI	JUIN	% DIFF.
Ventes	12 650	14 590	15,3
Coût Net Fabr.	6 072	7 295	20,1
En % des ventes	48,0	50,0	
Conception	1 275	1 474	15,7
En % des ventes	10,1	10,1	
Coûts ventes	3 465	3 983	14,9
En % des ventes	27,4	27,3	
Coûts Adm.	770	890	15,6
En % des ventes	6,1	6,1	
Coûts transport	180	220	22,2
En % des ventes	1,4	1,5	
Coûts totaux	11 762	13 863	17,9
En % des ventes	93,0	95,0	
Bénéfices nets	888	727	(18,1)
En % des ventes	7,0	5,0	

(a)

SOCIÉTÉ ABC
COÛTS DE FABRICATION

MILLIONS DE F

	MAI	JUIN
Matériaux	3 160	3 650
En % des ventes	25,0	25,0
Pertes	420	770
En % des ventes	3,3	5,3
Main d'œuvre	545	650
En % des ventes	4,3	4,4
Frais généraux	1 530	1 745
En % des ventes	12,1	12,0
Entretien	265	300
En % des ventes	2,1	2,1
Fournitures	152	180
En % des ventes	1,2	1,2
Coûts Nets Fab.	6 072	7 295
En % des ventes	48,0	50,0

(b)

SOCIÉTÉ ABC
PERTES PAR PRODUITS ET PAR OPÉRATIONS

MILLIONS DE F

	MAI	JUIN	% DIFF.
PRODUIT A			
DEPT. 01 Fabrication	80	105	31,3
DEPT. 02 Transformation	45	60	33,3
DEPT. 03 Emballage	15	15	—
PRODUIT B			
DEPT. 01 Fabrication	90	110	22,2
DEPT. 02 Transformation	80	350	337,5
DEPT. 03 Emballage	15	20	33,3
PRODUIT C			
DEPT. 01 Fabrication	60	70	16,7
DEPT. 02 Transformation	25	30	20,0
DEPT. 03 Emballage	10	10	—
TOTAL	420	770	83,3

(c)

SOCIÉTÉ ABC
DEPT. 02 - TRANSFORMATION

PERTES - PRODUIT B

MILLIONS DE F

	MAI	JUIN	% DIFF.
HORAIRE 1	25	40	60,0
2	30	270	800,0
3	25	40	60,0

PROBLEME (SECTEUR): PERTES ATTRIBUÉES AU PRODUIT B DEPT. 02 HORAIRE 1 CONTROLEUR SMITH

(d)

Figure 14.1

3. La figure 14.1c indique une rupture dans le coulage. Il apparaît immédiatement que les pertes correspondant à la reconversion du produit B ont augmenté de manière fantastique au cours du mois actuel.

4. Le document final de la série (Figure 14.1d) est consacré aux pertes correspondant à la reconversion du produit B. Le problème est maintenant parfaitement cerné. C'est au cours du transfert n° 2 qu'il s'est passé quelque chose.

En quatre documents bien conçus, le contrôleur a analysé pour la direction une situation de profits en chute et l'a présentée sous une forme simple et facile à apprécier. L'exposé suit un fil très apparent qui commence par l'énoncé d'un problème et aboutit rapidement à son origine. Pas d'information inutile, pas de temps perdu. A présent, les responsables de la production savent où intervenir pour résoudre le problème. Plutôt que d'énoncer une appréciation générale du style : « les coûts de production ont augmenté » —stade où s'arrêtent la plupart des rapports financiers —ici le contrôleur financier est allé jusqu'à indiquer où il fallait opérer. L'information maximum a été extraite des données statistiques.

Techniques visuelles

L'idée essentielle est qu'un exposé en matière financière ne consiste pas seulement à étudier des chiffres mais aussi à exprimer des idées. Les documents visuels financiers doivent être conçus dans cet esprit. C'est une chose que de projeter un graphique qui montre que le nombre d'heures supplémentaires a augmenté. C'en est une autre, bien différente, que d'ajouter deux lignes au graphique, l'une montrant ce qui arrivera si ces coûts continuent à augmenter, l'autre, ce qui pourrait arriver si ces coûts étaient maîtrisés. Le premier tableau contient des chiffres sans signification. Le second comporte les mêmes chiffres mais les traduit en idées significatives.

En concevant les documents visuels d'un rapport financier, comme dans tous les autres cas, restreignez chacun d'eux à une idée unique qui puisse être lue et absorbée rapidement. Dans l'exemple de la reprise des pertes, chacun des documents successifs ne convoyait qu'une idée importante, bien qu'il portât un grand nombre de chiffres. Evitez d'utiliser des documents qui balayent une douzaine de questions importantes. Scindez-les en plusieurs documents, chacun couvrant un ou deux points. Certes il est possible de laisser un visuel sur l'écran et de traiter une demi-douzaine de questions, mais cela donne un aspect un peu statique à l'exposé. L'utilisation de plusieurs documents au lieu d'un seul, outre qu'elle permet au groupe de mieux absorber l'information, dynamise l'intervention.

Techniques de rétroprojection utiles

Le démasquage

La technique de démasquage (ou *d'enchaînement*) utilisée avec un rétroprojecteur convient au tri des idées et à leur présentation une à une. Dans le cas d'un transparent qui compare, par exemple, les prévisions de ventes sur un certain nombre de mois ou d'années, masquez les nombres avec une feuille de papier et démasquez une ligne à la fois, à mesure que la présentation se déroule. Cela permet à l'auditoire de se concentrer sur chaque nouvel élément de données. Quand la totalité du transparent a été démasquée, le groupe a atteint la compréhension des constituants de la question dans son ensemble.

La méthode de l'interrupteur

Une autre façon de capter l'attention est celle de l'interrupteur. Soit un transparent comportant plusieurs éléments d'information, pointez le premier, lisez-le, patientez un moment, puis éteignez le rétroprojecteur pendant que vous expliquez sa signification. Quand vous êtes prêt pour le second point, rallumez le rétroprojeteur et recommencez le processus précédent et ainsi de suite jusqu'au dernier point. Quand le projecteur est éteint entre deux informations, l'auditoire est obligé de tourner son attention vers ce que vous dites.

Construire par superposition

Une construction s'organise en superposant des transparents pour ajouter une information au diagramme projeté sur l'écran. Cette technique donne de la vie à la présentation tout en capturant l'attention de l'auditoire. Par exemple, le premier document d'une intervention analysant l'augmentation des profits sur une période de dix ans pourrait montrer les chiffres d'il y a dix ans, la seconde, les chiffres d'il y a cinq ans et la troisième, les chiffres de l'année.

Rendez chaque document visuel indépendant

Chaque document appuyant un exposé devrait être indépendant des autres et être largement auto-explicatif. Un bon document doit comporter quatre éléments.

1. *Un titre simple —un mot ou une courte phrase— qui énonce clairement ce qu'il représente*. La raison pour laquelle le document est projeté est donnée dans le titre. Un titre comme : « La publicité, en pourcentage du prix de revient » informe l'auditoire sur les chiffres projetés. Si le titre avait été raccourci sous la forme : « Coûts de publicité », une explication orale aurait été nécessaire.

2. *Une visualisation simple de la relation ou des points essentiels que le document va représenter.* Utilisez le document le plus simple, le moins chargé qui montrera les points essentiels ou la relation à établir. Supprimez les données non-pertinentes, elles sont autant de distractions. La tentation existe toujours d'ajouter des données intéressantes à un document. Par exemple, en présentant un tableau des dépenses de publicité relatives à six produits, il serait tentant d'y ajouter à titre de comparaison les chiffres des années précédentes ou les dépenses de publicité des concurrents. Le résultat en serait un document compliqué qui obscurcirait votre propos. Réservez l'information sur la concurrence pour un autre tableau que vous projetterez plus tard.

Avec les diagrammes à barres comme avec les courbes, utilisez un minimum de barres ou de courbes. Moins il y en aura, plus l'auditoire saisira rapidement la signification du message.

En préparant un diagramme, testez son efficacité en posant la question : « Quelle sera l'impression unique que le groupe tirera de l'observation de ce document ? »

3. *Un nombre suffisant de légendes pour rendre le diagramme lisible*. Les observateurs doivent savoir ce qui est représenté : des mois, des années, des jours, des francs, etc. Chaque élément ou valeur important inclus dans un document doit être explicité mais n'utilisez pas plus de désignations qu'il n'en faut pour ne pas distraire l'attention de l'assistance, sans omettre les légendes nécessaires pour rester compréhensible. La taille des caractères des étiquettes doit être suffisante pour qu'elles soient lues en tous les points de la salle.

4. *Un sentiment de variété pour renforcer l'intérêt.* Les rapports financiers ont souvent besoin d'un peu de variété pour les alléger. La couleur est d'une grande aide, mais au-delà, variez la conception des diagrammes. Changez par exemple le fond des posters,

utilisez du blanc, des couleurs très vives avec des courbes contrastées.

Résumé

Dans le monde d'aujourd'hui où tout se passe très vite, le rôle du directeur financier a évolué et s'est développé. Le rapport financier joue à présent un rôle plus actif dans le processus de direction. Le directeur financier doit être un homme de communication capable d'insuffler de la vie dans les chiffres de manière à ce qu'ils racontent une histoire sensée.

L'intervention en matière de finances

Doit être effectuée dans un langage que tout le monde peut comprendre.

Doit mettre en valeur l'information dont le groupe a besoin.

Règles à suivre pour construire un bon rapport financier

- Déterminer précisément ce que le groupe souhaite savoir.
- N'exposer que ce que le groupe a besoin de savoir.
- Préparer des documents visuels qui mettent en évidence les points essentiels. Ne pas projeter des feuilles entières de listes informatiques.
- Arrondir les nombres de manière à simplifier l'intervention.
- Utiliser un langage commercial normal, avec un minimum de terminologie comptable.
- Mettre en évidence les tendances ou les aberrations de manière à avertir les dirigeants des ennuis à venir et leur donner la possibilité de prendre des mesures de redressement.

Règles pour concevoir un bon document visuel

Il doit comporter :

1. La possibilité d'être présenté seul et d'être auto-explicatif.
2. Un titre simple qui indique ce qu'il représente.
3. Une visualisation simple de la relation qu'il établit.
4. Suffisamment de légendes.
5. De la couleur pour renforcer l'intérêt des observateurs.

Chapitre 15

Réunions multilingues

Comme nous l'avons déjà remarqué, une communication de qualité au cours d'une réunion même si l'on s'exprime dans sa propre langue est un résultat difficile à atteindre. Que se passe-t-il alors dans une réunion de gens parlant des langues différentes ?

Les affaires, aujourd'hui, sont traitées à l'échelle mondiale. Souvent les réunions mettent en contact des participants de deux ou plusieurs pays. Les entreprises ont des bureaux à l'étranger et leurs personnels sont souvent en contact les uns avec les autres. Même les petites entreprises, sans bureaux à l'étranger, mènent leurs affaires avec l'aide de leurs représentants à l'étranger. En dehors de l'entreprise, les rencontres avec des fonctionnaires des pays étrangers sur des sujets tels que le transport ou les douanes, commerce, etc, sont courantes.

Certaines de ces réunions ne sont que des prises de contact ou des visites de l'entreprise, agréables opérations de tourisme où chacun se sent bien et où les sourires et les poignées de mains sont des substituts à la communication parlée. Mais, de plus en plus, la plupart des réunions sont des séances de travail sérieux, convoquées pour résoudre des problèmes professionnels importants, pour prendre des décisions et transmettre des informations. Les réunions entre participants appartenant à des pays différents sont maintenant analogues aux réunions quotidiennes tenues dans un bureau typique —à l'exception du problème de langage.

Comment communique-t-on au cours d'une réunion de ce genre ?

Deux types de réunions

Pour commencer, notons qu'il existe deux types de réunion où les problèmes de langue peuvent apparaître. Le premier est celui des réunions entre individus bilingues. Le second concerne des gens qui ne parlent pas —ou à peine— la même langue. Chacune de ces catégories pose son propre problème. Il existe des moyens de les résoudre et de rendre la route plus facile. Les uns sont relatifs à la langue elle-même, les autres, à la manière dont les documents visuels sont conçus et présentés.

Réunions bilingues

Votre entreprise, dont le siège social est aux USA, possède des filiales à Paris, Athènes, Rome, Bonn, Tokyo et Londres. Ces filiales sont, pour une large part, administrées par du personnel local. Celui-ci est en général bilingue —il parle sa propre langue et l'anglais en tant que seconde langue. Dans de nombreux pays, l'apprentissage de l'anglais est obligatoire dans les écoles et tout diplômé qui débute dans les affaires en a une certaine pratique. Les responsables tendent à considérer que, dans la mesure où dans l'entreprise presque tout le monde est bilingue, le problème de langue est résolu. Ils préparent les réunions avec le personnel étranger comme s'il s'agissait d'une affaire intérieure courante.

La méthode semble convenir, jusqu'à un certain point. Des milliers de réunions « réussies » de ce type, sont tenues tous les ans. Mais ceux qui y assistent régulièrement reconnaissent que se posent des problèmes subtils. Les réunions sont plus longues. Le travail de suivi est plus important, car il inclut généralement des explications et des clarifications des sujets traités. Le nombre de notes nécessaires pour boucler la réunion est double. Souvent, seule une partie de la réunion est comprise et les participants ne remplissent pas complètement les missions qui leur sont assignées, non par mauvaise volonté mais parce qu'ils ne les ont pas entièrement comprises.

Le problème de fond, bien évidemment, est que les participants entendent les interventions dans leur « seconde » langue. Ils sont dans la situation du batteur de base-ball droitier qui, une ou deux fois par saison, frappe du bras gauche. Ils n'ont pas réellement la pratique de la chose. Bien qu'ils puissent parfaitement mener une conversation courante ou se débrouiller dans les dédales des aéroports, des comptoirs des compagnies aériennes et des douanes, ils sont limités à des niveaux dont nous ne tenons souvent pas suffisamment compte.

Ils possèdent un vocabulaire relativement restreint, généralement limité à un sens par mot qu'ils connaissent. Ils manquent de pratique de l'anglais idiomatique. Dans la mesure où les idiomes sont à la base de toute langue quotidiennement pratiquée, c'est une barrière à la compréhension complète. Enfin, ils comprennent moins vite le sens des mots dans leur seconde langue. Si l'intervenant parle trop vite, ils peuvent ne saisir que la moitié de ce qu'il dit.

Au cours d'un congrès pharmaceutique tenu au Japon, un intervenant plein d'ardeur effectuait une présentation en anglais devant un auditoire uniquement constitué de membres des filiales d'Extrême-Orient de l'entreprise. Chaque participant parlait anglais, les uns mieux que les autres. L'orateur termina sa communication en disant : « Encore une diapositive et après nous pourrons tous aller « piquer un roupillon ». Nous nous reverrons à 16 heures. »

Lorsque le groupe se retrouva dans la salle de réunion, un des orientaux demanda à un des américains : « Ce roupillon, où le trouve-t-on ? ». Et, montrant l'ordre du jour : « Il n'en dit rien. »

L'anecdote est drôle mais cela arrive tous les jours sous une forme ou sous une autre. Souvent, les mots incompris sont des termes importants en ce qui concerne l'objet même de la réunion mais ils sont exprimés sous forme idiomatique. Les intervenants dans leur désir de donner un tour léger et intéressant à la réunion utilisent le langage familier et les formes idiomatiques sans se rendre compte qu'ils sont en dehors du domaine de compréhension linguistique d'un certain nombre de membres du groupe, sinon de tous. Bien souvent, les visiteurs sont trop polis ou trop timides pour demander une explication. Ou alors, ils sont trop fiers de leur connaissance de leur seconde langue, quelles que soient leurs limitations, et ne veulent pas reconnaître qu'ils ne comprennent pas. Le résultat est qu'il existe des trous dans l'information qu'ils acquièrent au cours de la réunion.

Simplicité du langage

La solution semble évidente : limitez le vocabulaire de l'intervention aux mots de base que tous les participants ont de fortes chances de connaître. Certains peuvent posséder un vocabulaire plus riche que les autres mais l'objectif de la réunion est de communiquer avec *tous* les participants. Adressez-vous au plus petit commun dénominateur.

La terminologie technique ne pose généralement pas de problèmes. Les commerçants apprennent généralement très vite les termes de leur jargon professionnel, quelle que soit par ailleurs leur langue maternelle. Le problème réside généralement dans le vocabulaire de base, les expressions idiomatiques ou les tentatives de l'intervenant pour trouver un mot différent ou peu courant pour exprimer une idée courante. Nous essayons généralement d'éviter des clichés mais il se peut bien qu'une réunion de ce genre soit justement le lieu où il est intéressant de faire appel à tous les clichés. Le fait est qu'ils peuvent bien être éculés mais au moins nous sommes sûrs que tout le monde les comprend.

A 3M, nous connaissons tous les adhésifs et le concept d'adhésion mais nous sommes également conscients du nombre d'expressions courantes ou idiomatiques qui y sont associées et qui peuvent poser problème. Il existe, dans ce domaine, un vocabulaire de base qui est bien connu et nous avons appris à rester dans ses limites, tant pour les interventions à caractère technique que pour les exposés non-spécialisés. Un adhésif, par exemple, peut être une colle, un ciment, une gomme, un adhésif, un mucilage, une pâte et probablement bien d'autres choses encore. Quand un objet quelconque adhère, il peut coller, pendre, s'accrocher, tenir, être assuré par, uni à, attaché à, joint, etc. Un participant à une réunion ayant une connaissance limitée de l'anglais peut comprendre le sens du mot ciment à travers une expression telle que « des autoroutes cimentées ». Mais celui-ci peut avoir fort bien des problèmes de compréhension si l'intervenant parle de cimenter une chose à une autre. Pour l'auditeur, ciment ne signifie pas adhésif; ce terme désigne une substance dure qui donne des revêtements d'autoroute. Pendant qu'il essaye de déchiffrer ce qui vient d'être dit, l'exposé avance, le laissant sur place.

Les autoroutes ne sont pas à proprement parler cimentées; elles sont recouvertes de béton de ciment. Cependant les gens parlent couramment d'autoroutes cimentées sous forme idiomatique et ceux qui utilisent une seconde langue peuvent très bien en avoir entendu parler sous cette forme.

Une autre solution consiste à expliquer immédiatement tout

mot qui pourrait ne pas être compris. Si pour certaines raisons, il est nécessaire de parler de *ciment,* ce mot doit être immédiatement suivi d'une phrase ou deux d'explication qui comprennent des synonymes. « Maintenant nous cimentons cette feuille... nous la collons, nous la faisons tenir... à cette feuille. » Avec ces explications, l'intervenant peut associer l'idée au vocabulaire probable des auditeurs et les aider à le suivre.

Techniques des réunions multilingues

Les documents visuels destinés à toute intervention où la langue peut créer des problèmes ont une grande importance. Ils peuvent, en fait, constituer la meilleure aide pour résoudre les problèmes posés. A 3M, nous avons élaboré deux techniques qui aident à mieux communiquer avec un groupe constitué par des gens qui ne comprennent pas bien la langue pratiquée. La première est intitulée : « parler sur canevas », la deuxième : « parler en deux langues ».

Parler sur canevas

La vitesse de compréhension est un des obstacles rencontrés au cours d'une réunion multilingue. Il est à peu près sûr que certains membres du groupe trouveront le débit du discours trop rapide et qu'ils perdront le fil de l'intervention à mesure que celle-ci progressera. Ce qui est nécessaire, c'est de leur donner une chance de rattraper l'intervenant quand ils sont distancés. C'est la fonction de la technique de « l'intervention sur canevas. »

La première étape est de préparer un canevas détaillé de l'intervention. Cela consiste en un canevas principal schématisant l'exposé complet accompagné d'une série de canevas secondaires décrivant les détails qui seront examinés dans le cadre du sujet principal. On prépare ensuite les visuels correspondant au canevas principal et aux sous-canevas, ceux-ci ne devant pas dépasser six par visuel principal. Les documents visuels doivent être clairement titrés comme « canevas principal » et « canevas secondaire ». Chaque point doit apparaître dans le canevas principal dans l'ordre même où il sera traité.

Pour ce type de présentation, nous utilisons deux rétroprojecteurs. Le canevas principal est projeté sur un des écrans tandis que l'intervenant le passe brièvement en revue en pointant chaque chapitre sur le document à mesure qu'il en parle.

Habituellement, nous plaçons un écran de chaque côté du podium. Nous commençons par projeter le canevas principal sur l'écran de droite. Après la vue d'ensemble, le canevas principal est passé à l'autre rétroprojecteur et est projeté sur l'écran de gauche où il demeure pendant toute la durée de la réunion. Le premier canevas secondaire est alors projeté sur l'écran de droite. Le présentateur repère le premier point sur le canevas principal en l'entourant d'un trait de marqueur, puis revient au canevas secondaire et présente les détails que celui-ci comporte. Quand ce paragraphe est terminé, le présentateur repasse au canevas principal et repère maintenant le second point avec le marqueur et projette à gauche le second canevas secondaire. De cette manière, chaque auditeur sait non seulement où en est exactement la présentation à chaque instant mais il peut, si c'est nécessaire, revoir ce qui c'est passé précédemment pour rattraper le train en route.

Les diagrammes et autres graphiques sont projetés sur l'écran des canevas secondaires quand il y a lieu. Le canevas secondaire en cours est retiré momentanément et projeté à nouveau une fois que les diagrammes ont été présentés (Figure 15.1). Nous avons constaté que presque tous les auditoires ayant un minimum de connaissance de la langue dans laquelle est faite une intervention sont en mesure de suivre en appliquant cette technique. Cela ne garantit pas que chaque participant saisira tous ce qui est dit mais nous savons que cela entraîne une amélioration mesurable de la communication globale.

Parler en deux langues

Supposons que vous devez préparer pour l'an prochain une très importante réunion sur la stratégie du marketing international. La plupart des groupes étrangers que vous rencontrerez parleront couramment le français et plus ou moins bien l'anglais. Votre groupe parlera couramment l'anglais et plus ou moins bien le français. Aucune des deux langues ne permettra une communication sûre. Cependant, compte tenu de l'importance de la réunion, il n'est pas possible d'accepter une communication approximative. Il vous faut pratiquer une technique d'intervention qui vous assure d'une communication sans faute. La manière la plus évidente d'opérer serait de faire un double exposé, l'un en français, l'autre en anglais, mais ce serait maladroit et éliminerait l'interaction nécessaire. Nous avons trouvé qu'un développement de la technique d'intervention sur canevas que nous avons baptisé « parler en deux langues » convient parfaitement. Elle requiert cependant l'aide d'un interprète.

SCHEMA

FORMATION DU
PERSONNEL D'APRÈS VENTE

I. LE RÔLE DE LA FORMATION DU PERSONNEL D'APRÈS-VENTE

II. ORGANISATION D'UN PROGRAMME DE FORMATION APRÈS-VENTE

III. ANALYSE DES RÉSULTATS DU SERVICE

SOUS-SCHEMA

I. LE ROLE DE LA FORMATION
DU PERSONNEL D'APRÈS-VENTE

A. MINIMISER LA COMPTABILITÉ, MAXIMISER L'UTILITÉ, MAXIMISER LA MISE EN PLACE DES PRODUITS

B. AUGMENTER LES BÉNÉFICES

C. CONSEILLER LE CLIENT

Figure 15.1

Dans la mise en œuvre de cette technique, nous utilisons le même type de canevas principal et secondaires que précédemment mais rédigés dans la langue de la majorité du groupe —dans le cas présent en français. L'intervenant parle anglais, aussi la version anglaise est-elle écrite sur le cadre du document visuel où celui-ci peut la lire sans difficulté.

La communication est exposée en anglais. En utilisant les notes portées dans le cadre (Figure 15.2), l'intervenant est en mesure de pointer chaque paragraphe projeté en français sur l'écran au moment où il le traite. Simultanément, un interprète traduit ce qu'il dit. Selon cette méthode, l'intervenant, à l'aide des documents visuels et de l'interprète, s'exprime dans les deux langues de l'auditoire, français et anglais.

En mettant au point ce type de présentation, travaillez en équipe avec l'interprète à qui vous devez donner le texte de l'intervention par avance. Si le texte complet n'existe pas, il doit disposer d'un ensemble de notes. Il est important de faire un tour complet, sinon une véritable répétition, afin qu'intervenant et interprète puissent apprendre à travailler ensemble aisément. Cette méthode est un outil de communication très efficace. Il est quelque peu plus cher que les autres moyens, mais il est économiquement défendable parce qu'il évite bien des mises au point dans l'avenir. D'après notre expérience, il est le moyen le plus sûr et le plus efficace de surmonter l'obstacle linguistique. Il fonctionne particulièrement bien quand la réunion dure un jour ou plus. Des sessions ou des réunions longues au cours desquelles les participants doivent lutter contre leurs insuffisances linguistiques, à longueur d'heures, sont extrêmement fatigantes.

Le recours à un interprète

Quand vous devez faire face à l'organisation d'une conférence devant un groupe dont vous ne parlez pas la langue et en l'absence de toute technique particulière qui pourrait vous aider, la meilleure solution est de recourir aux services d'un interprète. A moins que vous en ayez l'habitude, travailler avec un interprète paraît, au premier abord, un peu lourd mais dès que la chose devient familière, elle vous paraîtra facile. Le secret réside dans l'étroite coopération entre l'interprète et vous. Voici quelques règles à suivre qui rendront plaisante même une première expérience de collaboration avec un interprète.

1. Utilisez un texte écrit et suivez-le de très près. Nous ne vous recommandons pas de le lire mais de bien traiter les sujets dans l'ordre où ils apparaissent dans votre texte sans en dévier. Donnez à l'interprète quelques heures pour qu'il puisse se familiariser avec le texte de votre intervention, votre style, votre manière de faire les phrases ainsi qu'avec le sujet que vous allez traiter. Vous devriez, l'un et l'autre, discuter de tous les termes techniques qui ne sont pas familiers à l'interprète. Si vous entendez vous servir de documents visuels, montrez à l'interprète comment vous entendez les présenter et expliquez-lui le message que chaque document est censé transmettre.

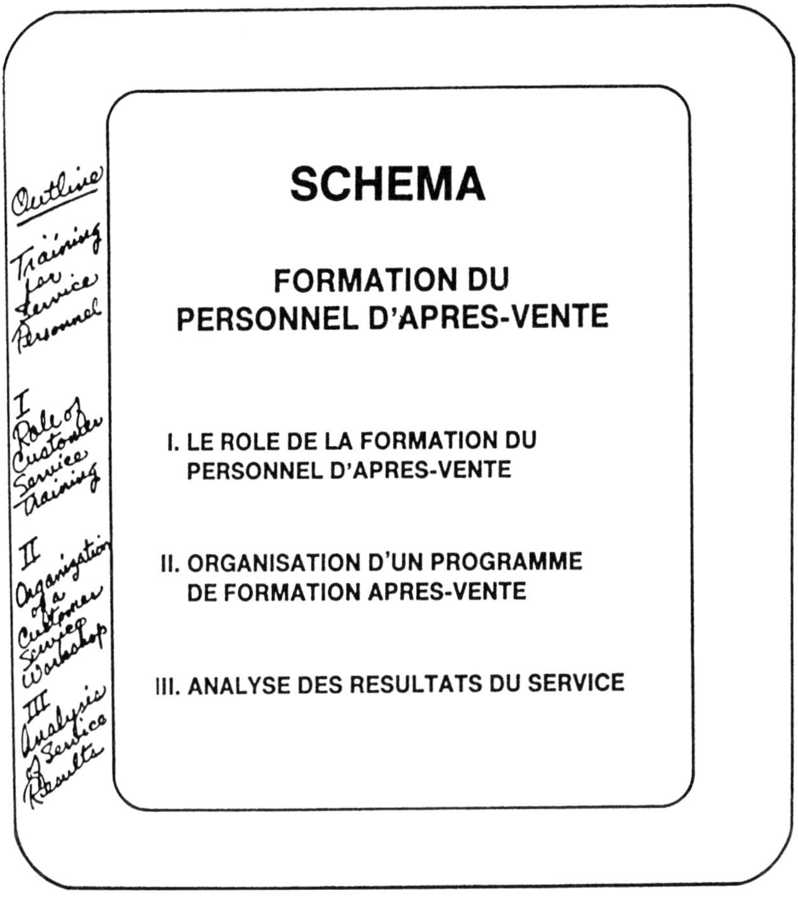

Figure 15.2

2. Quand vous parlez, rappelez-vous que vous vous adressez à un public pas à l'interprète. La tentation est toujours grande de s'adresser à l'interprète mais il faut y résister. Faites face au public et continuez pendant que l'interprète parle. Parlez d'une voix d'orateur, ne la baissez pas jusqu'au ton de la conversation comme si vous parliez à l'interprète.

3. Le travail de l'interprète est délicat. Il ou elle doit entendre tous vos mots, s'en souvenir, les traduire rapidement ou les paraphraser et, enfin, les prononcer avec précision. Pour lui faciliter la tâche, divisez votre intervention en parties facilement

gérables. Prononcez plusieurs phrases, voire un paragraphe, puis attendez qu'il les traduise. Si vous en dites trop, l'interprète va essayer de saisir le sens de ce que vous avez dit mais il va probablement être obligé de condenser et de laisser passer quelques éléments. Envisagez la partition de votre intervention avec l'interprète avant la session.

4. Pour conserver son unité à votre intervention vis-à-vis des auditeurs, n'introduisez qu'une idée ou un raisonnement complet à la fois. Cela donne à l'interprète la possibilité d'être plus précis dans sa traduction.

5. N'oubliez pas, enfin, que le recours à un interprète double le temps de réunion. Prévoyez cet allongement dans l'ordre du jour.

Où trouver un interprète

Une manière de trouver un interprète est de s'adresser au département de langues vivantes de l'université la plus proche. Il arrive que vous puissiez trouver des étudiants de second cycle ou des enseignants prêts à assurer le travail pour des honoraires modestes. Votre supérieur hiérarchique sera également en mesure de vous indiquer des adresses d'interprètes professionnels et généralement pourra vous en recommander.

Souvent, vous serez préoccupé non seulement par l'intervention mais aussi par les textes imprimés qui l'accompagnent. C'est une bonne idée que de préparer au moins quelques imprimés —l'ordre du jour, par exemple, et les indications pour se rendre à la salle de réunion, les détails de logistique, etc.— dans la langue maternelle des participants. Vous pourrez également trouver des traducteurs dans les universités pour cela.

Vos propres employés, en particulier dans les grandes sociétés qui emploient beaucoup de monde, constituent une ressource à ne pas négliger pour résoudre des problèmes de langues. Il n'est pas rare de trouver de nombreux employés bilingues appartenant à des départements rarement, sinon jamais, concernés par des conférences multilingues. Souvent, ils sont issus de familles où une autre langue a été ou est encore utilisée. Dans d'autres cas, ils ont appris une langue étrangère à l'école. Etablissez-en la liste et testez-les à la fois sur le plan de leur capacité et de leur disponibilité. Vous pourrez être en mesure de réunir un groupe interne de « consultants » en matière de langues étrangères.

Apprendre une langue étrangère vous-même

Ce chapitre s'adresse surtout à des responsables dont la langue maternelle est l'anglais et qui n'ont guère de connaissances dans aucune autre langue. Dans la mesure où les affaires sont devenues mondiales, les barrières linguistiques se sont effondrées. De plus en plus d'hommes d'affaires possèdent au moins des notions d'une seconde langue, bien souvent l'anglais. Les américains, cependant, sont célèbres pour leur refus d'apprendre d'autres langues alors que le monde entier apprend l'anglais.

Nous recommandons vivement à tous ceux qui sont concernés par des réunions multilingues d'apprendre une langue étrangère. Le premier avantage, au moins au début, n'est pas qu'une intervention puisse être effectuée dans la nouvelle langue, mais que l'on prenne conscience des multiples difficultés de la communication multilingue. Quand vous luttez pour apprendre à converser en espagnol, en français ou en allemand, vous découvrez combien il est difficile d'écouter quelqu'un qui parle trop vite ou qui utilise des mots non courants. Cela vous oblige à améliorer vos propres interventions face à des auditoires multilingues.

Les coutumes dans le monde

Joe Ramos, vice-président pour le secteur latino-américain, a également travaillé comme directeur exécutif de divisions de 3M dans d'autres pays. Il dit : « Quand vous présidez des réunions dans des pays étrangers ou que vous y assistez, vous devez faire attention aux différences culturelles. Les réunions se déroulent de manière plus harmonieuse quand les coutumes nationales des participants sont prises en considération. »

Ceux qui sont engagés dans des opérations internationales ont appris à être tolérants et à comprendre ceux qui n'obéissent pas aux mêmes habitudes qu'eux. L'ambiance générale s'améliore encore quand les participants remarquent que ceux qui les invitent font preuve de délicatesse. Cela va des petites touches — servir du café aussi bien que du thé pendant les pauses — à l'observation rigoureuse des usages. Les américains ont une tendance à devenir familiers très vite, à utiliser les prénoms. Nous avons également tendance à nous toucher les uns les autres, nous prendre par le bras, nous donner des tapes sur les épaules ou nous piquer du doigt. Les autres peuples préfèrent généralement demeurer un peu distants tout en étant aimables, courtois et prévenants. Pour la plupart, ils détestent les contacts physiques et les conversations trop personnelles. Ils sont généralement très sensibles aux titres : quand vous faites des présentations, faites attention de toujours citer tous les titres des gens que vous présentez.

Presque chaque pays possède des coutumes en ce qui concerne la nourriture et la boisson. Les boissons alcooliques font partie des réceptions dans de nombreux pays mais peuvent être considérées comme des solécismes sociaux dans d'autres. Les visiteurs sont souvent ravis de goûter la cuisine américaine, plutôt que la leur, mais le menu ne doit pas inclure des éléments qu'ils ne peuvent toucher pour des raisons religieuses ou autres.

Si votre entreprise a des bureaux sur d'autres continents, l'observation des coutumes ne devrait pas poser de problèmes. Le personnel local qui appartient à votre direction a appris à se conformer aux usages de l'entreprise et votre personnel, à observer les leurs. Cependant, si vous envisagez de réunir un groupe que vous ne connaissez pas, cherchez à obtenir des renseignements au préalable. Un coup de téléphone au consulat le plus proche peut vous renseigner sur les choses à faire et à ne pas faire.

Résumé

Les problèmes de langage apparaissent au cours de deux types de réunions :

1. La réunion qui touche des gens bilingues.

PROBLEME FONDAMENTAL : Le groupe écoute l'intervention dans sa seconde langue, où il peut faire preuve d'un vocabulaire limité et d'un manque de pratique des idiomes.

SOLUTION : Limitez le langage de l'exposé aux mots courants que tous les participants sont censés connaître.

DEUXIEME PROBLEME : Les groupes considèrent que la vitesse d'élocution est trop rapide et perdent le fil de l'intervention.

SOLUTION : Parlez lentement de manière à être compris.

2. La réunion avec des gens qui ne parlent pas —ou très mal— la langue de l'intervention.

PROBLEME FONDAMENTAL : La communication dans votre propre langue est impossible.

SOLUTION : Faites une présentation bâtie sur les deux langues. Deux techniques peuvent vous aider pour communiquer avec ceux qui ne parlent pas votre propre langue.

Parler sur canevas

1. Préparez des documents visuels présentant un canevas principal traitant du sujet général et des canevas secondaires relatifs aux détails qui seront abordés. Ces documents seront intitulés « canevas principal » et « canevas secondaire ».
2. Utilisez deux rétroprojecteurs. Projetez le sujet principal sur un des écrans et passez-le en revue, en pointant chaque chapitre à mesure que vous en parlez.
3. Cela fait, déplacez le transparent sur l'autre projecteur et gardez sa projection sur l'écran pendant toute la durée de la séance.
4. Projetez le premier canevas secondaire. Utilisez un marqueur pour repérer le premier paragraphe sur le transparent du canevas principal, puis revenez au canevas secondaire pour présenter le sujet considéré.
5. Cela fait, repérez le second paragraphe sur le canevas principal et projetez le deuxième canevas secondaire.
6. Les diagrammes et autres documents visuels sont projetés sur l'écran des canevas secondaires le moment venu. Quand leur présentation est terminée, le canevas secondaire en cours est projeté à nouveau.

Tout auditoire ayant une connaissance minimum de la langue doit pouvoir suivre l'intervention au moyen de cette technique et peut revoir des éléments passés et rattraper le train en marche.

Parler en deux langues

Cette technique requiert les services d'un interprète. Le canevas principal et les canevas secondaires sont toujours utilisés mais ils sont maintenant rédigés dans la langue de la majorité du groupe.

1. L'intervenant expose dans sa propre langue. En regardant les notes portées sur le cadre du document visuel, il désigne chaque point à mesure qu'il en parle.

2. L'interprète traduit simultanément l'intervention du présentateur.

3. La projection des diagrammes est traitée comme dans la technique précédente.

En fait, l'intervenant avec l'aide de l'interprète et des documents s'exprime dans les deux langues de l'auditoire.

Chapitre 16

Réunions de service et comités

« C'est un plaisir que d'assister à une bonne réunion de service », nous disait un dirigeant. « Vous partez avec le sentiment d'avoir observé une équipe en action. »

La réunion de service est l'outil de travail fondamental de tout groupe organisé à l'intérieur d'une entreprise, du petit service à la division et aux équipes dirigeantes au niveau le plus élevé de la hiérarchie. La réunion de service a été bien qualifiée quand elle a été décrite comme la colle qui cimente l'équipe de travail et aussi comme le moyen par lequel tout groupe de responsables peut retrouver son unité.

Une réunion de service peut servir à communiquer, à revoir le travail accompli, à résoudre des problèmes, à préparer, à imaginer et à une douzaine d'autres tâches. Très souvent, une seule réunion traite une demi-douzaine de ces problèmes. Comparé à l'ordre du jour d'une de ces réunions courantes que nous avons décrites et qui traitent autant que possible d'un seul sujet, celui d'une réunion de service ressemble souvent à un pot-pourri. La diversité de ces ordres du jour aide à rendre ces réunions intéressantes mais, en même temps, conduit souvent à ressentir un sentiment de désorientation.

Le point faible le plus important de nombreuses réunions de service est qu'elles sont souvent de routine, convoquées juste parce que c'est lundi, ce qui peut constituer la pire des raisons. Trop souvent, des responsables en retard dans leur travail les utilisent pour essayer de se mettre à jour. Les réunions de service coincent pour une heure ou plus le personnel, stoppent le travail de tout le service et coûtent cher en heures de travail.

D'autre part, elles ont une grande valeur parce qu'elles permettent aux membres de l'équipe de direction d'être au courant de ce qui se passe dans le service et des projets nouveaux. Elles ont une plus grande valeur encore si elles sont convoquées à bon escient et pas seulement parce que c'est lundi. Il est nécessaire qu'elles soient bien organisées et conduites sur un bon ordre du jour même si cet ordre du jour a un kilomètre de long.

La réunion hebdomadaire tend à se dérouler sans ordre du jour. Chaque participant arrive avec quelques idées qui méritent discussion et les avance à la première occasion. Ces réunions débutent trop souvent par une phrase sans inspiration de l'animateur dans le genre : « Bien, de quoi parlons-nous aujourd'hui ? » Partie comme ça, la discussion n'est pas structurée et peut se développer n'importe comment.

Une formule pour des réunions de service efficaces

L'objectif principal d'une réunion de service est de transmettre ou de clarifier des idées, des problèmes ou des décisions; de permettre la résolution collective de problèmes; de motiver les responsables et d'aider le personnel à agir comme une équipe cohérente. Quand elles sont convenablement utilisées, elles constituent un outil puissant de communication dans les deux sens. Elles devraient être tenues aussi souvent que c'est nécessaire —mais seulement quand c'est nécessaire. Si le chef de service considère qu'il faut des réunions régulières pour la bonne marche du service, nous suggérons qu'il en limite la fréquence à une par mois et qu'il en convoque d'autres si le besoin s'en fait sentir.

La réunion doit avoir un ordre du jour pour orienter la discussion. S'il n'y a pas de préparation spéciale à faire, l'ordre du jour automatique est une bonne formule. Celui-ci devrait comprendre :

1. Revue du travail en cours. Rapports sur les activités du service et les missions de chaque membre du groupe.
2. Présentation de problèmes et discussions de solutions.
3. Projets, discussion de nouvelles activités et de nouvelles affectations de travail.
4. Idées nouvelles et suggestions.

Cet ordre du jour sert au moins à compartimenter la réunion et à ordonner la discussion. Sachant que cette structure est toujours suivie, les participants ressentent qu'ils sont guidés au moment où ils se préparent à la réunion.

Les réunions de service vues par le personnel

Les récriminations les plus courantes que nous entendons au sujet des réunions de service sont qu'elles apparaissent comme trop routinières, pas assez fréquentes et pas très bien menées. Une autre récrimination tout aussi courante est qu'elles sont trop fréquentes. La diversité des opinions exprimées fait qu'il est difficile de savoir exactement ce que les gens reprochent à ces réunions.

D'après nos observations, il apparaît que le personnel attribue une très haute valeur à ces réunions. Les employés considèrent que leur vie professionnelle est plus affectée par elles que par toute autre. Ils sentent que leur évolution dans l'entreprise dépend plus probablement de leur activité au cours des réunions de service. Dans tous les cas, ils souhaitent participer et être concernés davantage mais ils craignent d'être considérés comme trop bavards. Ils espèrent comprendre leur rôle dans l'entreprise au travers de ces réunions. Ils souhaitent recevoir une information qui leur donne des orientations. Ils veulent savoir comment leur activité s'insère dans la vision plus générale et la démarche de leur supérieur. C'est ce type d'information qu'ils attendent des réunions de groupe.

Pour cette raison, peut-être autant que pour toute autre, ces réunions sont importantes. Elles constituent un point important de contact à l'intérieur de l'entreprise pour chacun des membres du groupe et de ces contacts naissent la motivation, ou son manque, et l'implication personnelle au travail. Il est bien possible que ces réunions soient critiquées justement parce qu'elles ne répondent pas aux besoins personnels des membres du service.

Le chef de service doit être sensible à cet aspect personnel des réunions de service. Cela signifie qu'il faut donner à chacun l'occasion de parler librement sans crainte de critique ou de représailles, d'écouter patiemment une discussion, fût-elle hors du sujet, de se retenir de critiquer quitte à le faire plus tard en dehors de la réunion, transmettre des informations utiles et pertinentes sur l'entreprise et sa politique pour donner au groupe le sentiment d'appartenance. Tout au long de la réunion, il devrait circuler un courant d'encouragement pour motiver les membres du service. Les idées nouvelles, en particulier, devraient être encouragées.

Le climat des réunions de service devrait être convivial, expressif et constructif de manière à nourrir une bonne communication. Dans une large mesure, ce climat est l'œuvre du dirigeant. Peut-être qu'au cours de la réunion, le travail du dirigeant le plus important mais aussi le plus difficile à accomplir est d'écouter. La tête pleine des problèmes du service, les dirigeants doivent trouver parfois qu'il est pénible d'écouter. Mais ne pas écouter revient à admettre qu'il ne tient pas à apprendre ce qui existe dans la tête des membres du groupe. Quand cela arrive, la motivation en souffre.

Les réunions de comité

C'est une croyance commune dans le monde politique comme dans les affaires que transmettre une proposition à un comité revient à signer son faire-part de décès. Cette croyance, vraie ou fausse, traduit bien la piètre réputation des comités, « cimetières du progrès ».

Les comités ne sont ni complètement mauvais, ni totalement bons. Certaines entreprises sont organisées autour du système des comités et utilisent la formule très efficacement. En général, cependant, le comité est une forme d'organisation qui court-circuite la hiérarchie normale. Généralement, il est chargé d'une mission spécifique. Parfois, les comités sont créés pour cette mission puis dissous quand elle est accomplie. Dans d'autres cas, ils sont pérennisés de manière plus ou moins permanente et traitent des projets en cours.

Les comités sont créés pour enquêter, planifier, étudier et effectuer toutes autres tâches complexes que l'organisation normale ne peut pas traiter. Leur efficacité dépend presque entièrement de la capacité de leur président à organiser la mission, partager le travail et diriger des réunions étroitement contrôlées à mesure que le travail progresse. Un comité mal dirigé est pire que pas de comité du tout.

Le secrétaire du comité —le responsable en second ou membre exécutif— est presque aussi important que le président. La plus grande partie du travail quotidien dans les coulisses repose sur les épaules du secrétaire qui doit être capable de travailler la main dans la main avec le président. Le secrétaire fait face à l'intéressant problème qui consiste à travailler dur sans assumer la direction du comité —ou tout au moins sans jamais donner l'impression qu'il contrôle la situation.

Avant qu'un comité ne soit formé, sa mission doit être parfaitement définie car celle-ci est un facteur important du choix du président, du secrétaire et des autres membres.

Combien de membres dans un comité ?

Des comités n'ont pas fonctionné pour une raison aussi simple que celle du nombre des membres. Trop souvent, les nominations à un comité sont un moyen de reconnaître (dans les affaires) ou d'honorer (en politique) quelqu'un. Il est important au moment d'instituer un comité de garder en mémoire que ce groupe doit effectuer un travail réel. Des « souches » dans un comité ne valent pas mieux que des souches dans une réunion.

En général, il est peut être admis que plus le comité est nombreux plus il mettra de temps à effectuer sa tâche. Dans la plupart des cas, le comité opère soit comme un groupe de travail soit comme une commission d'enquête. Dans ce dernier cas, le nombre n'est pas un facteur déterminant; dans le premier, le nombre des membres influence très sérieusement le travail du groupe.

Le groupe de travail

Un groupe de travail fonctionne selon une série d'étapes bien définies. Supposez qu'une entreprise désire célébrer son centenaire l'an prochain. Un groupe de travail est formé pour planifier l'anniversaire. La première phase de son travail est d'explorer toutes les possibilités de la célébration : banquets, publicité, récompenses, dons, ventes anniversaire, etc. Quand une liste a été dressée, chaque membre du groupe de travail reçoit la responsabilité d'une recherche et doit remettre un rapport sur le coût et la faisabilité de certains éléments de la liste.

Quand les rapports ont été remis, le groupe de travail revoit toutes les possibilités et trace un plan incorporant les éléments qui lui paraissent les plus fondés en matière de prix et d'efficacité. Le plan est alors affiné, évalué financièrement et des dates sont choisies pour les événements retenus. Le groupe de travail rédige alors son plan pour l'anniversaire et le soumet à la direction.

Tous les travaux d'un groupe de travail suivent le même déroulement général, qu'il s'agisse d'étudier le niveau des salaires dans l'industrie ou de planifier un événement. Quelle que soit sa mission, son efficacité dépend de la capacité du président à créer la discussion et, selon son résultat, affecter des tâches, ainsi que de la bonne volonté des membres d'exécuter les tâches qui leur ont été confiées. La plupart des groupes de travail achoppent sur l'une ou l'autre de ces étapes. On voit ainsi que les membres du groupe de travail doivent bien suivre leur président pour que la mission soit accomplie dans les délais prévus.

La commission d'enquête

Une commission d'enquête opère plus ou moins comme une cour de justice. Elle siège, écoute et énonce un jugement. Il peut y avoir des affectations de tâches à des membres dans certains cas —comme dans celui où il s'agit d'enquêter sur la modification d'un plan de santé pour les employés. La commission doit rechercher les options possibles, ce qui peut nécessiter une certaine répartition du travail et puis faire une recommandation à la direction. Parmi les missions typiques d'une commission d'enquête nous trouvons des analyses de la politique de l'entreprise, des actions disciplinaires, des études d'échelles de salaires, des analyses de plans de santé et de retraites, des plans de constructions nouvelles, etc.

Comment former un comité qui réussira

La conception d'un comité dépend, au moins dans une certaine mesure, du travail dont il est chargé. Les règles de constitution d'un comité devraient être les suivantes.

1. Choisissez un président compétent, de préférence quelqu'un qui connaisse le sujet que le comité doit traiter.

2. Choisissez un secrétaire énergique pour exécuter le travail de la présidence. Considérez le secrétaire comme quelqu'un de qualifié pour être chef de projet.

3. Choisissez les membres du groupe en fonction de leur savoir et de leur capacité à consacrer suffisamment de temps au projet. Leur nombre doit être limité par des considérations telles que le lieu de réunion, le volume de recherche à effectuer, etc. Limitez la taille du comité autant que faire se peut tout en facilitant la discussion.

4. Définissez la tâche du comité en termes clairs. Le succès du groupe peut dépendre de la manière dont l'objectif lui a été défini.

5. Suggérez que le comité se réunisse à des dates régulières et prévues et observez-les scrupuleusement. Les comités qui se réunissent occasionnellement « quand c'est nécessaire » se dissolvent facilement et ne font pas grand chose.

6. Donnez des limites dans le temps à la vie du comité ou au moment où le travail devra être terminé. La plupart des groupes travaillent mieux quand ils ont une date limite pour remettre leurs conclusions.

7. Si le comité est permanent et son travail en cours, établissez des durées de siège pour chacun des membres et planifiez la rotation du personnel. Ceci apporte au groupe des idées nouvelles périodiquement.

8. Indiquez clairement que des rapports d'état d'avancement des travaux devront être établis régulièrement.

Réunions du personnel non-cadre

Ce livre s'adresse aux dirigeants et aux responsables mais au cours de ces dernières années, la réunion a acquis une dimension nouvelle et intéressante. Merci, tout au moins en partie, aux entreprises japonaises qui nous ont appris que la communication à un autre niveau que celui des cadres peut réduire les coûts de production et améliorer la qualité. Aujourd'hui, de nombreuses entreprises favorisent des réunions d'usine et de personnel de production, les réunions de cercles de qualité. Il a été découvert que les bonnes idées et la participation créative ne sont pas l'apanage des niveaux hiérarchiques élevés.

La réunion des personnels non-cadre pose un nouveau problème. Voilà des gens désireux de participer, intéressés, concernés et avides de communiquer mais qui n'ont pas l'expérience quotidienne de réunion des cadres. Il est nécessaire de développer des techniques de réunion spécifiques.

Les techniques de réunion exposées dans ce livre s'appliquent en général aussi bien à ce type de réunions qu'aux réunions du niveau encadrement. Bien qu'une réunion d'usine n'ait pas le standing d'une réunion qui se tiendrait au niveau de la direction, la nécessité fondamentale d'une bonne communication est aussi importante.

Les réunions d'usine exigent une bonne animation. Certaines sont conduites par des cadres, d'autres par le personnel de l'usine, parfois avec le conseil de membres de la direction. Il n'y a pas de règle générale de succès ; les deux types de réunions marchent bien. Cependant, quand les réunions sont menées par des cadres, il existe le risque que la lourde main de l'encadrement étouffe la participation du personnel d'usine. Les participants à ces réunions manquent d'un sens développé de la participation. Ils ne peuvent pas proposer et se faire écouter. S'ils sentent qu'ils ne sont pas entendus, ils battent en retraite et la réunion échoue.

Stages d'animation de réunion

Pour encourager la participation et pour acquérir le nécessaire savoir-faire de l'animation de réunion, de nombreuses entreprises ont développé des séminaires de formation. Tenus pendant les heures de travail, ils sont généralement ouverts à tous les responsables, contremaîtres et parfois à tous les personnels d'usine. L'objectif de ces séminaires n'est pas de transformer les participants en des animateurs de réunion professionnels mais plutôt de leur donner des connaissances élémentaires sur le fonctionnement des réunions. Parmi ceux-ci, nous trouvons :

Comment mener une réunion. Au cours du séminaire, les participants apprennent comment ouvrir une réunion, initier une discussion et susciter des idées, discipliner les membres récalcitrants du groupe et mener la discussion vers une conclusion logique.

Comment utiliser un ordre du jour. La mise au point et l'utilisation de l'ordre du jour sont une partie de l'animation de réunion. Les participants apprennent à gérer la durée de la réunion en liaison avec l'ordre du jour, à introduire des points de l'ordre du jour, etc.

Des programmes de formation peuvent être établis à partir des chapitres de ce livre sur ces aspects de la réunion. Les participants aux séminaires peuvent recevoir une formation « sur le tas » pour développer leur expérience. Tous ceux qui réussissent peuvent recevoir un « diplôme » qui les qualifie en tant qu'animateur de réunions d'usine.

Résumé

La réunion de service est l'outil de travail fondamental de toute organisation interne à l'entreprise, du petit service à la division jusqu'au niveau le plus élevé de la direction.

Une formule pour des réunions de service efficaces

La réunion doit avoir un ordre du jour pour que la discussion soit guidée. Un ordre du jour automatique peut être utile quand il n'y a pas de préparation spéciale à prévoir. Un tel ordre du jour devrait comprendre :

1. Revue du travail en cours. Rapport sur les activités du service et les missions de chaque membre du groupe.
2. Présentation de problèmes et discussions de solutions.
3. Planification, discussion de nouvelles activités et de nouvelles tâches à distribuer.
4. Idées nouvelles et suggestions.

Cet ordre du jour sert au moins à compartimenter la réunion et à ordonner la discussion. Sachant que cette structure est toujours suivie, les participants ressentent qu'ils sont guidés au moment où ils se préparent à la réunion.

Comment former un comité

La constitution d'un comité dépend au moins dans une certaine mesure du travail dont il est chargé. Les règles d'établissement d'un comité devraient être les suivantes :

1. Choisissez un président compétent, de préférence quelqu'un qui connaisse le sujet que le comité doit traiter.
2. Choisissez un secrétaire énergique pour exécuter le travail de la présidence et jouer le rôle d'un chef de projet.
3. Choisissez les membres du groupe en fonction de leur savoir et de leur capacité à consacrer suffisamment de temps au projet. Limitez la taille du comité autant que possible tout en facilitant la discussion.
4. Définissez la tâche du comité en termes concrets.
5. Suggérez que le comité se réunisse à des dates régulières et prévues.
6. Donnez des limites dans le temps à la vie du comité ou au moment où le travail devra être terminé.
7. Si le comité est permanent et son travail en cours, établissez des durées de siège aux membres et planifiez leur rotation.
8. Indiquez clairement que des rapports d'avancement des travaux devront être établis à des intervalles réguliers.

Conclusion

L'excellence dans le management.

Il n'est pas facile de relier le phénomène des réunions quotidiennes au concept de l'excellence dans le management. Le dirigeant ou le responsable qui se propulse dans le hall, une poignée de documents sous le bras, en route pour la réunion suivante, est rarement poussé par des pensées aussi inspirées. Pourtant la réunion ordinaire et quotidienne est étroitement liée à l'excellence dans le management.

Les affaires sont complexes et ressemblent beaucoup au puzzle géant de 3 000 pièces et chaque réunion représente seulement l'une des pièces de ce puzzle. Pour que l'image, une fois complétée, soit parfaite, chacune des pièces qui le constitue doit l'être également, parce que chacune d'entre elles est une contribution.

De nos jours, plus qu'autrefois, les entreprises sont repérées par leur excellence et leurs idées innovatrices. Le monde des grands groupes se regarde sans complaisance et découvre le sens de l'excellence. La recherche est en cours pour trouver ces choses qui contribuent à l'excellence et pour trouver comment elle peut être atteinte.

En poursuivant notre propre recherche, nous avons mis en évidence le fait que les réunions sont une composante importante des affaires. En un sens, le processus entier de la prise de décision que nous appelons les affaires est une série de réunions : réunions de réception d'information, réunions de transmission d'information, réunions d'exploration des possibilités et des capacités, réunions de confrontation d'idées, réunions de rassemblement des faits et de prises de décisions.

Dans la mesure où tel est le cas, il apparaît raisonnable de dire que la qualité de chaque réunion contribue à la réussite des affaires. Des faiblesses en matière de réunions diminuent la qualité de l'activité des affaires. Il en résulte que l'un des éléments majeurs du management des affaires doit être la qualité des réunions sur lesquelles il repose tant.

Ecrire un livre qui examine en profondeur le phénomène des réunions, puis présenter ce livre au monde du management —qui est quotidiennement plongé dans les réunions— semble à première vue une gageure, comme si on livrait du charbon aux mines du Pas-de-Calais. A seconde vue pourtant, il apparaît que le Pas-de-Calais aujourd'hui a bien besoin de charbon. Si nous n'avions pas été quotidiennement sur la ligne de feu, luttant avec les problèmes posés par l'amélioration des réunions, peut-être que nous ne nous en serions pas aperçus. Mais nous nous en sommes aperçus. Et notre conclusion est que toute entreprise à la poursuite de l'excellence n'a que deux problèmes à examiner : la qualité de son personnel et la qualité de la communication entre les membres de celui-ci, en d'autres termes, ses employés et la manière dont ils se réunissent et travaillent ensemble.

Les attitudes et les politiques des entreprises proviennent de leurs employés et de la manière dont leurs opinions interagissent. Ensemble, tout cela crée une ambiance d'entreprise, un caractère d'entreprise, une image et en fin de compte, le succès. A 3M, nous avons acquis une réputation d'excellence. Un regard attentif porté sur notre entreprise montre que cette réputation est issue du respect porté à tous les niveaux à notre personnel, à leurs idées et à leur créativité couplé à l'intérêt porté à la manière dont ils travaillent ensemble.

Ce livre ne constitue pas le dernier mot en matière de réunions. Il représente un regard sur l'état de l'art aujourd'hui. Mais demain, il y aura d'autres améliorations et nous espérons toujours continuer à progresser.

A propos des auteurs

L'équipe de management des réunions de la 3M est un groupe de six experts en gestion de réunions dont la compétence s'étend à toutes les facettes de l'entreprise —administration, marketing, ventes, communications, formation, technique et opérations internationales. Cinq d'entre eux sont actuellement membres de la Division Audiovisuelle de la 3M : Stephen P. Birkeland, Ph.D., directeur technique, David J. Cooper, manager des opérations de marketing, Marshall Hatfield, Ph.D., vice-président de la Division, Virginia « Gini » Johnson, manager du développement du marché et à la formation et Frank E. Pole, directeur du marketing. Le sixième membre, Joseph M. Ramos, est le vice-président de 3M pour l'Amérique latine.

STEPHEN P. BIRKELAND

Le Dr. Birkeland est entré au laboratoire central de la 3M après avoir soutenu son Ph.D. à l'Université de Mexico en 1959 et une bourse de post-doctorat à l'Université de Stanford. En 1972, il a été transféré à la Division des produits visuels et a occupé divers postes de management technique. Avant d'accepter sa position actuelle de directeur technique de la Division Audiovisuelle, le Dr. Birkeland a occupé le poste de manager pour le monde entier du contrôle des produits. Il a développé personnellement un certain nombre de produits, dont l'appareil à faire des transparents en couleurs Modèle 840 de 3M. Il est titulaire de neuf brevets d'invention USA et est l'auteur de nombreuses publications importantes dans le domaine des sciences de l'image et de la photographie.

DAVID J. COOPER

En tant que manager des opérations de marketing, David J. Cooper est responsable de toutes les activités de marketing de la Division. Il a commencé sa carrière à la 3M en 1965 en tant que vendeur. Au cours de ses plus de 20 ans dans l'entreprise, il a occupé un grand nombre de postes de management des ventes dont celui de manager national des ventes. Ces postes de responsabilité croissante ont donné à M. Cooper une vaste expérience en matière de réunions, non seulement à 3M, mais aussi parmi un certain nombre d'entreprises de la liste des 1000 de Fortune où il a travaillé pour les aider à résoudre leurs problèmes d'animation des réunions.

Dr. MARSHALL HATFIELD

Le Dr. Marshall Hatfield est entré à la 3M en 1950 après un Ph.D. de Chimie soutenu devant l'Université de l'Illinois. Cependant, malgré sa formation scientifique, le Dr. Hatfield s'est rapidement retrouvé dans l'administration de l'entreprise où il a occupé divers postes de responsabilité croissante. Après avoir été directeur de la Division des microfilms de 3M, il a développé le projet d'informatique graphique lancé par la Compagnie, puis il a pris la responsabilité de la Division des nouveaux projets. De ce poste, le Dr. Hatfield est passé à celui de directeur de la Division Mincom de 3M qui comprenait l'équipement d'enregistrement Wollensak. En 1981, à la suite d'une réorganisation interne, Wollensak et le Dr. Hatfield sont passés à la Division des produits visuels —qui est le fabricant de la ligne si connue des rétroprojecteurs 3M. Lorsque les lignes de produits audio et visuel ont été fusionnées, la Division Audiovisuelle est née. C'est là qu'il a orchestré le développement de cette division sous la forme de « Comment réunir les gens ».

VIRGINIA « GINI » JOHNSON

Plus de vingt ans d'expérience dans les domaines de l'éducation, du personnel, du développement des ressources humaines, de la formation et du marketing ont donné à Virginia « Gini » Johnson une large expérience qui sous-tendent son intérêt et sa compétence en matière de réunions efficaces. En tant que manager de la Division du développement du marché et de la formation, Mme Johnson est responsable du marketing des produits, des ventes, de la formation des clients, du télémarketing et d'un programme national de séminaires offert sur plus de 100 sites. Elle travaille actuellement au développement d'un Institut international d'animation de réunions. Mme Johnson a animé plus de 200 programmes de service public dans le domaine de la qualité de la communication commerciale dont une série de huit séminaires nationaux sponsorisés par le *Working Woman Magazine* . Elle a également écrit de nombreux articles sur les réunions et les savoir-faire de présentation. Mme Johnson termine actuellement une maîtrise sur le leadership dans les organisations.

FRANK E. POLE

Mr. Pole a participé activement au management de la Division Audiovisuelle pendant plusieurs années et occupe le poste de directeur du marketing depuis 1976. Son rôle a été très important dans la conquête du marché commercial qui constitue un des segments importants du chiffre d'affaires de la division. Pole, qui est titulaire d'un B.A. en Economie du Collège de St Thomas, est entré à la 3M en 1959. Parmi ses affectations antérieures, il a occupé les postes de manager des ventes de la Division des produits de reproduction et de manager national des ventes de la Division des marchés industriels. Ses activités dans le domaine des ventes et des opérations liées au marketing l'ont conduit à approcher directement toutes sortes de clientèles, parmi lesquelles les 1000 de Fortune. Mr. Pole a contribué activement à un grand nombre de publications « How to » relatives aux réunions et développées par la Division Audiovisuelle.

JOSEPH M. RAMOS

Bien qu'âgé de 45 ans seulement, Joseph M. Ramos est à la 3M depuis presque 30 ans. Mr. Ramos est entré chez un distributeur de la 3M à Los Angeles pour un job d'été alors qu'il était au lycée. Il a continué à travailler à temps partiel tout en suivant l'Université. Il n'a pas quitté la Compagnie depuis et y a occupé des postes divers allant de vendeur à vice-président pour l'Amérique latine. Au cours de sa carrière, il a occupé le poste de directeur exécutif de la 3M à Puerto-Rico et en Argentine. Sa large expérience dans les domaines des ventes, de l'administration et de l'international lui a donné une perspective globale de la réunion professionnelle et de son importance croissante dans la conduite efficace des grands groupes. Mr. Ramos est titulaire d'un B.A. en anglais de l'U.C.L.A. et d'un M.B.A. en finances de la Pepperdine University de Los Angeles.

Index

Photocomposition et impression
IMPRIMERIE LOUIS-JEAN
BP 87 — 05002 GAP
Tél. : 92.51.35.23
Dépôt légal : 285 — Avril 1989
Imprimé en France